浙江理工大学学术著作出版资金资助（2021年度）

Study on Chinese Discourse Markers
Based on Meta-discourse Competence

基于元话语能力的汉语话语标记研究

施仁娟 ◎ 著

浙江大学出版社
ZHEJIANG UNIVERSITY PRESS

序

国外话语标记研究孕育于 20 世纪 50 年代,兴起于 80 年代。国内话语标记研究迄今也已有 20 多年历史,在理论上,从话语分析、会话分析、认知—语用、语法化/词汇化/语用化等角度对话语标记展开研究;在应用上,从母语者话语标记使用情况和二语学习者话语标记习得现状两方面作了探讨,取得了显著的成果。这些研究对于吸取国外研究经验、发掘汉语话语标记特色和应用价值等具有重要意义,但已有的习得研究多将话语标记的习得看作对一种语言表达手段的掌握,对其结果描写较多,缺乏解释性的研究,未能从元话语能力出发,对于话语标记为何能够提高汉语学习者听力或写作水平作出深入的考察。由此可见,施仁娟博士的这部专著《基于元话语能力的汉语话语标记研究》的出版,体现了其学术价值。

这本专著具有如下特点:

1. 系统性。专著涉及"认知""元认知""话语""元话语""元话语能力",特别是"交互元认知""元话语标记"等各种"元"现象,对它们都做了深入的论述。这些问题正是当下元话语研究迫切需要但又比较薄弱的环节,该专著为这一领域的持续研究提供了基础。

2. 创新性。专著研究了话语标记的辖域,显示出其所具有的新意。从辖域的数量、语义指向、与话题话轮的关系等问题一直到听话人在接受了话语标记后在辖域间实际的搜寻过程,这本专著都做了详尽描述。同时,通过听者对辖域的寻找和辖域间语义关系的分析,从一个新的角度论证了话语标记的程序功能,展示了元话语能力发挥作用的实际过程。这本专著在这些方面的分析不仅相当细致,而且也使其理论框架更为完善。

3. 实用性。从培养汉语学习者元话语能力的高度研究话语标记,一方面能从语言能力的角度解释话语标记的性质与功能,另一方面也更适应这本专著要落脚于国际中文教育的初衷,有利于汉语学习者话语能力的扩展。专著在将元话语能力和话语标记的问题导向国际中文教育时也是特色鲜明,它对国际中文教育中常用话语标记从语体、辖域数量和方向、句法特征和语用功能等方面进行了详细描写,有助于教师的课堂教学和学习者的课外习得。同时专著先通过对话语标记课堂教学现状的考察,对教师话语标记认知状态、教材话语标记的处理情况的研究,掌握了话语标记的教学现状,然后把元话语能力具体化为利用标记预测信息、把握话语结构和话语细节以及借助话语标记的语音特征来强化对语篇的理解,最后提出运用隐性教学法开展话语标记课堂教学。这样的研究,使其在国际中文教育中的应用价值突显。

当然,该专著的出版只是反映了作者研究的一个阶段性成果,对于涉及元话语能力的汉语话语标记的探讨还需要进一步深入。如,理论如何与教学应用进一步结合从而体现出"面向国际中文教育"特色,如何以定量研究为主、定性解释为辅对汉语学习者的书面语话语标记习得作出进一步的考察,这些都是今后研究值得探索之处。

施仁娟博士 2010—2014 年在华东师范大学攻读对外汉语教学专业的博士学位,这本专著是在她博士毕业论文的基础上扩充而来的,反映了她读博期间及毕业工作后在话语标记方面持之以恒的研究成果,充分体现了其所具有的学术研究能力。作为导师,历经多年后,看到她的专著出版,非常欣慰!

是为序。

张建民

2021 年 11 月 25 日

目　录

第一章 绪论

1.1 问题的提出

话语标记不是一种普通的语言现象,而是发话人用来引导受话人进行话语理解的有效手段。在国际中文教育各课型的教材中,话语标记具有一定的使用频率,它们有的出现在课文中,有的出现在课后练习或补充材料中。如:

(1)马兰:这是我在承德买的小吃,叫鲜花玫瑰饼。你尝尝吧。

姜智贤:里边真的有玫瑰吗?

马兰:当然有。**你知道吗**[①]? 玫瑰是承德的市花。(刘颂浩《很好——初级汉语口语》,第十四课)

(2)**一般来说**,天体的运行是稳定的,大的行星都各行其道;但质量较小的彗星或行星,运行轨道容易受到大质量天体的影响而发生变化,而能够引起大灾害的小天体撞击地球的机会是每百万年 3 次。(杨寄洲《中级汉语教程》第一册,第二十课)

(3)没办法,受不了也得受。我们都是这么过来的。可你想想,你现在送出去的钱到你结婚时就都收回来了,所以就当是别人替你攒钱了。(胡晓清《高级汉语听说教程》下册,第八课)

---

① 本书中凡是话语标记都加粗并加下画线标示,凡是元话语都加下画线标示。

有些听力课本中甚至专门针对话语标记的理解设计了试题。如：

（4）男：一般而言，女的总是喜欢找一个比自己个子高一点，年龄大一点，工资多一点的丈夫。

女：哟，看来咱们不一般哪！

问：下面哪句话正确？

A．女的希望男的比自己强

B．男的有些条件不太好

C．男的有点不好意思

D．女的觉得男的很了不起（刘元满《汉语中级听力教程》上册，第十五课）

这里女的通过对"一般而言"的故意曲解，达到了幽默风趣的效果。试题考察的是学生对话语标记"一般而言"语用功能的掌握情况。虽然它和我们所研究的话语标记的程序功能并不完全等同，但至少说明了话语标记作为听力理解考察内容的一部分已经出现在教材中。

《国际中文教育中文水平等级标准》（2021）是国际中文教育的第一个国家标准，被广泛用于指导国际中文教育的各个环节。该书的《国家标准·应用解读本》中也包含了一定数量的话语标记，如"比如""怪不得""据说""看来""总而言之"等。

同时，在国家汉办/孔子学院总部发布的 HSK 样卷中，我们也发现了话语标记的踪迹。如：

（5）看来，"有钱"和"有闲"永远难以两全。难怪有人说："当你年轻、没钱时，希望能用时间去换金钱；当你有钱后，却很难再用金钱买回时间。"（HSK 五级样卷 第三部分）

（6）据说，齐白石一开始画的虾太重写真，形似而神不足。（HSK 六级样卷 第四部分）

我们有理由相信，在教材和 HSK 试卷中，尤其是在中高级的教材和试卷中，话语标记已经作为汉语中常见的语言形式得到了有意无意地使用。

与此同时，留学生在口语表达中也使用了一定的话语标记，但同时存在不少问题。白娟、贾放（2006）的研究指出，留学生口语中的话语标记存在"使用量少"和"多使用话语标记语的本义，少用虚化义"两个问题。刘丽艳（2006a）的研究注意到，留学生口语话语标记使用的第二个阶段，大多数情况下会将母语话语标记直接译成汉语形式说出,但是这些话语标记的形式通常是错误的。姜迪(2007)的研究发现,与中国使用者相比,韩国留学生口语中话语标记"使用明显不足",且"少数几个话语标记使用过度"。樊庆辉(2011)的研究表明,俄罗斯留学生在使用话语标记时,会出现"语义虚化义的误用""对形似义异的话语标记语区分不开"和"对义近形异的话语标记语区分不开"等偏误。吉晖(2016)对比了中外学生使用话语标记的情况,发现外国留学生使用话语标记的频率低于母语者,其汉语水平与话语标记使用频率成正比,存在"话语标记功能的误用"和"某些话语标记过频使用"等问题。

目前很少有研究对留学生书面语中话语标记的使用情况进行考察。为了更全面地了解留学生话语标记习得现状,我们以北京语言大学 HSK 动态作文语料库中的部分作文为语料①,初步考察了留学生书面语中话语标记的使用情况,发现留学生能够使用一定数量的话语标记,但至少存在三种偏误:

(一)话语标记的书写形式不准确,话语标记内部结构颠倒或出现错别字,如将"总而言之"写成"总之而言",将"总之"写成"只之"等;或者参照某个话语标记自创语言形式,如将"众所周知"写成"众所知道",认为"总结以上"是完整的语言结构,与"总而言之"具有同样的功能等。

(二)有一些留学生存在话语标记使用不当的情况,误用或过度使用某个话语标记。如:

(7)好像[B 象]不能一点[C]儿也不使用化肥和农药。给动物吃的食品等的农作物呢[BQ],先分开放。再说,那样使用化肥等的农作物和不那样的农作物提前分类。这样的话,产量也不变,化学污染也小一点[C]了 P。(《绿色食品与饥饿》200307109523100512)

---

①　我们在 HSK 动态作文语料库中用"全篇搜索"的方式,以"作文题目"为条件,抽取了记叙文和议论文各 6 个题目共 1502 篇作文,组成了一个 56 万字左右的语料库,通过人工检索的方式,尽可能全面地搜集了留学生所用的话语标记。在选择不同的作文时,我们考虑到作文题目有可能会对话语标记的使用产生影响,因而尽量扩大了题目范围,最后这 12 篇作文中的记叙文涉及学生的家庭、学习和成长经历等,议论文涉及环保、学习、感情、人伦等。同时,除了个别篇数较少的作文之外,对于语料库中篇数超过 200 篇的作文,我们采用随机抽样的方式进行选取,尽量将记叙文和议论文的总字数控制在大致相当的数量上。关于所抽取作文的题目和留学生在作文中所用的话标记,详见附录(一)和(二)。

话语标记"再说"往往用于追加原因或理由,其前后的话语都是说话人做/不做某事的原因,"再说"之前的话语是主要原因,"再说"之后的话语是次要原因。但是在学生的这一段作文中,"再说"前后的话语并不形成追加或补充的关系,并且也不是做/不做某件事情的理由。"再说"在这里属于误用。

(三)话语标记的语体风格与整个作文的语体风格不符。在部分留学生的作文中,有的语篇整体风格是口语体的,但所用的话语标记却是书面语体的;有的同时使用了不同语体风格的话语标记,使得作文的语体风格不够统一,出现了文白夹杂的现象。如:

(8)我认为他们的想法错了。因为他们应该帮助非洲的国家,那样{CC 那么}可以解决挨饿问题。而且他们应该把他们的科技继续发展下去{CJX}{CQ 向}好的方向。比如说,开发可以减少{CC 降低}环境污染的农药和化肥肥{CJcd}等。这样的话,能够解决两个问题。

综上所述[C],我认为吃[BQ"]绿色食品[BQ"]比不挨饿更重[C]要。一些发达[C]国家主动地去帮助贫穷的国家,那么,饥饿问题可以解决,而且人类把科技文明继续发展下去的话,可能我们人类{CJ-zy会}得到好的成果。(《绿色食品与饥饿》200307109523200096)

在这篇作文中,作者先后用到了"比如说"和"综上所述"两个话语标记,其中"比如说"带有较为明显的口语体色彩,"综上所述"则更适合在书面语体语篇中使用,两者的风格并不相同。如能将"综上所述"改为"总之""总的来说"等口语体色彩较浓的话语标记,这篇作文的语体风格就会更加统一。

由此可见,无论是在口头语言中还是书面语言中留学生都使用了一定的话语标记,但也存在着不少问题,我们有必要进一步加强关于话语标记习得和教学的研究,以促进留学生的习得。

但是,在国际中文教育界关于留学生话语标记习得和话语标记教学的研究尚未引起足够重视。除了一些研究生的学位论文,相关的研究成果较少。更重要的是,现有的研究只是将话语标记作为一种类似于词汇的、普通的语言表达手段,对它的习得研究还停留在现象描述、偏误分析、原因探讨阶段,缺乏关于话语标记习得/教学理论依据的探讨,也没有提出有效的教学对策。

在我们看来,话语标记作为具有程序功能的语言形式,是发话人引导受话人进行话语理解的手段,是双方元认知交互结果的语言表现。话语标记的习得不仅仅是增加一种表达手段,更是留学生元话语能力的体现。元话语能力是关于话语能力的能力,能驾驭话语能力,是元认知能力在语言习得中的具体表现。留学生到了学习的中高级阶段,要进一步发展其话语能力,就离不开元话语能力的培养。话语标记的理解和使用,正是元话语能力的典型表现。进行话语标记教学,促进留学生话语标记习得,就是为了培养留学生的元话语能力。

因此,本书开展话语标记研究,是从教学实践的需求出发,具体阐述为何话语标记的理解和使用体现了留学生的元话语能力,话语标记是如何在留学生习得汉语的过程中发挥作用的,教材编写和课堂教学对话语标记的处理存在哪些问题,教师又应该如何开展话语标记的教学等。

1.2　话语标记研究综述

话语标记研究从兴起到今天,已经走过了近半个世纪。从话语连贯作用到认知语用功能,从本体研究到应用研究,话语标记研究的范围在扩大深度在加强。回顾国内外话语标记研究的已有成果,并指出国内话语标记研究的特点和不足,能为我们的研究提供参考。

1.2.1　国外话语标记研究历程

国外话语标记的研究萌芽于 20 世纪 30 年代。到了 60 年代,德国的一些学者,如 Arndt、Kriwonossow、Weydt 等,开始关注小品词的作用。他们的研究开拓了话语标记研究的功能角度,使之成为语用学研究的一个方面(何自然,陈新仁,2004)。

到了七八十年代,随着语用学研究的孕育、确立和发展,话语标记的地位得到确立,对话语标记的研究开始兴起。在八九十年代,国外语言学界对话语标记和类似现象的研究日益增多,从语用学、话语分析、语言教学和习得、社会语言学等多个角度开展研究,形成了一股话语标记研究的热潮。到了 90 年代,话语标记开始被引入历史语言学界,成为语法化理论研究的一个重要课题。

下面,我们从理论研究和应用研究两方面来介绍国外话语标记研究的成果。①

1.2.1.1　理论方面的研究

从总体上看,理论方面的研究经历了一个从共时到历时再到共时历时相结合的过程。

1.2.1.1.1　共时维度的研究

共时维度的研究主要包括三个方面:基于话语连贯的研究;基于语法—语用的研究;基于认知推理的研究。下面分别作简要介绍。

(1)基于话语连贯的研究

Östman(1981)是最早对话语标记进行研究的学者之一。他把"you know"称为"语用小品词",从话语连贯的角度详细研究了"you know"的语义和功能,认为它表达说话人的情感和态度,显示出说话人的礼貌程度,维护说话人和受话人之间的友好关系。同时,他还发现在即时会话中女性比男性更喜欢使用"you know",她们使用"you know"的方式也与男性不同。Levinson(1983)在讨论话语指示语时指出:"英语,毫无疑问绝大多数语言中,都有很多标记某一话语与前面话语之间所存在的某种关系的词语和短语,如位于句首的 but,therefore,in conclusion,to the contrary,still,however,anyway,well,besides,actually,all in all,so,after all 等。人们普遍认为,这些词语至少包含了非真值条件意义……它们经常表示所在的话语仅仅是前面话语的一种回应和延续。"②虽然 Levinson 没有直接使用话语标记或语用标记等术语,但是他的这一简短评述引起了学者们对话语标记的关注与研究。

Schiffrin 可以说是第一位对话语标记进行系统研究的学者。她认为话语是社会互动过程,话语标记的作用之一就是为话语中的相邻话对谋求局部的连贯。在她的 *Discourse Markers*(1987/2007)中,Schiffrin 采用自下而上的方法,详细研究了 oh,well,and,but,or,so,because,now,then,you know 和 I mean 共 11 个话语标记的语义特征、语法特征、分布特点和话语功能,并提出了话语连贯模式(model of discourse coherence)。她认为,话语标记在构成模式的五个层面上对话语的意义连贯起着重要作用。不过,Schiffrin 只注意到了话语标记在句子层面的连贯作用,没有涉及它对前后

---

① 李慧敏. 国外话语标记研究及其对汉语研究的启示[J]. 学术界,2012(4). 本书关于国外话语标记研究成果的分类框架受到了该文的启发。

② Levinson, S. *Pragmatics*. Cambridge：Cambridge University Press, 1983：87-88.

语篇的连贯关系。她的研究没有回答一个关键性的问题,就是"为什么人类在交际过程中会使用一些对命题真值条件有所影响的话语标记"。

(2)基于语法—语用的研究

这方面研究的代表者是 Fraser 和 Lenk。

Fraser(1996)采用自上而下的方法对话语标记从句法—语用的角度进行了研究。他首先将话语标记分成"对比性标记语"(contrastive markers)、"阐发性标记语"(elaborative markers)、"推导性标记语"(inferential markers)和"话题变化标记语"(topic change markers)四大类,然后逐一举例说明。Fraser(1996)认为,话语标记的意义是程序性而非概念性的,它们具有丰富的语用功能,通过提示话语之间的某种关系为话语理解提供识别和导向,从而引导受话人对话语的理解。

Fraser(1999)又从"话语标记联系的是什么""什么样的形式不是话语标记"和"话语标记的语法地位是什么"等多个角度来探讨话语标记。他把话语标记视为"词法表达式"(lexical expressions),认为它们起到了连接前后段落的作用,可描写为"S1,DM+S2"。在1996年的分类基础上,Fraser 把"对比性标记语""阐发性标记语"和"推导性标记语"归为一类,称之为"联系信息的标记语",再把其余的话语标记归为"联系话题的标记语"。同时,Fraser 还坚持话语标记的多义观(polysemous approach),认为每个话语标记都有一个核心意义(core meaning),话语标记的众多意义是核心意义在具体语境和语言因素的影响下产生的,多义观是话语标记功能多样性的主要原因。Fraser 认为话语标记是"前瞻性"的,"标记着语句基本信息与前面话语的关系"[①]。

Lenk(1998)在以前学者的基础上,从话语的微观与宏观意义连贯这一角度对话语标记进行了研究。她指出,话语标记是一种连贯指示语,主要是对话语的整体连贯起重要作用,它不表示话语的命题意义,只在语用层次上起作用。根据话语标记所标记的关系,Lenk 将其分为"前指话语标记"(retrospective discourse markers)和"后指话语标记"(prospective discourse markers)两类,前者表示所在话语与前面语篇之间存在某种关系,后者表示所在话语与后面语篇之间存在某种关系。

(3)基于认知推理的研究

在 Blakemore 之前,对话语标记的研究大都是从连贯理论出发的,重在

---

① Fraser B. "Pragmatic markers". *Journal of Pragmatics*, 1996,6(2).

考察话语标记在话语或篇章组织中的衔接或连贯功能,是一种"基于话语产出的模式"(production-based approach)(吴福祥,2005)。

Blakemore(1987,1990,1992)从认知语用学的角度出发,以 Wilson 和 Sperber 的关联理论为指导,对话语标记进行了研究。她在 *Semantic Constraints On Relevance*(1987)和 *Relevance And Linguistic Meaning*(2002)中详细阐述了关联理论对语义理解的限制机制,描述了话语标记在话语理解过程中的作用。

首先,Blakemore 认为话语标记本身不表达概念意义,但在交际过程中,它可对概念意义起到制约作用。其次,她把言语交际看作一个动态的认知过程,交际双方总希望以最小的投入去获得最大的认知效果。为了实现这个目标,交际双方就必须将注意力集中在最为关联的信息上。因此,说话人为了传达最大的信息量达到最佳的语境效果,往往会通过某种形式去制约或引导受话人对话语的理解,话语标记就是实现这种目的的有效手段之一。同时,受话人会利用话语标记进行认知推理,结合语境得出话语结论。最后,Blakemore 认为,话语标记能加强话语的连贯,这种连贯是在动态的交际过程中,"交际双方能恢复关于认知语境的连贯表征"①。吴福祥(2005)认为,Blakemor 采用的是"基于话语解释"(interpretation-based)的模式,即从话语交际的角度考察话语标记在话语理解中的提示、引导或制约作用。

1.2.1.1.2 历时维度的研究

20 世纪 90 年代起,历史语言学领域开始将研究兴趣投射到话语标记之上,用语法化(grammaticalization)理论来解释话语标记的产生过程。

Traugott(1995)以英语中的三个话语标记 indeed、in fact 和 besides 的历时发展过程为例,探讨了句法、语用和语义之间的相互作用及其在语法化理论中所起的作用,特别是在语法化单向性(unidirectionality)这一问题上的特殊作用。Traugott 的研究发现,这三个话语标记遵循着"动词副词→句子副词→话语标记"的发展过程。据此,Traugott 提出了"语法化是词汇成分变成语法成分的过程,也是语法成分变得更加虚化的过程"。Traugott 的研究将语法化理论和话语标记结合起来,拓宽了语法化研究的范围。

Traugott 和 Dasher(2002)在其著作 *Regularity in Semantic Change* 中,以一章的篇幅讨论了副词的话语标记功能发展问题。他们以表示局部连接的话语标记 indeed、actually 和 in fact,以及表示总体连接的 sate(日语)

---

① 唐青叶. 语篇语言学[M]. 上海:上海大学出版社,2009:172.

为例,考察了副词作为话语标记的历时发展过程,发现这些副词都经历了从"非认识情态"到"认识情态"的发展过程,有的还产生了交互主观化(inter-subjectification)的含义。

Prevost(2011)以法语中的 à propos(by the way)为研究对象,考察了其语法化的过程。作者首先讨论了 à propos 作为话语标记的可能性,接着又考察了它的历时发展过程和语用功能的出现情况,认为 à propos 已在某些语境中逐步取代了 à propos de,并在更突然的转折性话语中(more abrupt discourse shift)不断发展。据此,作者认为 à propos 的演变过程可被视为语法化。

Rhee(2015)研究了韩语赞同类话语标记,认为这些话语标记经历了从条件连词、因果连词和引语到话语标记的语法化过程。除语义弱化外,省略机制与交互主观化在其语法化过程中都发挥了重要作用。

在已有研究维度的基础上,有些学者将共时和历时的方法结合起来,既对话语标记的语法化过程进行考察,又对它们的功能进行分类和描述。如Brinton(1996)将话语分析和语法化理论相结合,考察了古英语和中古英语里的一些语用标记,前者如 Hwæt,后者如 gan 等。他认为,话语标记在话语中主要发挥语篇和人际两大功能。也有学者通过对某些话语标记来源和发展过程的考察,发现它们所获得的语用意义来源于其最初的词汇意义,经过语义的语法化过程,特别是会话含义的规约化之后,语义的命题性减弱语用性增强。Kathrin Siebold(2021)分析了德语"dann"的不同性质和功能,发现"dann"既可以作为副词表示时间、条件和结果等义,也可作为话语标记用于结束对话。"dann"这两种不同的性质和功能是通过语法化逐渐演变形成的。

1.2.1.2　应用方面的研究

这方面的研究多为共时研究,数量较多,主要是将话语标记研究与计算语言学、社会语言学、语言习得或教学等相结合。

从 20 世纪末以来,自然语言处理领域对话语标记越来越重视。1998 年在加拿大蒙特利尔举行的 Coling-ACL 会议后续研讨会有 12 个主题,其中之一就是"话语联系语与话语标记"。大会发言论文的内容包括话语标记的确认、话语标记与话语联系、科技类文章中的元话语标记、利用语料库研究日英两种语言日常对话中的话语标记、机器语言学习中的话语标记选择、计算语言学中的话语标记歧义的自动消除等(阚明刚,2012)。同时,如何对语料库中的话语标记进行自动提取和标注也日益受到重视。Heeman 和 Allen（1999）介绍了如何利用结合词性知识的语言模型来识别话语标记；Hutchinson（2005）开展了对话语标记的可替换性进行建模的实验；Popescu-Belis 和 Zufferey（2011）以 well 和 like 为例，尝试了针对话语境中的话语标记进行自动识别；Verdonik、Rojc 和 Stabej（2007）研究了斯洛文尼亚语的自然话语语料库中话语标记的标注问题；Popescu-Belis 和 Zufferey（2011）研究了如何依据词汇、句法位置、韵律、社会语言学等特征对话语标记进行自动分类；Abuczki（2012）研究了非言语行为（手势、姿势、眼神）如何在特定的上下文中帮助消除话语标记功能上的歧义等。

也有学者将关联理论和社会语言学相结合，对话语标记的使用进行考察，如特定性别、年龄人群话语标记使用研究，病患者话语标记使用研究，公共演讲话语标记研究，医患语言话语标记研究，法庭语言话语标记研究，媒体语言话语标记研究等。

Andersen（2001）采用定性和定量相结合的方法，基于口语语料库对伦敦言语社团中青少年所用的反问形式语用标记"innit? / is it?"和"like"的使用情况进行了考察，研究了它们的语用功能、社会语言学变异和历时发展，最后得出结论"语用标记及其使用可以很好地反映青少年的语言行为"[①]。Cheshire（2007）考察了来自三个不同城镇的青少年的英语会话，发现工人阶层和中产阶层的青少年在使用某些话语标记的形式时存在差别。他将最常用的话语标记从语音减弱、非范畴化（decategorisation）、语义变化和语用转换等角度进行分析，认为这些变化组成了话语标记的语法化过程。Innes（2010）研究了新西兰法庭辩护词中 well 作为话语标记的用法，指出将 well 的使用仅仅视为使用者的社会参数（social indicator）或话语的连贯手段显得过于简单，采用多管齐下的功能分析法才能得出更丰富的结果。Southwood（2010）研究了语言障碍儿童与正常儿童在使用话语标记上的差异，发现两类儿童都大量使用"but""and""yes"和"then"，语言障碍儿童在话语标记的使用上存在延迟现象。Han（2011）基于语料库分析了公共演讲中话语标记的使用情况，发现话语标记被广泛运用于演讲词中，大概每 100 个词使用 3 个话语标记。话语标记的使用意在引导听众从局部或整体上理解话语结构，其作用包括阐释观点、解释原因、显示不同、展示话语顺序、进行推论或总结等。

---

① 许家金.《语用标记和社会语言学变异》述评[J]. 当代语言学，2004(3).

Cepeda 和 Poblete(2006)研究了医患对话中话语标记的使用情况,发现在教育语态(educational-empathetic voice)下,患者会频繁而且重复地使用话语标记以提高他们的话语权。Innes(2010)以"well"为例考察了法庭语言中话语标记的使用,发现"well"的使用与说话者的角色、社会地位、交际目的有关,体现了说话者的面子和礼貌。

考察话语标记的习得过程、特点并提出相应的教学对策是话语标记应用研究的重要方面,且成果丰富。这些研究起初主要针对英语话语标记的习得,如 Flowerdew 和 Tauroza(1995)分析了话语标记在理解第二语言演讲中的作用;Fung 和 Carter(2007)基于语料库比较了教学环境下母语者和学习者的英语口语能力和话语标记的使用情况;Martínez(2009)研究了学习英语的西班牙学习者如何利用话语标记来提高阅读理解的效率;Jung(2009)研究了英语作为母语和外语的异国朋友间在聊天时所用的相反功能话语标记 but、actually 和 well 的使用情况及特征;Khojastehrad(2012)考察了伊朗的英语学习者在口语考试中表示犹豫的话语标记的使用情况;Modhish(2012)介绍了阿拉伯的英语学习者在写作中对话语标记的使用情况。后来有关研究逐渐扩大到其他语言,如 Hernández(2011)探讨了显性教学法与输入流教学法相结合对学生习得西班牙语话语标记的作用,并与单独的输入流教学效果进行了比较;Koymen 和 Kuntay(2013)研究了讲土耳其语的学前儿童在会话中对两个话语标记 ya 和 ki 的使用情况。

从国外的研究来看,我们发现:(1)对话语标记的本体研究中,从认知语言学的角度出发,基于语料库对话语标记进行历时共时相结合的考察是目前较为普遍的研究方法;(2)共时的研究主要为分析话语标记的功能,历时的研究主要为探究某一个/类话语标记的形成过程,是语法化理论研究范围的扩大;(3)学者们对话语标记应用研究的兴趣日益高涨,结合语言习得,特别是外语/二语习得,探讨话语标记在学习者口语、写作、阅读中的作用,比较不同学习者话语标记的习得过程和特点等,都是当前的研究热点。

1.2.2 国内话语标记研究现状

在西方的理论和研究引入之前,国内学者已对汉语中具有类似性质的语言成分进行了研究,使用较多的术语有王力的"插语法"(2015),陆俭明的"主从关系连词"(1985),高名凯的"插说"(1986)和廖秋忠的"连接成分"(1992)等。但是相关研究主要局限于汉语句法—语义层面的静态描述和讨论,很少涉及认知语用维度。

冉永平(2000a)对国外话语标记研究的介绍,激发了国内学者对话语标记的研究兴趣,从那以后国内学界对话语标记的研究日趋重视。这一点从我们在中国知网的搜索结果就可以看出:以"话语标记"或"语用标记"为篇名核心词进行搜索,发表在南大核心期刊和北大核心期刊上的文章2000年时只有两篇,2001年至2005年共计31篇。

1.2.2.1　国内话语标记研究成果

我们同样从理论研究和应用研究两方面来归纳总结国内话语标记研究的现有成果,探讨进一步研究空间。

1.2.2.1.1　理论方面的研究

国内话语标记的理论研究也可分为共时维度和历时维度两小类,其中共时维度早期的研究包括话语分析、会话分析两种角度,当下的研究以认知—语用角度为主,历时维度的研究主要关注话语标记的形成过程。

(一)共时维度的研究

(1)话语分析角度

这类研究着重探讨话语标记如何在局部话语连贯、话语结构中起作用。如李佐文(2003)认为话语联系语既可以标示话语的局部连贯关系,也可以标示话语的整体连贯关系,在言语交际中发挥着重要的作用。李勇忠(2003a)主张话语标记能揭示话语字面上没有明确表明的内容,连通短路的信息,保证交际的顺利进行。梁惠梅(2007)指出,作为一种话语衔接手段,话语标记语具有其独特的语篇联结功能,其功能表现为明示小句逻辑关系、提示话题的转换、表达作者意图以及提示语境等四个方面。付琨(2008)的研究发现,后置词"来说"构成的话语标记"X来说"主要在篇章中起限定说明方式、限定举例话题、限定论述依据和限定关涉范围等作用。张文贤等(2018)具体分析了"这下"作为话语标记时的连接成分与连接范围,并根据"这下"所在语篇中作者的视角,将其话语标记用法分为"言者隐身式连接"与"言者显身式连接"两种。

(2)会话分析角度

从会话分析角度研究话语标记的作用,主要是探讨它们如何帮助引出话题,实现话轮转换,改变话题以及如何使语句缓和,对语句进行修补等。方梅(2000)研究了自然口语中弱化连词形成的话语标记,认为它们具有话轮转接和话轮延续两个功能。于海飞(2006)采用描写和解释相结合的方法,从位置、条件、功能、频率等不同角度探讨了话语标记在话轮获得、话轮保持、话轮放弃中的应用。缪素琴、蔡龙权(2007)考察了话语标记在会话应答结构模式中的语用表现,指出话语标记语可以有效减弱不期待应答言语行为的施为用意,但同时某些话语标记语在期待应答中具有增强言语行为施为用意的效果。郭娟(2012)具体分析了汉语会话中反问应答衔接语的话语标记,如"可不是吗""谁说不是呢""谁说的""哪儿呀"等,发现它们主要用于衔接话语、组织话轮、表达主观态度等。

(3)认知—语用角度

从认知—语用的角度进行话语标记研究是目前国内主流的研究范式,学者们依循的理论是关联理论和顺应理论。

曾经学者们从连贯理论出发,认为话语标记主要在语篇内部发挥作用,连接话语标记所在话语及其前后话语,表示一定的逻辑关系,"认为话标记语的使用使话语或语篇更连贯,将话语单元在各个层面上可能存在的相互关联展现出来,给会话理解提供指引"①。但事实上,话语标记的连接作用可以是超语段的,它可以连接语段、语境或语境效果。随着关联理论的发展,学者们更多地用该理论来解释话语标记的连接作用。

从宏观上看,何自然、冉永平(1999)以关联理论为框架探讨了语言形式和语用理解之间的关系;何自然、莫爱屏(2002)认为话语标记语具有语用认知制约作用;莫爱屏(2004)提出关联理论可以为现有的话语理解理论提供有益的补充,同时也可以为解决各种争议性问题提供可行的方法;王扬(2005)提出话语标记语在话语生成和理解过程中可以增加交际双方的认知共性和语境效果;闫涛(2007)建议在认知关联理论框架下,结合动态语境假设研究话语标记语,以便寻求与动态语境的最佳关联来消除话语的语义和语境歧义,从而获得成功的话语交际。肖武云、曹群英(2009)运用关联理论对话语标记语的语用认知制约性进行了探讨。

另有一些学者运用顺应理论来解释话语标记的语用功能。顺应理论认为,话语标记的使用是说话人元语用意识在话语中留下的痕迹,是说话人顺应环境的重要手段。于国栋、吴亚欣(2003),赵万长(2005)都将话语标记分为承上、当前和启下三种,对不同种类话语标记语怎样从不同角度反映说话人元语用意识做了讨论。李健雪(2004)概括出了话语标记语在就职演说语篇中的三大策略功能:语篇宏观调控和微观衔接的管理策略功能,因果推论

和对比阐述概念关系的图式化策略功能,主观信念态度的外显功能。许静(2007)指出话语标记可被视为元语用策略的描写,具有"面子缓和"等功能;周彪、朱海玉(2007)认为话语标记体现了"关系意识""话题意识"等元语用意识;冉明志(2008)从语篇构建和语篇理解两个角度分析了话语标记的作用。

从微观上看,一些研究以某个或某些话语标记为研究对象,考察了它们在会话互动中的语用功能。"类似的微观研究有助于我们重新认识话语标记这类'小词'以及其他附属结构在交际中的实际作用。"①国内学者根据所属学科的不同,分别对英语话语标记和汉语话语标记做了研究。

对英语话语标记进行研究的主要是国内英语教学界的学者。他们从认知语用的角度出发探讨了话语标记的语用功能。一些研究还将其与汉语中相应的话语标记进行对比,或者对英语话语标记的翻译提出了建议。这样的研究集中在 you know(冉永平,2002;李潇辰等,2018),well(冉永平,1995,2003b;朱小美、王翠霞,2009;顾金城,2010;崔凤娟,于翠红,2015),I mean(曹放,2004),and(李勇忠、李春华,2004;衡仁权,2005;袁咏,2010),why(缪素琴,2005,2011),yes(唐斌,2006)和 you see(李成团,2009)等话语标记上。

对汉语话语标记进行研究的主要是国内汉语学界的学者。他们从认知语用的角度研究了话语标记的语用地位和语用功能。如陈开举(2002)对汉语会话中末尾标记语的研究,冉永平(2004)对"吧"的研究,席建国、陈黎峰(2008)对插入式语气标记语的研究,刘丽艳(2006b)、宋秀平(2011)对"你知道"的研究,刘丽艳(2009)对"这个"和"那个"的研究,刘焱(2007)对"对了"的研究,唐斌(2007)对"其实"的研究,张旺熹、姚京晶(2009)对人称代词类话语标记研究,刘志富(2011)对"也是"的研究,吕为光(2011)对"我说什么来着"的研究,孙利萍(2012)对言说类话语标记的研究,袁伟、冯晓晴(2012)对具有婉转功能的对比语用标记的研究,王凤兰、方清明(2015)对"这么一来"的研究,周明强、谢尚培(2018)对"你等着"的研究,杨智渤(2021)对"当然"的研究等。可以看出,不同于英语话语标记的相对有限,汉语话语标记数量更多,个案研究更加丰富多样。

值得一提的是,无论是国外还是国内,近年来都有一些学者从将话语标

---

① 张奕,乔琳. 话语标记语研究现状与展望[J]. 深圳大学学报(人文社会科学版),2010(1).

记视为发话人元语用意识标记语的角度开展研究。他们认为语言使用者会对交际双方的语言进行反思,而且能意识到自己在进行反思。这种反思意识就是元语用意识,它体现了一个人的语用能力,而话语标记是标记说话人元语用意识的一种手段(Verschueren,2000)。国内学者或从整体上分析话语标记可标示说话人的哪几类元语用意识,如吴亚欣、于国栋(2003),赵万长(2006),周彪、朱海玉(2007)等;或具体分析某个话语标记体现的元语用意识,如朱小美、王翠霞(2009)分析了 well 的元语用意识,苏小妹(2017)分析了"我是说"的元语用意识等。与前三种研究视角相比,这一研究视角的成果目前较少,但给了我们不少启示。本书将从"意识""元意识"入手,分析话语标记与"元认知"的关系,从而探讨话语标记产生的心理机制。

目前,汉语话语标记最新的研究主张从互动语言学视角来考察话语标记的程序功能。如曹秀玲、杜可风(2018),王咸慧(2019),姚双云、田咪(2020),田咪、姚双云(2020)等。互动语言学认为"交际互动造就语言,语言作为一种社会行为又反作用于交际互动"①,强调语义、功能和句法结构由交际双方共同协调构建,并随着交互展开而不断调整。话语标记体现出来的交互主观性与互动语言学的"互动"理念相契合。张媛、王文斌(2019)认为,语言是一种社会—认知界面的人类活动,如要得到真实的描写,就必须从内外两个角度对其做出深入而精确的解释。因此,话语标记的语用—认知维度研究就是向内寻找话语标记的认知基础和规律,而互动语言学视角就是向外探寻话语标记的社会和人际互动动因,它们是一个硬币的两面。

(二)历时维度的研究

国内对话语标记进行历时维度研究的主要是汉语学界的学者。他们在分析话语标记的句法结构、语用特征的同时,探究了话语标记的演变历程。目前关于话语标记产生机制的看法主要有三种:语法化、词汇化和语用化。因此,对汉语话语标记的历时研究,也可以说是对话语标记与语法化、词汇化、语用化过程关系的研究。

一部分学者认为语法化是话语标记产生的直接动因。吴福祥(2005)在分析语法学界为何重视对话语标记的研究时,列举了三个原因,其中一个就是话语标记的产生是一种典型的语法化现象②:

---

① 刘峰,张京鱼.语用小品词研究的互动语言学框架搭建[J].外语学刊,2020(4).
② 吴福祥.汉语语法化研究的当前课题[J].语言科学,2005(2).

　　大量的证据显示,在一些具有历史文献的语言(如英语、德语和日语)里,话语标记来源于表达概念意义的词汇成分或词汇序列。其历史演变过程清晰地显示,话语标记的产生也经历了与词汇语法化相同的语义演变(泛化、主观化)、"去范畴化"(decategorilization)、重新分析、语音弱化等过程,并且也呈现单向性和渐变性特征。因此,话语标记的产生也是一种典型的语法化现象。

　　侯瑞芬(2009)认为,从动词短语到话语标记,不应该看作一个词汇化过程,"因为话语标记既不是一个主要的词汇范畴,也没有形成一个独立的词类范畴,而是一种功能类"。周树江、王洪强(2012)也认为,话语标记语的使用是一种语用现象,词语原有意义与特定语境共同形成话语标记意义,其话语意义的形成经历了语法化过程。

　　高增霞(2004a,2004b)是国内最早关注话语标记语法化问题的学者之一。她对话语标记"回头"和"完了"语法化过程的描述,引起了学者们对汉语话语标记语法化研究的关注。在她之后,国内很多学者从某个话语标记入手,通过对其原始形式演变过程的考察,证明话语标记的形成离不开语法化。比如王伟、周卫红(2005)对"然后",颜红菊(2006)对"真的",殷树林(2009)对"这个"和"那个",魏兴、郑群(2013)对"你看",吕为光(2015)对"怎么说呢",张宏国(2016)对"糟了",吉晖(2019)对"你不知道",孙雅平(2020)对"不料""谁知"等作为话语标记的研究,都证明了语法化在话语标记形成中的作用。

　　也有一部分学者通过对话语标记的历时研究,得出"话语标记的形成是语法化和词汇化共同作用的结果"这一结论。董秀芳(2007a)就指出,词汇化和语法化密切相关,两者可以有一致的演变结果,也可以在同一语言形式上相继进行。侯瑞芬(2009)提出,从短语到话语标记有两条发展路径:一种是从短语直接语法化为话语标记;另一种是先发生词汇化,然后再发生语法化。李思旭(2012)认为话语标记的形成过程应该是先词汇化然后再语法化,一个词语最终变为话语标记主要还是语法化在起作用,词汇化只是在前期起作用。据此,他也提出了汉语话语标记演变的两个途径:一是从短语先词汇化为词,然后再进一步语法化为话语标记;二是短语由于存在于特殊的语境之中,在语用原因的驱动下临时作话语标记。管志斌(2012)发现,语言的语法化过程一般包括形式和意义的演变两方面,且通常情况下形式晚于意义。语言形式在词汇化结束后还可能发生语法化的演变。刘顺、殷相印

(2010)对"算了",张璐(2015)对"问题是"的研究也支持了这一观点。

另有一些学者认为话语标记的形成受到语用化的影响。邱述德、孙麒(2011)指出,语用化是一种不同于语法化的规约过程,语用化过程会产出具有特定语用功能的预制语块,即语用标记语。乐耀(2011)认为,若从表达功能和意义着眼,"不是我说你"这类结构演变为话语标记是语用化的结果,词汇化和语用化是可以相容的。殷树林(2012b)也提出话语标记是语用化的结果,而非语法化或词汇化的结果。朱军(2016)通过对不同性质和功能"行了"的分析,也证明了语用化在话语标记形成过程中的作用。

总之,对汉语话语标记历时维度的研究表明,某个表实义的语言形式要虚化为话语标记,语法化、词汇化、语用化都可能发挥作用。一些学者认为,正是语法化、词汇化和语用化的共同作用,才促进了某类结构向话语标记的演变(杨江,2016;孔蕾、秦洪武,2018;何佳,2021)。

1.2.2.1.2 应用方面的研究

作为一种体现说话者话语组织能力,反映其元语用意识的语言成分,话语标记的具体使用或习得情况受到了学者们的关注。对话语标记的应用性研究集中在母语者的使用和外语/二语学习者习得两方面。

从母语者对话语标记使用的角度出发,学者们研究了不同语境或语体中话语标记的特征和功能。如王红、葛云峰(2004)对采访和随意谈话中话语标记语"你知道(么)"等的使用是否受到谈话者角色及彼此关系的影响进行了定量研究;庞继贤、陈明瑶(2006)研究了电视访谈中介入标记语的人际功能;王红斌(2007)讨论了北京故宫导游词中话语标记"那么"的六种功能;董育宁(2007)归纳了新闻评论语篇的语用标记语的种类和功能;陈铭浩、张玥(2008)对法庭会话修正中话语标记语的使用进行了分析研究;李秀明(2007)考察了公文、科技和文艺三种不同语体中的元话语标记;穆从军(2010)对中英文报纸社论中的元话语进行了比较分析;莫再树、张芳(2015)对中美商业新闻中话语标记语的使用情况进行了对比研究;孙炳文(2015)基于关联理论分析了话语标记在庭审中的四种语用功能;蒋婷等(2016)分析了仲裁庭审中仲裁员的打断策略,发现其常使用话语标记来启动打断,旨在引起对方注意,同时也实现语篇连贯。

还有一些研究(刘沐心,2006;贺静,2012;姜有顺,2013;马央平,2015;刘冰,2015)从语言教学的角度出发,对教师在课堂上所用的话语标记进行了分析,指出适当准确地使用话语标记有助于教师构建课堂语篇和语境。但是,部分教师存在着过度使用或过少使用话语标记的现象,值得引起注意。比如张会平、刘永兵(2010)的研究发现,我国中学英语教师半数以上的口语标记使用正常,约 1/3 使用过少,近 1/10 使用过度。中学英语教师话语标记总体使用的多样性、准确性及恰当性等方面与国外教师均有显著差距。

对外语/二语学习者话语标记习得的研究主要集中在中国学生对英语话语标记的习得上,其中尤以口语中话语标记习得的研究最多。这些研究大多基于大型语料库,将中国学生对英语中常见话语标记的习得情况(包括使用频率、分布情况和语用理解等)与英语母语者进行比较,结果发现中国学习者所用的话语标记种类整体上不够丰富,有些话语标记的使用存在过度使用和石化现象,另有一些话语标记的使用率则远远低于母语者。这说明中国学生在英语口语中话语标记的使用不够全面和灵活,这在一定程度上影响了他们的英语口语能力。学者们根据研究结果,提出了相应的教学对策。此类研究有何安平、徐曼菲(2003),李巧兰(2004),王立非、祝卫华(2005),陈新仁、吴珏(2006),徐捷(2009),甄凤超(2010),潘琪(2011),郑群(2011),高竟怡(2012)等。

另有一些研究探讨话语标记与英语学习者听力理解或写作能力方面的关系。学者们指出,使用话语标记可以使受话人获得发话人所期待的语境假设和语境效果,使受话人更容易理解话语的连贯关系,帮助受话人对发话人的会话含义做出正确的推导,从而提高理解速度。另外,有一些表示语篇停顿、话题转移的话语标记,如"well""you know"等,可以使受话人有更多的时间和机会处理话语信息(朱嫣然,2001)。楼红燕、何莲珍(2008),冯洁茹(2012)等用实验手段证明话语标记语在听力理解中起积极作用,而且不同英语水平、不同专业的学生对话语标记的依赖程度存在差异,通过教学能够提高学生的话语标记意识,从而提高他们的听力理解能力。

对中国学生英语话语标记使用情况与其写作能力关系的研究同样表明,话语标记的使用种类和质量与学习者的英语写作能力存在明显相关,写作能力高的学习者话语标记使用更熟练。但与英国大学生相比,中国学生在话语标记语的使用上呈现出过度、滥用的现象,具有口语化、简单化特征。相关的研究有张贤芬(2004),陈伟(2009),郭威、朱琦(2011)等。

与国内英语教学界相比,国际中文教学界关于留学生话语标记习得的研究起步较晚,目前成果大多集中在研究生学位论文上,公开发表的期刊论文较少。刘丽艳(2006a)以个案跟踪的方式对中国学生习得英语话语标记和韩国学生习得汉语话语标记的过程进行了研究,发现话语标记的习得是一个母语和目的语语码转换的过程,此过程受到学习环境、学生的性格特点、努力程度、学习目的等因素的影响。作者认为,造成话语标记误用的原因,一个是受母语负迁移的干扰,另一个是语码转换规则的过度泛化。白娟、贾放(2006)以学生会话录音为语料,分析了留学生口语中话语标记的使用特点,发现留学生所用的话语标记具有数量少、多用实义少用虚化义等特点。有些学生在使用中采用了回避策略和教学中缺乏对话语标记的重视等都是造成这些特点的原因。刘志富、李丽娟(2013)对话语标记"再说"的使用情况进行了研究,发现留学生使用"再说"存在将其用于列举、用于因果关系、用于递进关系和过度使用等问题。针对偏误情况,作者提出了话语标记"再说"的教学策略。吉晖(2016)考察了留学生口语自叙语篇中话语标记的使用情况,发现留学生使用话语标记的频率低于母语者,这与他们的汉语熟练度呈正相关,留学生习得话语标记的主要途径是社会文化互动。黄彩玉、谢红宇(2018)基于俄罗斯学生的汉语话语标记习得和使用情况,从社会距离和心理距离两个角度探讨了话语标记习得的文化迁移模式。

1.2.2.2 国内话语标记研究成果的特点及不足

综观国内话语标记研究的成果,我们发现主要有两个特点:

(一)本体研究的角度与国外研究主流保持一致,但创新性有待提高,关于汉语话语标记的很多基本问题尚无定论

21世纪初国内研究刚起步时,国外研究已开始运用关联理论和顺应理论来解释话语标记的功能,用语法化理论来描写话语标记的形成过程,国内的研究引进和借鉴了当时最新的外国成果,起步虽晚起点却较高。

遗憾的是,国内话语标记研究的指导理论相对单一,认知—语用角度的研究多运用隐喻和转喻、主观性等理论,鲜有运用理想化认知模式、构式语法、整合概念等理论来指导话语标记研究的。这些理论能否与话语标记研究相结合,如何结合,是值得思考的问题。除了认知—语用角度外,是否还可以从其他角度开展对话语标记的本体研究,也是值得探讨的问题。

早在2007年举行的第十届国际语用学研讨会上,学者们研究的主题就"涉及话语标记语在语篇处理中的作用、话语标记语的话题引导、话语标记语与话题维护及话语结束、成人与儿童使用话语标记语的区别、话语标记语的施为之力和信息值、话语标记语的次标题标记作用、话题重新定位标记语、离题性话语标记语、命题性话语标记语、作为语用标记的感叹结构、语用标记语的语法化、不同语篇体裁中的语用联系语、语篇处理中话语标记语

的作用等"①。这表明国外话语标记研究已开始突破传统研究的范围,在广度和深度上都有所拓展。遗憾的是,目前国内话语标记标记本体研究仍以考察话语标记的演化过程和语用功能为主,尚未涉及话语标记本体研究的诸多领域。诸如英汉话语标记的对比研究,话语标记的翻译研究,话语标记语料库建设,话语标记的修辞研究等方面,都尚待进一步深入。

在将国外理论与汉语话语标记研究相结合的过程中,国内学者的理论创新相对不足。无论是连贯理论、关联理论、顺应理论、语法化理论还是最新的互动语言学视角,国内学者倾向于将国外理论介绍引入,运用这些理论来指导汉语话语标记的研究。但"对于话语标记的分析以单个话语标记的个案研究为主,缺乏能够深层解释话语标记多重功能及其成因的理论体系","个案研究也以描写为主,解释不足,尤其缺乏研究的系统性与理论贡献","对于话语标记历时演变的讨论囿于语义演变的分析,没有结合历时语料厘清话语标记的来源形式,也较少提出关于历时形成过程的理论主张"②。

另外,由于英汉两种语言的不同,英语的研究成果无法照搬照抄到汉语之中,因而汉语话语标记研究还有很多基础性问题尚缺乏共识。比如汉语话语标记产生的认知机制是什么?到底何种语言形式可被视为话语标记,如何确定话语标记的定义、标准和研究范围?它与相关形式,如连词、副词、叹词等的关系如何?汉语话语标记有哪些类别,它与元话语的区别在哪里?话语标记的程序性功能是如何发挥作用的?这些问题都需要我们进一步研究。

(二)外语教学界和汉语界对话语标记的研究各有所长,但都有进一步发展的空间

国内最早从事话语标记研究的学者大都来自外语教学界,他们或介绍国外最新研究动态、研究成果,或将相关理论与国内语料相结合开展应用研究,成果丰硕,并启发了汉语界的相关研究。外语教学界的研究成果尤以应用研究为主,涉及话语标记的母语者使用情况、外语/二语习得情况等。其中习得研究多以语料库为基础,分析学习者和母语者在使用话语标记上的差异,或者考查学生听说读写技能与话语标记习得之间的关系。相比于国外同行,国内外语教学界对医患语言、法庭语言、媒体语言等机构语言的话

---

① 冉永平.语用学传统议题的深入研究 新兴议题的不断拓展——第十届国际语用学研讨会述评[J].外语教学,2007(6).

② 陈家隽.国内外话语标记研究:回顾与前瞻[J].汉语学习,2018(5).

语特征,对如何从语言信息处理的角度研究话语标记,如计算机如何识别、提取话语标记,对如何从社会语言学及应用的角度研究话语标记,如关注性别、年龄、生理、特定社群等因素对话语标记使用和传播的影响,对双语者如何使用话语标记等,关注得还不够(吉晖,2019)。

汉语界对话语标记的本体研究的成果较为丰硕,但应用研究起步晚成果少,尤其是国际中文教学界对于留学生话语标记习得的研究,尚未引起足够重视。现有研究多关注某个国籍的留学生口语话语标记的习得情况,缺乏较大规模的留学生话语标记习得整体情况的研究,也缺乏对留学生书面语中话语标记习得的研究,同时还缺乏基于语料库的相关研究和将话语标记与教材编写相结合的研究等。

就话语标记的习得研究而言,无论是英语教学界还是国际中文教学界,都仍将话语标记的习得看作是一种语言表达手段的掌握,尚未上升到话语能力,特别是元话语能力发展的高度上来。对于习得结果的描写较多,但缺乏解释性的研究,对于话语标记为何能够提高学习者听力或写作水平没有进行深入分析。

国内话语标记习得研究的现有成果说明:

(1)虽然现有的研究成果承认话语标记在学习者组织话语、理解话语中的作用,但若无法详细描述话语标记如何起作用,就不能证明学习者的确利用话语标记取得了更好的交际效果,就无法从理论上说明习得话语标记的重要性。

(2)国际中文教学界尚未充分认识到留学生话语标记习得是培养其元话语能力的重要手段。虽然早在 20 多年前就有教师注意到,在汉语教学中句子并不是语法教学的终点,在语法阶段以后,"有培养成段表达能力"这一教学环节(刘月华,1998)。它是将句子连成段落的能力,属于话语能力,"应该从初级阶段就开始,一直贯穿于汉语学习的始终"①。对于留学生存在的话语问题,学者们多从母语迁移、教学影响、留学生中介语发展过程等角度进行解释,鲜有学者跳出话语能力从更高层次的元话语能力来看待问题。由于对培养留学生元话语能力的必要性和重要性缺乏足够的认识,因而也无法意识到留学生话语标记习得的价值所在。

(3)由于缺乏对留学生习得不同类别话语标记情况的研究,我们很难针

---

① 　王莉.试析中级阶段留学生话语不连贯的主要原因[J].暨南大学华文学院学报,2003(2).

对话语标记习得过程中遇到的问题提出有针对性的教学方法。教学方法的选择和制订都应该从教学需要出发,否则就是无的放矢。对留学生来说,由于汉语的规约性,默会型话语标记很难在其母语中找到对应形式,所以这种话语标记的习得情况,可能会不同于明示型话语标记[①]。对于这两种不同类型的话语标记,教师应该确定教学重点,并采用不同的教学方法。

(4)需要开展对书面语中话语标记习得情况的研究。一般认为,话语标记主要出现在口语中,因此现有的习得研究主要针对学习者口语中的话语标记,对书面语中的话语标记缺乏足够关注。但是最近的研究发现,不但同一个话语标记在口语和书面语中的使用情况不同,而且可在口语和书面语中使用的话语标记也是有区别的。如 Schleppegrell(1996)比较了英语学习者口语和写作中运用 because 作为连贯手段的异同,指出学习者缺乏对不同语境之间区别的足够注意,造成了书面语中 because 的不恰当运用。刘文慧、周世界(2018)的研究也表明,中国学生对英语书面语和口语中话语标记语之间的语境区别缺乏明确认识。董秀芳(2007b)通过对"只见"语义和功能的描写分析,指出"只见"是仅用于书面语的话语标记,其功能在口语中只是由一些韵律手段来表达。对留学生书面语中话语标记使用情况进行研究,能帮助我们更好地了解留学生对话语标记的习得情况,扩展研究范围。

1.3 本书的研究内容和方法

1.3.1 研究内容

针对国内话语标记已有研究成果的不足,本书从培养留学生的元话语能力出发研究话语标记及其教学。具体来说,本书将解决以下问题:

1.从认知心理学的角度来看,话语标记是如何形成的? 它与元话语的关系如何?

2.汉语话语标记有何特点,如何判断一个语言形式是否为话语标记? 不同类别话语标记的习得,难度是否相同?

3.如何理解话语标记的程序功能? 受话人如何利用话语标记来帮助自己理解话语?

4.目前教师对话语标记的认识和课堂教学情况如何? 教材是如何处理

---

① 关于"明示型话语标记"和"默会型话语标记",详见第三章。

话语标记的？

5.如何以培养留学生的元话语能力为目标进行话语标记教学？针对不同类型的话语标记,可提供哪些行之有效的教学方法？

1.3.2 所用理论和研究方法

本书基于汉语母语者和留学生的真实语料,属于描述性和解释性以及两者结合的研究范畴。

在描述话语标记的形成过程,对话语标记进行界定和分类,阐述其程序功能的具体实施过程时,主要以认知心理学和篇章语言学理论为指导。我们将话语标记看作元认知交互的语言表现形式,认为元话语能力在话语标记上的体现就是其程序功能。同时,我们认为这种程序功能通过受话人对话语标记辖域的寻找和辖域之间语义关系的分析而实现。

在考察汉语教师对话语标记的认识和教学情况时,采用问卷调查法以了解汉语教师对话语标记的认知和教学安排,探究其背后的原因,以语用学理论为指导,提出有针对性的教学对策。

1.4 本书结构

本书共 7 章。

第一章绪论首先从教学实际和留学生习得现状出发,提出要进一步开展关于话语标记的研究,并指出本书的研究基于将留学生话语标记理解和使用看作是培养他们元话语能力的有效途径这一看法。然后回顾话语标记的研究历史,总结话语标记的国内外研究现状并指出国内研究的不足,接着介绍本书的研究内容、所用理论和研究方法,最后介绍论文结构,说明语料来源。

第二章主要回答"话语标记是如何产生的"这一问题。首先从言语交际中的元认知入手,探讨元认知能力如何具体表现为元话语能力,然后对元话语进行研究,接着介绍从元话语到话语标记的标记化过程,最后辨析元话语和话语标记之间的关系。虽然本书研究的是话语标记,但话语标记来源于元话语,元话语的程序功能也是元话语能力的表现之一,因此我们有必要先阐述元认知、元话语、元话语能力的有关情况。

第三章是对话语标记的界定和分类。首先介绍目前学术界对"话语标记"这一特殊语言形式的不同理解,从话语标记的引导功能出发限定本书的研究范围，然后从话语标记与元话语的关系入手，对其特征进行描写，在此基础上为话语标记下一个操作性定义，并将话语标记和其他相关术语进行比较，最后总结现有研究关于话语标记的分类结果并指出其不足，根据话语标记的语法化程度提出新的分类方法。

第四章以辖域为抓手具体研究话语标记，分析话语标记辖域的方向、数量、分布情况、语义指向等，探讨话语标记在话题处理方面的功能。分析话语标记及其辖域的特征，是为了帮助学习者更好地寻找辖域，归纳辖域间的语义关系。最后本章以"话说回来"为例，具体演示话语标记的程序功能是如何发挥作用的。

第五章是关于国际中文教育中如何进行话语标记教学的思考。该章基于第四章的研究成果，以及对话语标记课堂教学现状的考察，对教师话语标记认知状态的调查和对教材话语标记处理情况的研究，从理解和运用两方面对话语标记教学提出建议。

第六章整理《国际中文教育中文水平等级标准》（国家标准·应用解读本）中收录的话语标记，具体描写分析每个话语标记的语体、语篇结构、语用功能等。

第七章总结本书的主要内容、创新之处和不足之处，提出今后的研究方向。

1.5　语料来源说明

话语标记本体研究部分所用的语料，大部分来自北京大学 CCL 语料库，中国传媒大学国家语言资源检测与研究有声媒体中心的有声媒体语言资源网，北京语言大学 BCC 语料库和语料库在线网，小部分来自复旦大学刘大为老师的讲义，还有个别来自其他学者的研究成果。语料均标注了出处。

与国际中文教育直接相关的语料，教材部分来自读秀网中检索到的各类教材，教师课堂话语语料来自课堂录音转写文件，留学生的书面语语料来自北京语言大学 HSK 动态作文语料库。

第二章 元话语能力:从元认知到话语标记

不同于已有的研究只将话语标记习得看作类似于词汇量的增加,我们将话语标记的使用看作元话语能力的体现。元话语能力是对话语能力的驾驭能力,也是人的元认知交互能力。元话语能力的运用会产生某种认识或看法,某种需求或要求,它们表现为语言形式时便是元话语。元话语可以演变为话语标记。本章从元认知入手,重点说明元认知如何表现为元话语,元话语如何标记化为话语标记。

2.1 元认知和元话语能力

认知指"知识的习得和使用"①,是"通过推理或直觉或感官获取知识的活动或过程"②。由于人类拥有反思能力,我们能对自身的认知活动进行监控和调节,因而具有元认知能力。言语交际作为人类独有的认知活动,其每一个环节都体现了元认知的监控和调节。

2.1.1 元认知的基本概念

人类意识既能以外界事物为对象,也能以自身为对象。当它对自身产生意识时,它就是"元意识"。当元意识发挥作用时,便产生了元认知。元认知既是一种静态的知识,更是一个动态的过程,对认知起监控和调节作用。

---

① 桂诗春.认知和语言[J].外语教学与研究,1991(3).

② 郭滨.新"语义三角"——世界、认知和语言[J].湖南农业大学学报(社会科学版),2003(3).

2.1.1.1　意识、元意识和元认知的关系

从哲学意义上来说,意识是人脑对于客观物质世界的反映。马克思说"意识在任何时候都只能是被意识到了的存在"①,这个"被意识到了的存在"包括人类自身的存在,人类赖以存在的客观世界的存在,以及人类自身与客观世界之间复杂关系的存在。所以,意识可以"分为自我意识和对周围事物的意识"②。

从心理学意义上来说,意识是人类所特有的反映形式,是心理发展的最高阶段,具体而言指"人以感觉、知觉、记忆、思维等心理活动过程为基础系统整体,对自己身心状态与外界环境变化的觉知和认识"③,是人类认识自我和了解世界的核心。

自我意识是对主体的人自身的意识,其对象"包括主体人的一切方面,从物质的到精神的,以及从社会的到自然的属性和特点"④。它是人类意识的最高形式,是推动个体发展的内部动因,也是人类意识的本质属性。拥有自我意识,标志着个体的成熟。自我意识以主体及其互动为意识对象,对人的活动起监控作用。人们可通过自我意识监控自己的意识,进而调整自己的思维和行动。

刘大为(2003)认为,人类的意识可以分为两种,一种是我们对来自外部世界事物的感知、想象、领悟和探索等思维加工过程,也就是对意识本身之外对象的意识。这种意识从本质上来说是透明的,我们在进行意识活动时关注的并不是意识本身。比如我们在欣赏春花秋月时,我们感知到的只是鲜花的芬芳和月亮的皎洁,但对感知本身却没有意识。这种意识是人类和某些动物共同拥有的。

另一种意识是对意识的意识,是把意识活动本身作为意识的对象。这种意识的出现使意识活动成了一种可受意识主体调控的过程而不再仅仅是本能的冲动,体现了人类作为高级动物具有反思能力而一般动物只具有体验能力之间的区别。这种意识是反思性的意识,我们可将其称为"元意识"。

苏联早期心理学家维果斯基曾对自我意识问题有过精辟论述,他指出,

---

① 马克思,恩格斯. 马克思恩格斯选集(第一卷)[M]. 北京:人民出版社,1972:30.
② 董奇. 论元认知[J]. 北京师范大学学报,1989(1).
③ 叶奕乾. 普通心理学[M]. 上海:华东师范大学出版社,1997:37.
④ 王启康. 论自我意识及其与自我之关系[J]. 华中师范大学学报(人文社会科学版),2007(1).

自我意识就是对意识的意识(司继伟、张庆林,1999)。我们认为,既然自我意识的对象可以是物质的也可以是精神的,那么自我意识就包含了元意识,元意识作为对个体自身意识的反思,是自我意识的重要组成部分。

同时,根据美国科学家 Dewey(1933)的论断"元认知就是反思性自我意识",我们对意识、自我意识、元意识和元认知之间的关系做出如下总结:

意识包括对周围事物的意识和自我意识,自我意识又包含元意识,元意识是元认知过程的主体。

2.1.1.2　元认知及其组成

认知是人认识事物和获取知识的行为、能力和过程。作为心理过程的一部分。认知过程包括知觉、记忆、判断、推理、解决问题、学习、想象、概念形成、语言使用等,并与情感、动机、意志等心理活动相对应。元认知是对认知本身的认知,是一种更高级的思维结构。在了解元认知对语言使用的影响之前,我们首先要了解元认知的有关情况。

2.1.1.2.1　"元认知"概念的提出

19 世纪末期,法国哲学家孔德提出了关于自我意识的疑问:"思考者无法将自身分成两个部分,一部分进行推理思考,而另一部分却在观察这种推理。一个有机体进行观察的同时觉察到这种观察事实的存在——这种观察是如何发生的呢?"这就是著名的"孔德悖论"。为了解决这个问题,Tarski(1956)提出了"元"的概念,他认为,"元"就是"关于某某的某某"。

在"元"概念的基础上,Flavell 于 1976 年提出了"元认知"概念,认为它是"个人关于自己的认知过程及结果或其他相关事情的知识",同时也指"为完成某一具体目标或任务,依据认知对象对认知过程进行主动的监测以及连续的调节和协调"。1981 年,Flavell 再次将元认知定义为"反映或调节认知活动的任一方面的知识或者认知活动"。也就是说,在 Flavell 看来,元认知既是一种静态的知识体系,又可以是一种动态的互动过程;既反映个体对认知活动及其影响因素的认识,又是个体对当前认知活动的调节。1985 年,Flavell 又一次对元认知提出新的定义:元认知是认知主体对自身认知活动的认知,包括"认知正在进行的认知过程、自身认知能力和两者的相互作用"、"认知自身心理状态、能力、目标、策略等"和"计划、监控和评价自身认知活动"三个部分。

在 Flavell 之后,又有其他学者对元认知是什么提出了不同的看法。Brown(1984)等认为元认知是个人对认知领域的知识和控制,Yussen

(1985)认为元认知是反映认知本身的知识体系或理解过程,Weinert(1987)则认为元认知可视为第二层次的认知:对思维的思维,关于知识的知识,对活动的反省。Patricia(1985)认为,元认知指关于心智运作的任一方面的知识及其导向过程。Sternberg(1994)通过将元认知与认知进行对比来揭示其含义,他指出元认知是关于认知的认知,认知包含对世界的知识以及运用这种知识去解决问题的策略,而元认知涉及对个人的知识和策略的监测、控制和理解(转引自汪玲、郭德俊,2000)。

虽然学者们对元认知的看法不尽相同,但总结上面各种定义,我们可以发现,元认知是相对于认知而言的,是对认知的认知,这一点是元认知最根本的特征。元认知的实质就是主体对认知活动的自我意识和自我调节,表现在主体以主体及其活动为意识对象,根据活动的要求,选择适宜的策略,监控认知活动的进程,不断反馈和分析信息,及时调节自己的认知过程,坚持或更换解决问题的方法和手段(王亚南,2004),在语言学习过程中它是用于主动监控认知过程的更高层次的思维结构(周震,2006)。元认知是人类独有的一种能力。

2.1.1.2.2 元认知的组成

Flavell 认为元认知包括"元认知知识"和"元认知体验"两部分,Brown等人认为元认知的两大要素是"关于认知的知识"和"认知调节",其中"关于认知的知识"即类似于 Flavell 的"元认知知识"(汪玲、郭德俊,2000)。在国内,董奇(1989)、陈英和(1996)、汪玲等(1999)认为,元认知包括三个部分:元认知知识、元认知体验和元认知监控(调节)。

元认知知识是关于影响自己的认知过程与结果的各种因素及其影响方式的知识。它包括三个方面:(1)有关认知主体的知识。以一个语言学习者为例,包括学习者对自己学习一门外语的长处和短处的认识,对其他同学学习能力的看法,对人类记忆规律的了解等。(2)有关认知对象的知识。比如对所学语言的语音、词汇、语法等知识的掌握,对不同操练方式优劣的评判,对所学语言和母语之间异同之处的了解等。(3)关于认知活动中的策略的认知。比如练习口语有哪些学习策略,练习阅读又有哪些策略,什么策略适合在何种情况下使用等。

元认知体验是主体伴随着认知活动而产生的认知体验或情感体验。这种体验可以是肯定的也可以是否定的,可以是已知的也可以是未知的,可以是简单的也可以是复杂的,可以发生在认知活动过程中也可以发生在认知活动过程的前后。比如在语言学习中,当学习者预感上课无法回答老师的问题而产生的焦虑感,或者在某次测试中取得好成绩后总结出来的学习心得等,都属于元认知体验。

元认知监控是主体在进行认知活动的全过程中,以自己正在进行的意识活动作为认知对象,根据元认知的知识和体验对认知活动进行积极的、及时的、自觉的监控和调节,以期达到预定目标的过程。元认知监控是元认知的核心,它可分为一系列连续的环节:先制订计划、做好准备,然后实际控制、调节过程,再检查结果、反思总结,最后采取补救措施。如一个语言学习者在课堂上回答问题时,一旦他意识到自己的发音有问题,就可能在教师纠错之前主动改正,这就是他的元认知监控在起作用。

元认知知识、体验和监控互相依赖、互相制约,有机构成一个对认知活动具有高水平的自我意识、自我调节功能的开放的动态系统。元认知知识有助于主体实施有效的元认知监控,同时它还能引起主体相关的元认知体验。通过元认知监控,主体可以不断地检验、修正和发展元认知知识。"实际认知活动中元认知监控水平制约着人们的元认知知识的获得与水平。"①元认知体验是引起元认知监控的动因,它能转换成元认知知识进入主体的长时记忆,变成其元认知知识结构的一部分。可以说,元认知体验是元认知知识和元认知监控的桥梁。

2.1.2　元认知与言语交际

言语交际过程是一个语言信息解码过程和意义重构过程相结合的复杂的认知过程,因此也必然受到元认知的影响。它在交际过程中负责交际目的的确立,监控是否理解了对方的话语,发话人的话语是否得体和是否符合交际意图等。元认知是交际顺畅进行的保障,因此交际的过程也离不开元认知的调节和监控。

元认知作为人对认知活动的自我意识和自我调控,从其意识功能来看,它可以使发话者将自己的话语内容作为客体来进行认识,从而对自己的主观状态、原有的知识准备和要达到的交际效果有所认识和估计,而且能够辨别交际情景的特征,以便有针对性地采取不同话语策略,选用恰当的表达方式。从其调控功能来看,元认知可以检测交际过程中出现的各种情况,及时评判自己话语的有效性,随时调整或选择新的话语策略。发话人在元认知的调控下可以顺利完成交际任务。元认知构成了使用元话语的主观意识

---

① 董奇.论元认知[J].北京师范大学学报,1989(1).

（李佐文，2003）。

2.1.2.1 话语生成的心理机制

传统的观点认为，言语交际是发话人通过话语把自己的思想感情传达给受话人，受话人通过话语来理解发话人的思想感情，并做出某种反应的过程。心理语言学认为，言语交际是信息的编码、发送、接受、解码和反馈的复杂的动态过程，其中编码和发送部分就是话语的生成过程。

话语的生成过程大体上要经历四个阶段：将意念转换成要传递的信息—把信息形成言语计划—执行言语计划—自我监察（桂诗春，2000）。

Levelt 认为，在交际过程中当发话人希望向受话人传递某种信息并期望受话人能认识到他的交际意图时，可以采用多种手段，比如给对方看一张图片、做一个手势等，但最方便和直接的方式是言语交际。为实现言语交际，说话人首先需要将交际意图转换为言语信息，即信息编码。这个过程包括宏计划（macroplanning）和微计划（microplanning）两部分，其中宏计划是选择表达后能实现交际意图的信息，输出的是言语行为；微计划是为言语行为赋予特定的信息结构和命题格式，以满足受话人要求的方式，把要表达的信息单位塑造成一个前语言信息（PM）。

在信息编码过程中，为了提高交际效率，发话人必须考虑精确的语篇环境。但语篇环境是不断改变的，因此发话人必须经常回顾当前话语中所保存的记录，包括语篇类型、语篇题目、语篇内容、注意焦点和原话记录等。

把信息形成言语计划就是制订言语计划。一般情况下，表达一个交际意图需要一系列相关的言语行为，一个言语行为也可以同时实现几个交际意图，因此从交际意图到言语行为常常是一个多对多的复杂过程。在这个过程中，宏计划需要考虑的因素包括：制订计划的出发点和依据，确定语篇类型，如何分配注意资源，如何安排表达信息的次序等。微计划需要考虑的因素包括：如何赋予指称的可接近性地位和主题任务，如何对要表达的信息"命题化"及确认语言构成器的特定的语言要求等。

言语计划制订完成后，就是执行言语计划。言语信息从大脑传递到发音系统，执行相关的动作后产生语音，传递给受话人。这是一个生理过程，主要依靠发话人的呼吸系统、喉部系统和声道系统，三个系统的协调合作完成了信息的发送过程。

在制订计划和执行计划的同时，发话人的认知系统同时实施了对两者的编辑过程，检查所计划的话语是否存在语言或社会方面的问题，这个过程被 Levelt 称为"自我监察"或"自我纠正"。这其实就是发话人的元认知对话语生成过程的监控和调节。下一小点将详细阐述这一过程。

2.1.2.2　话语生成过程中的元认知监控

元认知能力是一种综合性能力,它包括自我反思、自我意识、自我解释、自我评价、自我监控、自我管理能力等(菅保霞等,2017)。其中自我监控就是认知主体将自身正在进行的实践活动过程作为认知对象,不断地对其进行积极自觉的计划、监察、检查、评价、反馈、控制和调节的过程。在语言学家看来,言语的自我监控是元认知监控的最好范例。

在言语交际过程中,为了成功地开展交际活动,发话人需要不断运用元认知来组织、监控和调整自己的话语。这种元认知可能是针对发话人自己的,也可能是针对受话人的。

针对发话人自己的元认知,是为了使话语最充分地体现自己的意图。这种元认知可在思维活动中实现以指令自己的话语,通常不必转换为话语形式。此时元认知监控是一种隐性监控,监控的结果可直接表现为对所说话语的调整。比如在"从学校到地铁站大概要 20 分钟,15 分钟"这一话语中,当发话人说出"20 分钟"后马上意识到了自己的表述不够精确,于是用"15 分钟"修正了自己的话语。在这种情况下,发话人的元认知发挥了监控作用,其结果是产生包含准确信息的新话语,但元认知本身没有表现为一定的话语形式。无论是对于母语者来说还是对于语言学习者来说,元认知的这种隐性监控都是常见的。

只有在需要强制自己、提醒自己的特殊情况下,发话人针对自己的元认知才会表现为一定的话语形式。比如写作过程中需要打腹稿,有些作者会在思考到某一个章节时特别提醒自己"这一节需要重点阐述"或"可采用先总后分再总的结构"等,此时元认知监控并未转化为话语形式。只有当作者将腹稿以提纲的形式写下来,并将需要强调之处用文字标示出来时,自我监控的元认知才表现为具体的话语形式。但是这种话语形式是临时的、非正式的,在文章正式形成时不会出现。

针对受话人的元认知,目的是为了引导受话人能够在最简便的情况下最大限度地理解发话人的意图。这种元认知如果能在话语的组织、监控、调整中实现,也不需要转换为元话语形式,话语特定的组织形式就已经体现了元认知的结果。此时发话人只需用共同的旧信息去组织新信息,而不必使用体现元认知活动的元话语。如:

(1)去年我们在海南岛骑行时,不是说好今年一起去骑行川藏线吗? 我下个月要休年假,你有空不?[①]

在上面的话语里,发话人确信自己和受话人享有共同的认知语境:双方去年都参加了海南岛的骑行,双方都记得今年一起骑行川藏线的约定。此时他认为受话人对自己话语的理解不存在困难,并用反问句这一特定的句式体现了该元认知结果。此时发话人直接在共享旧信息的基础上呈现出新信息:我想下个月去骑行川藏线,你去不去?

只有发话人认为需要让受话人知晓针对他的元认知监控的结果,使受话人能够在最少智能耗费的情况下最准确地理解自己的话语意图时,这种结果才会作为一种元认知意图转换为话语形式,元话语由是而形成。如:

(2)你还记得吧,去年我们在海南岛骑行时,说好今年一起去骑行川藏线的。我下个月要休年假,你有空不?

在这个话语中,发话人不确定受话人是否还记得去年的约定,为了使受话人与自己享有共同的认知背景,他使用"你还记得吧"将旧场景拉入现场语境以激发受话人的回忆。然后在假设双方都记得去年约定的基础上,提出自己的建议,这样才不会显得突兀。此时,"你还记得吧"正是发话人元认知的话语形式,即"元话语"。

由此可见,元认知对言语交际的监控可分为隐性监控和显性监控两种。隐性监控常常是非口头的,是说话者内心的心理活动。说话者通过对自己编码或解码方式的监控,确保发出的信息能够被对方理解或者正确领悟对方的真实意图。显性监控大都是口头的,具有外在的表现形式,如停顿、修正和改变话题等(周民权,2005)。隐性监控就是我们所说的针对发话人自己的监控,显性监控则是针对受话人的监控。见图 2-1。

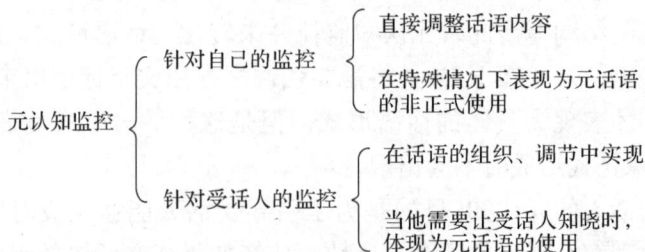

图 2-1　元认知监控

_____

① 此语料由作者收集。

2.1.3　元话语能力及其价值

言语交际过程中，发话人使用元话语呈现元认知监控过程，是为了让受话人了解自己的元认知结果，与受话人实现元认知的交互。发话人运用元话语对话语进行组织和调整，就是其元话语能力。从元认知到元认知交互，是交际互动的需要；从元认知交互到元话语，表明语言是认知的产物和结果；元话语的使用体现了发话人的元话语能力。

2.1.3.1　元认知交互和元话语能力

元话语的使用反映了发话人和受话人的交互关系。由于交互的内容是元认知，这一过程我们可称为"元认知交互"。具体来说，元认知交互就是发话人通过一定的语言形式，将自己对话语的元认知呈现、传递给受话人，使受话人了解自己的元认知，从而引导受话人更好地理解自己的话语。用于组织、监控和调整话语的元认知，一旦在交际过程中实现了交互，就成了"交互性的元认知"。

元认知交互唯有通过话语的传递——这时的话语就是元话语——才能发生和产生结果，元认知交互是元话语产生的认知动因。以针对发话人自身的元认知为基础而形成的话语当然也是元话语，但是它在数量上远远不如前者，并且也不会在发话人与受话人之间产生交互关系。本书考察的元话语就是元认知交互产生的语言形式。

元话语的使用体现的不是发话人的话语能力，而是他的元话语能力[①]。所谓话语能力是指"在超句平面上组织各种句子形成话语和语段所需要的知识和技能"[②]，它是组句成篇的能力，是解决"说什么"问题的能力。元话语能力是元认知能力在言语交际中的具体表现形式，就是元认知交互能力。它是超越话语能力，在话语能力之上的关于如何驾驭话语能力的能力，是解决"怎么说"问题的能力。元话语运用的目的是为了让受话人理解话语是如何组织安排的，它反映的是发话人怎么说话的能力，体现的是发话人对语言使用的反思意识，所以使用元话语的能力属于元话语能力。

总之，在言语交际过程中，发话人为了交际的顺利进行，会根据受话人的理解对自己的话语进行组织、监控和调整。当他认为自己的元认知结果

---

①　我们所说的"元话语能力"是"元//话语能力"而不是"元话语//能力"。

②　姜丽萍.关于构建"以培养交际能力"为目标对外汉语教学框架的思考[J].汉语学习,2007(1).

需要被受话人知道时，他就希望与受话人进行元认知的交互，于是使用一定的语言形式将这一结果表达出来，这个语言形式就是元话语。元话语是在发话人希望与受话人进行元认知交互的基础上产生的，是元认知交互的语言体现。元话语的使用能力体现了发话人的元话语能力。从元认知到元认知交互，是从发话人到受话人的互动，从元认知交互到元话语能力，是元认知在语言运用中的具体化。

2.1.3.2 元话语能力和语言习得

作为一种超越话语能力的能力，元话语能力的掌握难度更大，要求也更高。对于母语者来说，总是先形成话语能力，再形成元话语能力，这一点我们可以从儿童话语能力的发展过程中得到验证。

一般认为，儿童语言发展的阶段可以分为独词句阶段、双词句阶段、电报句阶段、简单句阶段和复杂句阶段（周国光，1999）。这些阶段中，儿童的话语越来越复杂，从最初的独词句阶段到电报句阶段，儿童话语的重点是语义表达，也就是关注"说什么"的问题。受话人（往往是成年人）经常要通过猜测、推理等手段才能准确理解他们的话语。但即使到了复杂句阶段（大约3岁末），儿童话语中虽然"几乎可以看到所有的词类"[①]，但仍只是表达概念意义。此时儿童的语言能力只是话语能力。

儿童到了五六岁时，才显现出初步的元话语能力。罗黎丽（2012）的研究发现，5岁的儿童已经能够运用一定的谈话技巧，在她提供的语料中，我们发现儿童能够使用一定的元话语，表明他们具有了初步的元话语能力。如：

(3)（安熠对炘奕说）我跟你说，咦，队长被我选了。

(4)（炘奕发现他的玩具少了一个手，以为是玥玥搞的破坏）

炘奕：哎呀！真是的！手都不见了，my god！哎呀！手不见了还怎么搞啊！哎呀！手不见了怎么办啊，啊！手不见了怎么办？我还怎么找手啊？你看，你这个玥玥！找不到，怎么办啊？玥玥你要赔我一个！

在例(3)中，安熠用"我跟你说"来引起炘奕的注意，例(4)中炘奕用"你看，你这个玥玥"来表达对玥玥的不满，这两种情况都是儿童对元话语的运用，表明5岁的儿童已经有了引导对方注意自己下面要说的话语的元话语能力。但是在全部语料中，使用元话语的情况并不多，说明五岁儿童的语言

---

① 刘道英. 谈儿童语言能力获得的条件与过程[J]. 青海师范大学学报(哲学社会科学版),2007(6).

能力仍以话语能力为主,元话语能力只处于萌芽状态。

皮亚杰在谈及儿童的自我中心语言时曾经提到,七八岁的儿童在言语交际中开始试图改进交流思想的方法和增进相互间的理解(李颖,1999)。在我们看来,这正说明了七八岁儿童才开始拥有一定的元话语意识和元话语能力。但是,元话语能力晚于话语能力发展,并不意味着它不重要。相反,对于一个成年人来说,其话语的社会化语言所占的比例越来越大,对交际互动的要求也越来越高。在交际中,当受话人不能完全理解发话人的话语时,发话人就需要更合理地组织自己的话语,更清楚地表达自己的情感态度,以引导对方对话语的理解。这时候发话人需要对如何说话进行思考,即使用元认知组织、监控和调节自己的话语,他可以直接对话语内容或表达方式进行调整,也可以将元认知活动的结果用元话语表达出来以实现和受话人的元认知交互。这种元认知的交互能力就是元话语能力。可以说,成年人元认知能力的发展和成熟,为元话语能力的发展和提高提供了认知上的可能性。如果发话人不具备元话语能力,交际也许能进行下去,但会不够顺畅,甚至会造成受话人的理解有误。

对于学习汉语的留学生来说,掌握运用汉语进行交际的能力是他们的学习目标。交际能力包括语法能力、策略能力、社会语言能力和话语能力四部分(Canale & Swain,1980;Canale,1983)。作为交际能力的重要组成部分,话语能力的缺失会制约交际能力的培养(陈力,2006)。McCarthy & Carter(1994)曾提出"语言即话语"的语言观,从话的角度来描述语言特征,认为应该"把语言作为话语"(language as discourse)来进行教学,将话语能力作为外语教学的新目标。这就表明,在语言教学中应该不断培养学生的话语意识,提高他们的话语能力。在国际中文教育界,早在几十年以前就有教师注意到,在教学中句子并不是语法教学的终点,在语法阶段以后有"培养成段表达能力"这一教学环节(刘月华,1998)。"成段表达"能力也就是将句子连成段落的能力,属于话语能力。在中高级阶段,尤其需要培养学生的话语能力。

但是已有的研究表明,不同年级的留学生,包括高年级的留学生的话语能力都有待进一步提高(田然,1997;亓华,2006;赵春利,2006)。学者们从母语的迁移、教学的影响、留学生中介语发展的过程等多个角度解释了话语能力低下的可能原因。

苏轼云:"不识庐山真面目,只缘身在此山中。"跳出庐山才能看清庐山。我们认为,要培养留学生的话语能力,不能就话语能力论话语能力,应该站在更高层面,从培养留学生元话语能力的高度来看待问题。如果学生掌握了驾驭话语能力的能力,就掌握了说话的方法和策略,就能更好地实现话语表达。

在华留学生大都是成年人,已经拥有母语的元话语能力。在汉语学习过程中,当他们经过初级阶段的教学掌握了一定的汉语话语能力后,到了中高级阶段,教学就应该注重培养他们的汉语元话语能力。我国古代思想家老子说:"知人者智,自知者明。"这句话精辟地说明了认知活动中元认知具有的重要意义和地位。Stern(1982)的研究显示,元认知能力是区分学习好坏的关键因素,成功的学习者总是拥有较高的元认知能力(张大均、郭成,2000)。元话语能力作为元认知能力在语言习得中的具体表现,对留学生习得汉语也具有积极影响,拥有较高元话语能力的留学生,能更成功地习得汉语。元话语能力的培养,并非是从零开始,而是可以利用母语的迁移功能,并从人类语言普遍具有的语言形式——元话语或者话语标记的理解和使用入手。

2.2　元话语及元认知机制

人类的话语常常包括两部分,一部分表达话语的概念意义,是话语信息的主要部分;另一部分表达概念意义之外的意义成分,是用来表示发话人组织语篇、吸引受话人、表示对命题内容和对受话人态度的显性语言手段。后者在很大程度上影响着受话人对主要信息的理解和接受,并通过一些不直接介入话题内容的词、短语或句子甚至语篇来实现,我们在前文已经提到,并将其称为"元话语"。

李佐文(2003)指出,基本话语和元话语的区别主要体现在表达内容、使用目的和作用方式三个方面。从内容上来看,基本话语传递命题信息,而元话语并不影响话语的基本命题内容。从使用目的上来看,基本话语是为了传递信息,可用于叙述事件、论证观点等,而元话语的使用是为了组织和调整话语,使受话人更好地理解话语领会说话人的意图。不过,基本话语和元话语的终极目标一致,都是为了顺利完成交际任务。从作用方式上来看,基本话语可以使受者直接获得信息,而元话语只能通过对话语的组织和调控使受者间接地获得信息。

(5)感谢老同学褚伯承先生给我一个机会,稍稍谈几句沪剧。在我的记忆中，这好像是我第一次用书面方式谈论这个剧种。褚伯承先生是专门研究沪剧的，我秉承"弄斧必须到班门"的古训，用外面的目光看进去，可能有点意思。上海从开埠之日起，各种文化从中国各地和世界各地纷纷涌来。他们在街市间翻卷喧腾，此起彼伏，使这座城市充满着日新月异的生命力。……沪剧由乡渎说唱演变为市井戏曲，经历了一个为时不长的"入城仪式"。这个"入城仪式"，又恰恰与城里的生态蜕变完全同步。……（余秋雨《沪剧"回音壁"》）

在上面的例子中，余秋雨的目的是谈论沪剧"回音壁"，但在正式开讲之前，他用"感谢老同学褚伯承先生给我一个机会，稍稍谈几句沪剧……可能有点意思"等对自己为什么要讲沪剧作了解释，并以谦虚的口吻点出了自己观点的独特性。这些话语并不是整个话语信息的主要部分，而是帮助受话人更好地理解话语的，因而就是我们所说的"元话语"，其余部分则是基本话语。

2.2.1 元话语和基本话语的结构关系

虽然基本话语和元话语之间有很大的差别，但是作为一种话语现象，元话语与基本话语密切相关，无法截然分开。正如 Crismore(1989)所说，无论是哪种形式的言语交际，话语都包括了基本话语和元话语两个层面。根据我们的观察，元话语和基本话语之间的关系可以分为三种。

2.2.1.1 元话语和基本话语形成前后关系

这种情况下元话语表现为一个语段，由一个或多个句子组成。它可在基本话语之前，如例(6)所示：

(6)细心的读者也许注意到笔者前面未提及皮亚杰对前运算阶段和具体运算阶段所进行的形式化工作，原因不在于皮亚杰对此无所作为，相反，皮亚杰这方面的工作更有特色，只得下面略费篇幅专作说明。(李其维《态射与范畴：比较与转换》导读 14 页)

通过例(6)我们能够了解下面将说明的内容是"皮亚杰对前运算阶段和具体运算阶段所进行的形式化工作"。这里元话语是对下面基本话语内容的提示和介绍。

当然也可以是元话语在基本话语之后，如：

(7)有人在评价某些伟人时，往往有意无意地强调他的个人品德，突出他的人情味，或者更时髦一些，用人文精神来加以衡量，我以为不是正确的态度和方法,至少是相当片面的。

> 这最后一点可能已经超出了纪念江陵焚书事件的范围,但大概受到了关于人文精神讨论的缘故(引者按,原文如此),的确是我同时想到的,所以还是写了下来,作为本文的结束语。(葛剑雄《江陵焚书一千四百四十周年祭》,《读书》1995-06-13)

例(7)中的"这最后一点"指出前面一段话语是跟话题有关的最后一部分内容,是基本话语,而它所在的语段是对前面基本话语的评价,是对作者为什么要讲这一点的解释和说明。这里元话语就是整个语段,基本话语和元话语的分界十分清晰。

2.2.1.2 元话语和基本话语在语篇中交错

有时候,元话语和基本话语之间并不是泾渭分明的。由于发话人元认知监控作用的间歇性,元话语的使用是跳跃性的,此时元话语以小句或句子的形式和基本话语之间互相交错,呈现出"……基本话语……元话语……基本话语……元话语……"的形式。

> (8)但是,"盛席华筵终散场",贾府忽喇喇大厦倾,树倒猢狲散,家亡人散各奔腾,以前有意无意得罪过的,有的就会"冤冤相报实非轻",比如第九回闹学堂吃了亏的金荣,就会对入狱的宝玉羞辱称快,而就在宝玉陷于人生最低谷时,忽然茜雪在狱神庙出现,不是来报复,而是不计前嫌,来对他安慰救助,这样的描写,该具有多么大的震撼力!曹雪芹无论是写人性深处的黑暗,还是写人性深处所能放射出来的善美之光,都能力透纸背,这不能不令我们叹服。(刘心武《见识狱神庙》,《文汇报》2007-01-22)

例(8)中的画线部分是作者对《红楼梦》中描写手法的评述,属于元话语层面,它与前面的基本话语前后相列,组成最简单的交错形式。作者通过"描写"一词,将话语从基本话语层上升到元话语层。与例(6)和例(7)不同的是,前两者基本话语和元话语都独立成段,而例(8)中基本话语和元话语共同组成一个语段。

> (9)英国心理学家奥利弗·詹姆斯在7个国家的大城市采访数百人,研究拜金主义思想对人心理的影响。他的研究结果显示,那些过分看重物质利益的工作狂多半是染上了"富贵病毒",很容易造成精神压抑、焦虑,甚至导致病态人格。(《文汇报》2007-01-27新闻)

例(9)中的元话语"他的研究结果显示"，夹在前后基本话语的中间，通过元话语中的"显示"一词，作者将话语从元话语层下降到基本话语层。

2.2.1.3　话语标记浮现于基本话语之上

话语标记来源于元话语，是元话语语法化的结果。关于元话语如何演变为话语标记，我们将在下一节具体展开。这里我们要说明的是，与元话语相比，话语标记形式短小、凝固性更强，它可以单独与基本话语同现，也可以和元话语一起，参与到对基本话语的组织安排、解释说明上来。

(10)概言之，皮亚杰改变了早年对转换系统在认识中起绝对作用的观点，不再把图像方面置于完全从属的地位。(李其维《态射与范畴：比较与转换》导读24页)

这里的"概言之"是一个话语标记，具有总括功能，用来提醒受话人下面的话语是对前面话语的总结和概括。"概言之"的具体内容，就是基本话语。此例是话语标记与基本话语同现。

(11)大家都知道，这里说的是历史上有名的中东路事件。中东路是俄国根据一八九六年同李鸿章签订的不平等的《中俄密约》，在中国领土上修的一条铁路，《密约》还规定了铁路由中俄两国共同管理。事实上……(朱正《愧对秋白》，《读书》1997-11-28)

例(11)中的"大家都知道"作为话语标记，与后面的元话语"这里说的是历史上有名的中东路事件"一起，对后面的基本话语的内容进行提示。此例中话语标记、元话语和基本话语三者同时出现。

2.2.2　元话语对元认知交互的体现

语言的使用产生话语或语篇，虽然这两者在内涵和视角方面存在差异(熊学亮，2001)，但它们都是发话人意识的反映。对于人类来说，语言不仅是一种交际工具，更是进行自我反思的工具。话的建构既是一种言语行为，又是一种意识心理活动，话语是意识的体现。元话语是基于元认知交互而产生的，反映了元认知的组织、监控和调整过程。

2.2.2.1　元话语对元认知体验交互的体现

"元认知体验是交际者在交谈过程中产生的个体体验或情感态度。"[1]元

---

[1]　李佐文.元话语：元认知的言语体现[J].外语研究，2003(1).

话语在会话过程中起引导受话人理解的作用,因而当它用来表达人际意义时,体现的虽然是说话人的个体体验或情感态度,目的却是为了让受话人知晓、理解这种元认知体验,引起对方情感上的共鸣,产生与发话人的共情,实现元认知体验上的交互。也就是说,元话语通过对发话人元认知的体现,来引导受话人了解发话人的元认知体验。说话人可以使用表达态度评价的元话语来引导受话人理解自己的元认知体验。

态度评价元话语包括发话人对自己的言语行为进行的描述,也包括发话人对话语中陈述出来的命题、事件、人物及其特征品质的评价性话语。前者是言语行为评价元话语,后者是话语评价元话语,它们均体现了发话人对受话人元认知体验的引导。我们先来看言语行为评价元话语体现出来的元认知体验交互:

(12)所以说啊,当大儿子不好当啊。①

(13)"噢!是的,当然。一个老太婆,叫克莱尔什么的,我猜。有一大群呢。"(《洛丽塔》)

例(12)中的"所以说啊"是发话人想要告诉受话人,后面的话语是对前面话语的总结,同时也表现出了对前面话语的赞同和支持,希望受话人能理解他的这种态度。例(13)中发话人对老太婆叫什么名字没有把握,他用"我猜"来告诉受话人这只是自己的猜测,如果没有"我猜"受话人会误解成说话人对这一信息确定无疑。这两个元话语都是发话人有意使用,用来引导受话人理解自己的元认知体验,并产生同样的元认知体验的手段。

再来看话语评价元话语体现出来的元认知体验交互:

(14)朱伟文自豪地说:"毫无疑问,澳门的自来水,是全世界最优质的饮用水之一。"(CCL,新华社2004年新闻稿)

(15)"我本人和马尼埃已交谈过,这对我们达成和解起到了作用。让我感到高兴的是,我们之间达成了比较友好的和解。"(CCL,新华社2004年新闻稿)

(16)从礼仪的角度来讲,正后部对着人家,说难听点就是屁股对着人家这是不太礼貌的。(金正昆《金正昆谈礼仪之座次礼仪》)

---

① 此例来自庞继贤,陈明瑶.电视访谈中介入标记语的人际功能[J].浙江大学学报(人文社会科学版),2006(6).

例(14)中的"毫无疑问"是发话人为了让受话人了解自己的态度而使用的,让受话人了解到自己对"澳门的自来水,是全世界最优质的饮用水之一"这一事实确信无疑的态度。例(15)中的"让我高兴的是"告诉了受话人发话人对"我们之间达成了比较友好的和解"这一成果的情感,让受话人明白发话人的态度是"高兴"而不是"庆幸""遗憾"或其他。例(16)中发话人用"说难听点"来引导受话人对后面的话语产生一定的预期:它将是不够文雅、不够体面的,使受话人不会因为听到"屁股对着人家"而感到话语不登大雅之堂。

有时候在交际中,发话人为了拉近与受话人的心理距离,增加对方对自己话语的认同感,会使用一些能增加双方情感联系的元话语,比如"你知道的""你听我说""你也看到了""你看"等。这些元话语的使用,表面上看是要让受话人注意某个事实或某段话语,实际上它们暗示了这也是说话人的元认知体验。通过这些元话语的使用,同样能实现交际双方元认知体验的交互。例如:

(17)王昆:听不见,看看影子,知道什么故事。百姓是很寂寞的,你知道的,共产党没来以前他们没有什么娱乐,耍猴得还跟着半天,跑到这个村那个村,小孩跟着走,大人也跟着走,就没见过猴。比方说所以文艺的力量是很大的。(中央电视台《面对面》2012-05-27)

(18)虽然这样是不应该的,但是我听到了这种声音。你也看到了,由于廉价之后,甚至更免费之后,必要的这种资源跟可坐可不坐的资源产生了一种争抢,也会出现这样的情况。(中央电视台《新闻1+1》2008-07-30)

例(17)中的受话人其实可能不知道"老百姓很寂寞"这个情况,但是发话人用"你知道的"来假设受话人也了解这种状况,使受话人产生了新的认知体验,从而扩大了与受话人的共同认知语境,并使受话人更趋向于从情感上认同发话人的态度和情感。例(18)中的"你也看到了"同样是为了激起受话人的认知体验,使他和受话人一样,承认"必要的这种资源跟可坐可不坐的资源产生了一种争抢"现象的存在。如此一来,受话人就会了解甚至支持说话人的情感态度。

2.2.2.2 元话语对元认知监控交互的体现

在元认知中,元认知监控是核心。针对发话人自身的元认知监控大多没有外在的语言形式;针对受话人的元认知监控,发话人根据受话人对话语的理解,可直接调整话语的内容或形式,也可用元话语的方式将监控的结果传递给受话人,使其了解发话人对话语的监控过程,从而实现元认知监控的交互。

2.2.2.2.1　话语安排与元话语的使用

在交际中,当发话人的话语是一个较长的语篇时,他需要对话语的内容和结构进行计划安排。这种安排可以是在话语开始之前,在发话人的思维过程中发生;也可以是在话语开始阶段,以"一边想一边说"的方式进行。如果是后者,当发话人在将他的这种组织安排用语言形式表述出来,让受话人了解他对会话过程的监控时,就实现了利用元话语进行元认知监控交互的目的。

(19)桥多种,用多种。<u>贪多嚼不烂,想只说一点点自己感兴趣的。惯于厚古薄今,仍先说古。</u>记忆中浮出两个,巧,都见于《庄子》。……(张中行《桑榆自语·桥》)①

在例(19)中,作者要介绍不同种类桥梁的不同功用。其中画线的部分,是他对如何从众多的桥梁中挑选要讲解的一两个代表的说明,是作者的元认知对言语活动的监控,反映了他对话语的计划和安排。其中"贪多嚼不烂,想只说一点点自己感兴趣的"是话语生成之初,作者对话题的选择,而"厚古薄今,仍先说古"是对话题的安排。通过这些元话语的使用,作者将自己对话语的计划和安排表达出来,让读者知晓,帮助读者更好地理解下面的话语。

当发话人想引入一个话题,但尚未计划、安排好话语结构或尚未决定话语内容,但又不想放弃话语权时,他也会使用一些元话语来占有话语权,提醒对方他将开启一个话题。

(20)陈一平沉吟片刻,抬起头征询地望着妻子:"<u>我在想啊</u>,你说,让老许帮个忙,把我调到他们公司去是不是一个不坏的选择?"(《冬至》)

例(20)中,陈一平用"我在想啊"表示自己尚未完全确定话语内容,需要

---

① 此例来自杨彬. 话题链语篇构建机制的多角度研究[D/OL]. 上海:复旦大学,2009 [2009-04-17]:79. https://kns. cnki. net/kcms/detail/detail. aspx? dbcode＝CDFD&dbname ＝CDFD0911&filename＝2009182266. nh&uniplatform＝NZKPT&v＝S-x_r8YIE-KQH-CX9I-9Vyr1EfJ21XvIaB0mGtT75G37IH1vAOHgNlFwQ3JVW5Ivq.

妻子稍等一会儿。此时"我在想啊"语速变慢，"啊"会出现拖音。

有时候，发话人直接利用一些只能引起对方注意，但并无其他功能的元话语来表示他正在计划、安排话语，要求受话人稍作等待并集中注意力。这样的元话语常常是用来开启话题的"这个""那个"等。

(21)"这个，"他犹犹豫豫地说，"按理说，十个名额，可是……"（施亮《无影人》）

(22)那个，咱们这是，一年啊，有一个开斋节，开斋节。（开斋节？）这个小开斋节就不那么热闹了，大开斋节特热闹……（詹国英《1982年北京话调查资料》）

以上这些元话语，都是发话人在交际过程的初始阶段，尚未安排好话语结构或决定话语内容时，用来避免话语权丢失或为争取更多的话语时间而使用的。特别是例(21)中的"这个"，开启话题且维持话语权的功能通过"他犹犹豫豫地说"体现得更为明显。通过这些元话语，发话人让受话人了解到自己对话语过程的思考，实现了元认知的交互。

2.2.2.2.2　话语组织与元话语的使用

这里所说的话语组织是在会话过程中，发话人对部分话语的结构和内容的处理，而前面的"话语安排"是指在话语开始之时说话人对话语结构和内容的整体计划、打算。

发话人在说话过程中，有时候会出现思维的短暂中断，或意识到自己尚未组织好下面的话语，此时会话出现困难，发话人需要使用一些手段来维持话语权。这些手段可以是停止语流、沉默停顿，也可以是运用一些元话语。当受话人注意到这些元话语之后，就会理解说话人的意图，等待说话人继续话语过程。比如：

(23)十五岁时候儿是住在天津，也是一直在天津呢，所以这点儿音呢也不，也不是太纯正北京音。另外呢就是说，哦，怎么说呢，在我们那时候就已经，虽然家庭还是老家庭，但是已经对于说话儿说话啦，习惯啦，就是不是那么严格的……（查奎垣《1982年北京话调查资料》）

在例(23)中，发话人在话语过程中意识到自己对将要表述的内容尚未组织完毕，因此他用了"怎么说呢"来告诉受话人，自己对后面话语的表述不是很有把握，他所采用的是一种也许不是很确切的表达法。

体现话语组织意图的元话语还可以是表示作者对话语结构安排的元话

语,比如对前面话语总结和后面话语介绍的元话语,或表示总结概括的元话语。

(24)……改变它的相位,使得相位差不同,原来从四口出来,就变成三口出来就实现了开关。刚才讲的是电光效应,现在我们讲热光效应。就是形式很像,但这两个臂上面加的是两个电极,它是靠加电流加热的办法使得折射率改变,温度升高,折射率变化。(李淳飞《光纤通信进展》)

(25)……下面再说第二个剧《日出》。这个剧从题材上说剧作家从家庭转向了都市的社会,它也是一个四幕剧,两个生活场景。(王卫平《曹禺名剧的误解、曲解与理解》)

(26)这就足以证明三中全会以来的路线、方针、政策的准确性,谁想变也变不了。谁反对改革开放谁就垮台。说来说去,就是一句话,坚持这个路线方针不变。反对的人让他去睡觉好了。(CCL,1994 年报刊精选)

(27)大陆学生到台湾读书,也可以让两岸学生共享台湾这种优越教学资源,同时也更便于两岸青年之间沟通与交往。总而言之,也就是说,大陆学生去台湾读书,对台湾高校是有好处的……(中央电视台《海峡两岸》2010-04-22)

在例(24)至(27)中,当受话人注意到带有下画线部分的话语时,就会理解发话人对话语结构的一个组织安排,推断出他下面可能要说的话语跟前面话语的关系,从而更好地理解发话人的话语。

在交际中,有时候一个话题尚未结束,但发话人的思维已经跳跃到其他话题,他就会结束这个话题而开始新的话题。这个时候,发话人可能使用一些表示思维转变的元话语来继续占有话语权并引入新的话题,保证交际的继续进行。

(28)在说明了非决定论之后,就进入到三个世界理论的话题中了,这恐怕会给读者以唐突的印象吧。所谓的三个世界理论是主张存在着世界1、2、3 这三个世界,它们相互发生作用的论题,……(小河原诚《波普——批判理性主义》)

(29)那么古代有没有这种事? 也有。我就想说说这一点。近日读……下面说点趣事。当时人的地位取决于家世,很严格,皇上也难以改变。……但是,语言也很重要。(李国涛《方言的力量》,《文汇报》

2005-05-01)

（30）就比如说最简单的涮火锅，甭管您是到底是吃肉，还是素食主义，最终东西进到嘴里，味道怎么样，这涮料可是起了很重要的作用的。<u>不过话又说回来了</u>，吃东西也不光是讲求口味这么简单，是不是营养，是不是健康，也非常关键。（天津电视台《财经视界》2009-03-22）

在例（28）中，作者先介绍了非决定论，然后说明下面的话题将是"三个世界理论"，为了两者之间的衔接，作者使用了"在……之后，就……"的结构来表示话题的转变，并预设了这种转变可能带来的影响"给读者带来唐突的印象"。例（29）中，前面的话语是"古代的内容"，"下面说点趣事"表明接下来的话语要转到另一个话题上去，甚至暗含了前面的话语是"严肃的""不够有趣的"之意。例（30）中，"话说回来了"之前的话题是吃火锅时涮料的重要作用，之后的话题是吃东西时营养、健康也很重要。这三个例子中，元话语都连接了两个不同的话题。发话人使用它们来提醒受话人，下面的话语将跟前面的话语分属于两个不同的话题，使发话人产生一定的预设。

2.2.2.2.3 话语调整与元话语的使用

交际是一个互动的过程，特别是口语交际，发话人需要一边确定语义一边组织话语，有时候会难以达到预想的表达效果。当发话人意识到自己的表述不够清晰、明确、简练或受话人由于其他原因出现了理解困难时，他就会采取多种手段来调整自己的话语，以引导受话人的理解过程。这些手段可以是对自己话语的直接否定和修改，如：

（31）先生是写作文化散文的高手，又是开路先锋。"文化散文"的<u>提法未必确切，为了表述方便，姑且这么说吧</u>。大体上讲，其文体特征，应是文化蕴涵丰富，能够把哲思、史眼、诗性很好地结合在一起，书卷气、艺术美与思想锋芒相互融合。如果这一看法得到认定，那么，我说，文化散文实质上就是学者散文。（王克闿《黄裳先生与学者散文》，《文汇报》2006-07-02）

例（31）中作者认为黄裳先生是写作文化散文的高手，但他马上意识到这种提法未必正确，于是进行了解释。他用来解释的话语，就是我们所说的元话语。读者读到这些话语后，就能理解作者对自己话语的监控过程，从而实现双方的元认知交互。

调整方式也可以是举例，用具体的例子来说明前面比较抽象的话语，增加话语的形象性，使受话者更易于理解。例如：

（32）所以他特别追求这种市场的效应,他特别追求。比如说《啼笑因缘》,我举个例子吧,比如说《啼笑因缘》里面的商品价值,起码我可以举两个例子是非常明显的。(汤哲声《"引雅入俗"张恨水》)

（33）我觉得中国球迷的特征,基本上就是俩字:怡情,……,打个比方说,你非要说,一个人很爱看武侠书,你能说他善武吗,你肯定不能说他善武,你要真善武的话,你得身体力行,练少林,练武当……(中央电视台《新闻 1＋1》2010-07-12)

例(32)、(33)中,元话语"我举个例子吧,比如说"和"打个比方说"都是发话人在提醒受话人,后面的话语是对前面话语的举例说明。受话人根据这些元话语,就可能理清前后话语之间的关系。

话语调整的手段还可以是解释。发话人也可以对前面的话语进行解释,用更易于受话人理解的话语来表述,使受话人更好地理解自己的话语。在解释之前,他需要使用一定的元话语来表明自己后面的话语是前面话语的解释和进一步阐述,以引起受话人的注意。例如:

（34）谢小玉道:"我的意思是说,你再杀几个厉害的人,就没有人再敢来找死而麻烦你了。"(古龙《圆月弯刀》)

（35）当然,我们还可以有另一种解释:这是卢俊义对上面意见的一个肯定,也就是说,不管宋江说什么,只要不砍了他的头,老卢就会举双手双脚同意。这一点,我们或者可以这样理解:如果你给了上头面子,上头也不一定会给你面子;但是倘若你不给上头面子,他就总有一天会不给你面子的,而你能做的唯一一件事儿,就是洗干净屁股等着这一天的到来。(王小枪《完全强盗手册》)

例(34)和(35)中的画线部分,都是用来进行解释的元话语。发话人监控到受话人的理解出现了困难,需要调整自己的话语方式。通过这些元话语的使用,他告诉受话人:"下面,我用更简单的话语来说同一件事情,以帮助你理解。"而受话人一旦注意和理解了这些元话语,就会对后面的话语特别注意,以期更好地理解整个话语。

在言语行为中,由于外界的影响、疲劳或其他原因等,发话人的注意力会减退,此时元认知的监控作用也会减退,这就造成了意识的"外溢",话语表达可能会偏离预设的轨道,"下笔万言,离题千里"。如果发话人的监控机制能马上察觉并做出调节,话语就能回到原先的话题,否则就越扯越远了。这种元认知监控表现在话语中就是使用诸如"扯远了,还是回到……"或"闲话少说，言归正传"等元话语。这种情况在口语交际中尤为常见。

（36）许多老艺人都是从大世界走出来的……<u>此文是谈黄楚九与生煎馒头的，怎么一下子扯出这么些枝蔓来？打住</u>。但是容我再补充一件事，说明黄楚九与上海饮食业的关系。黄楚九发迹前曾在城隍庙卖过眼药水，……（沈嘉禄《黄楚九和生煎馒头》）

（37）我觉着中国足协很有必要出台一项规定，硬性规定，谁不执行，扣谁的奖金，……再者说了，你以为比利时、新西兰就好踢啊。啊，这次抽完签之后，有那记者采访比利时队主教练，让他发表一下看法，人家说了，我们这个小组巴西队最强，那是我们的主要目标。您再说说中国队，说说东道主。您猜人家怎么着，微微一笑，一摆手，走人了。好么，都不稀得说你什么，这比骂两句还难受呢。<u>又扯远了，赶紧把话题拉回来</u>。还说这次小组抽签吧。谁要是敢说中国队借东道主之利，给自个以权谋私，你看我们不撕他嘴的，有哪个东道主，能跟我们一样，主动跟巴西队分一组去了。咱球踢得不行，做人再让人说三道四的，就更不剩嘛了。（天津人民广播电台《话说天下事》2008-04-22）

例（36）中沈嘉禄的话题是黄楚九和生煎馒头，但他介绍了黄楚九和大世界的关系，偏离了话题。此时他的元认知监测到了思维的溢出，体现为元话语就是"此文是谈黄楚九与生煎馒头的，怎么一下子扯出这么些枝蔓来"。同时，元认知发挥调整作用，用"打住"来停止意识的溢出行为，使话题回到正轨上来。

例（37）是一个聊天类节目的录音转写，讨论的话题是北京奥运会男女足球的小组赛抽签结果。主持人最先讨论的是中国男足所在小组的情况：中国队和比利时、新西兰和巴西队在同一小组。主持人从与巴西队同组联想到了中国队第一次进世界杯也是和巴西队同组，当时的中国队员在比赛后追着巴西队员，要求交换背心结果被拒这一丢人的事儿。由此，他的话语开始从小组抽签蔓延开去，谈到了中国足协有必要出台一项规定等。当他意识到自己的话语已经偏离了最初的话题时，及时做出了调整，回到了小组抽签上。体现他这种元认知监控的就是"又扯远了，赶紧把话题拉回来"这一元话语。

在上面两个例子中，发话人用找回话题的元话语，告诉读者前面的话语跟话题无关，后面将回到原先的话题上来，使读者能够根据提示调整注意的内容和程度。

2.2.3 元话语的分类

由于对"什么是元话语"存在不同的看法①,因此对元话语的分类也有不同的观点。

2.2.3.1 国外学者的分类

Vande Kopple(1985,1988)归纳出语篇连接词、代码注释词、言中标记、叙说者、态度标记、评注词、效度标记等七种元话语,并将它们分为篇章元话语和人际元话语两大类。其中篇章元话语是在篇章中连接篇章各层次的词和短语,人际元话语则是指体现作者和读者关系的词和短语。Kumpf(2000)又将其用图表的形式归纳出来,更为直观。见表 2-1。

表 2-1　Vande Kopple(1985,1988)的元话语分类

篇章元话语	表连接的词语,表注释的词语
人际元话语	表语力的词语,表确认的词语(模棱两可语,强调语,归属语),表叙说的词语,表态度的词语,表评论的词语

后来的学者如 Markkanen & Steffensen(1993),Hyland(1998)等又对这种分类做了进一步的发展和修订,但他们都保留了语篇元话语和人际元话语两大类的划分,只是对各大类中的小类进行了某些术语的变更,或者进行了细分和再分。

以上这些分类都从功能的角度出发,所依据的是 Haliday(1994)的系统功能语法。根据 Haliday 的观点,任何语言都具有概念功能、语篇功能和人际功能。概念功能指语言可以用来对人类主客观世界中发生的事或所涉及的人进行描述;语篇功能"是指言语交际中的基本语法单位不是词或句这样的语法单位,而是表达相对完整思想的语篇"②,语言具有将词或句组成语篇的功能;人际功能是指语言作为社会人的有意义的活动,既可以反映交际双方的社会地位和亲疏关系,也可以表示发话人对事物的判断或推测,还可表达发话人对话语所涉及人或事的情感和态度。元话语不参与话语概念意义的构建,因此它具有篇章功能和人际功能。相应地,元话语自然也可以分为

---

① Hyland 和 Tse(2004)指出,对元话语的理解有狭义和广义之分。狭义的观点强调元话语对篇章的组成功能;广义的观点认为,元话语不但是组织话语的方法,而且体现了作者在篇章中所表现出来的运用语言和修辞的方法。本书采用的是对元话语广义的理解。

② 席建国.英汉语用标记语意义和功能认知研究[M].杭州:浙江大学出版社,2009:24.

篇章元话语和人际元话语两类。

　　Hyland 和 Tse（2004）认为所有的元话语类别从本质上来讲都是人际的，语篇功能和人际功能总是同时存在的，因为作者必须考虑到读者的知识背景、语篇经验和处理的需要。他们认为 Vande Kopple 的分类法是将 Haliday 的理论活生生地割裂开来，忽视了所有的元话语都包含人际功能这一事实。因此，他们把元话语分为引导式和互动式两类，认为这种分类较能反映元话语的本质特征。引导式元话语指的是篇章中表现出来的某些特征，读者能借助这些特征达到作者所期望的解释，涉及发话人对篇章的组织和他对读者知识的评估。互动式元话语显示交际双方的互动关系，发话人采用一些方法来提醒受者领会作者的命题信息（姚克勤，2010）。见表 2-2。

表 2-2　Hyland 和 Tse（2004）的元话语分类

引导式元话语	表转换的元话语，表框架的元话语，表内指的元话语，表证据的元话语，表注释的元话语
互动式元话语	表模棱两可的元话语，表强调的元话语，表态度的元话语，表关系建立的元话语，提及作者自己的元话语

　　我们认为，无论是语篇—人际分类法还是引导—互动分类法，其分类的范围和内容基本上是对应的。虽然在定义和各次类的划分上有所不同，但两种分类中的第一种成分，都指那些处理基本命题信息的结构、顺序、解释等关系的元话语成分；第二种成分，又都指那些承载了态度、评价、语力信息的元话语。但这两种分类法之间，仍存在着一定的差别，这种差别集中反映在第一种成分的命名出发点上。语篇—人际分类法是从发话人的角度出发，强调发话人如何处理好语篇关系，引导—互动分类法则从受话人的角度出发，强调发话人如何让受话人更容易或者更准确地掌握基本命题信息之间的关系。这两种分类，其实是从一个硬币的两个面来看元话语的引导功能。

　　Ifantidou（2005）提出把元话语分成内部篇章元话语和外部篇章元话语两类。内部篇章元话语是指同一个篇章内部不同部分之间的一种所指的关系，外部篇章元话语是不同的篇章、不同的作者，或同一作者不同时期的篇章的所指关系。这种分类法从元话语的使用环境出发，不如上面两种分类更能反映出元话语的引导功能。见表 2-3。

表 2-3　Ifantidou(2005)的元话语分类

内语篇章元话语	表序列的词语,表连接话语的词语,表证实的插入词语,表主句证实动词,表证实的副词,表态度的副词,表可能的副词,介词短语,情态词
外部篇章元话语	表附加内容的动词,主句动词,表证实的副词,无人称动词结构,介词短语,表传闻的副词

2.2.3.2　国内学者的分类

我们注意到,国外的元话语分类一般停留在词语或短语结构的层面,很少有把整个小句甚至是语段看作是元话语的。国内学者对元话语的分类大多受到国外研究的影响,但也有一些学者提出了新的分类系统。

徐赳赳(2006)把书面语元话语分成词语元话语、标点元话语和视觉元话语三类。词语元话语包括话语连接词、推测副词、情态词、言语行为动词、心理动词、人称代词、篇章推进词(短语)。标点元话语指的是标点、括号和下画线等体现元话语特征的标记。视觉元话语指篇章的视觉成分,如版面的排版、颜色的搭配等。徐赳赳的元话语是几位学者中外延最宽的,虽然标点元话语也能表达说话者的情感,如感叹号的运用可表达出说话人赞颂、喜悦、愤怒、叹息、惊讶、伤悼等感情,下画线可表示对话语的特别强调等,但它与视觉元话语一样,属于非言语元话语,本书不把它们归入所研究的元话语范围。

陈新仁(2020)把元话语的使用看作发话人元语用意识的体现,并根据元语用意识的分类,将元话语分为语境元话语、发话人元话语、受话人元话语、关系元话语、信息元话语、语篇元话语、语码元话语等。这种分类法拓展了元话语的范围,涵盖了交际者元语用意识的各种显性表达,同时覆盖了书面语篇和口语语篇。但同时他也承认,这一分类目前还不够系统和成熟,有待佐证和完善。

对汉语元话语进行分类的研究,目前并不多见。熊笛(2007)将汉语元话语分为篇章内元话语和篇章外元话语两大类,下面各有若干小类。但是熊笛的分类,两个大类下的小类数量上不平衡,篇章内元话语下有七个小类,而篇章外元话语只有两个小类。段红(2009)将汉语元话语分为语篇元话语和人际元话语两大类,下面各有若干个小类。但是段红自己也承认,这种分类无法限制和穷尽所有的元话语。这两种分类法,都是在借鉴国外学者研究成果的基础上提出的。

在我们看来,对元话语从各个角度进行分类均有其可取之处。对元话语性质的不同理解,会造成不同的分类结果。但是元话语是一个开放的系统,任何基本话语只要起到了引导话语理解的作用,就都可以成为元话语。对元话语的分类,应该从其引导功能入手。所以,元话语可分为引导受话人理解话语结构的元话语和引导受话人理解发话人情感态度的元话语两大类。这两类元话语均可表现为词、短语、小句或语篇形式,下面各有多个小类。同样,这样的分类每一大类的小类数量上也是不定的,因而我们在这里也就不一一举例了。

2.3 元话语的标记化

元话语可表现为词、短语、句子甚至语段。在使用过程中,部分元话语由于被高频使用而发生形式的缩减,结构变得更凝练,形式变得更固定,产生了一种同样可以表示语篇连贯关系,表达发话人情感态度的新的语言形式,即"元话语标记"。为了与国内大多数学者采用的术语相一致,避免理解上的偏差,我们也称之为"话语标记"。从元话语到话语标记的缩减过程,是"元话语的标记化",也就是话语标记的形成过程。

2.3.1 标记化的语用原因

从元话语演变为话语标记,我们认为主要是语用因素在起作用。

人们在交流信息时总是追求交际效益,希望以最经济、最省力的方式来传递信息,用最简要的话语表达最丰富的信息,这就是语言交际的"经济原则"(principle of economy)。经济原则要求人们在日常言语交际中,"如果一个词足够的话,决不用第二个"[①]。

除了"经济原则"这一表述外,有些学者还采用了其他类似的术语。Grice(1975)提出了著名的"合作原则",其中的"量的准则"就要求发话人的话语量必须恰到好处,既不能说得太少不利于受话人理解,也没必要使自己所说的话比要求的更详尽,以免造成信息的浪费,增加受话人的认知负担。Horn(1984)提出"关系原则",要求发话人的话语是必需的,不要说多于要求的话,能不说的尽量不说。在交际中要用最经济的话语来表达最丰富的信息。

---

① 郭秀梅.实用英语修辞学[M].南京:江苏人民出版社,1985:16.

对于有些小句或语段形式的元话语,包含一些对衔接语篇或表达作者情感态度影响并不大的成分,属于不是必须说的,可以省去。在长期的使用过程中,人们或出于天生的惰性,或作为逻辑思维的必然结果,或为了追求表达的效率,或为了满足修辞的需要,会采取缩减的方法,提取元话语中重要、核心的部分,组成新的表达形式,即话语标记。比如根据董秀芳(2010)的研究,话语标记"我告诉你"从一开始在很多用法中就不是一个必需的表达,因为在交际中,很多情况下发话人就是在向受话人实施告知的言语行为。在"我告诉你一件事:……""我告诉你一句话:……"等用法中,"我告诉你"本身在句法上是不可少的,但是"我告诉你一件事""我告诉你一句话"作为一个整体形式上却不是必需的,因为发话人也可以直接讲那件事、说那句话。"我告诉你一件事""我告诉你一句话"已经带有了提醒对方注意的功能,这使得它具有进一步虚化成为话语标记的可能。最后,"我告诉你一件事""我告诉你一句话"等成为元话语,并根据其功能减缩为话语标记"我告诉你"。

对于不同的元话语来说,其使用频率的高低也是促成其标记化的一个重要原因。使用频率越高的元话语,标记化的可能性越大。因其使用频率高,交际双方更需要从经济原则出发,用简短的形式来实现复杂的功能。而话语标记一旦形成,就容易被人们使用,其使用频率必然高于相对应的元话语,这就促进了话语标记的进一步固化和稳定,使其在从元话语到话语标记的演变之路上更进一步。

2.3.2 标记化的机制:语法化

从元话语到话语标记,是一个不断虚化、逐渐语法化的过程,这个过程的早期包含了词汇化。

"语法化"(grammaticalization)一词最早由 Meillet 在《语法形式的演化》一文中提出(王灿龙,2005),指"词汇形式向语法形式(语法词、词缀等)的演化"。Hopper & Traugott(2003)认为,语法化是"词汇单位或结构在特定的语言环境里获得语法功能,或者语法项发展出新的语法功能"。沈家煊(1994)认为语法化通常指"语言中意义实在的词转化为无实在意义、表语法功能的成分这样一种过程或现象",包括实词向虚词转化,也包括虚词向更虚的成分——如词缀和屈折成分——转化。研究语法化有两条路子,一条是研究实词如何虚化为语法成分,偏重于从人的认知规律来探究语法化的原因;另一种是着重考察篇章成分如何转化为句法成分和构词成分,偏重于从语用和信息交流的规律来探究语法化的原因。

词汇化(lexicalization)是指"一个短语或由句法决定的其他语言单位在经历了一段时间之后,其自身变成一个稳固的词项(lexicalitem),并且进入基本词汇或一般词汇"①这样一个过程或现象。它可从共时和历时两个角度进行考察:共时意义上的词汇化通常是指概念范畴的编码形式,历时意义上的词汇化则主要指进入词库,向词库中添加成分或不再具有语法规则的能产性(刘红妮,2010)。国内学界的词汇化研究,主要是历时意义上的词汇化研究,如董秀芳(2003,2004),王灿龙(2005),李宗江(2006),李金满、王同顺(2008)等。

关于语法化与词汇化的关系,历来有不同的看法。虽然有的学者把词汇化看作语法化的反例(李健雪,2005),但也有一些学者认为,语法化过程包含词汇化,词汇化是语法化研究的主要领域之一(王建伟、苗兴伟,2001;刘丹青,2004;江蓝生,2005)。江蓝生(2005)指出,语法化包括两方面内容,一是指实词逐渐虚化为没有实在意义的语法成分的过程,即词汇的虚化;二是指短语或词组逐渐凝结为一个单位的过程,即短语的词汇化。现代汉语中合成词大多是由名词性或动词性短语虚化而来的。

更多的学者认为语法化和词汇化在语言单位的演化过程中共同起作用,两者既可同时出现,也可以相继出现。李金满、王同顺(2008)认为,语法化和词汇化之间同中有异,并非是彼此的逆反过程。刘红妮(2010)指出,语法化与词汇化之间存在差别,但也有交叠、相似之处,具有一定的平行性。语法化和词汇化都涉及语言使用者的能力,都存在着融合和去理据性。王霞(2010)和管志斌(2012)对具体短语个案演变过程的研究,也证明了这一点。王霞(2010)在考察"随便"的演化过程时发现,述宾短语"随+便"先经历词汇化的过程演变为形容词,再经历语法化的过程,形容词演变为连词,语义进一步虚化。管志斌(2012)的研究发现,短语结构"得了"先词汇化为表示"认可"义的抽象义动词,再进一步语法化为语气助词,最后虚化为话语标记。

董秀芳(2003)也承认,从定义上看语法化和词汇化好像是两个截然相反的过程,语法化指语法范畴与语法形式形成的过程,词汇化是指词汇单位形成的过程,但发展到语法化的很深阶段,这两个过程是可以接轨的。不过,她认为是语法化发展到了最后阶段,语法成分可能成为词汇成分的组成

---

① 王灿龙. 词汇化二例——兼谈词汇化和语法化的关系[J]. 当代语言学,2005(3).

部分,是语法化融入词汇化中。

　　我们赞同大多数学者的看法,认为一个语言单位的演变结果,往往是语法化和词汇化共同作用的结果。我们持这样一种观点:语法化侧重语言单位功能的变化,其实在的概念意义逐渐演变为功能意义;词汇化侧重语言单位的凝固性,从分散的几个单位凝固为一个黏合度较高的语言单位。如果把一个语言单位的演化过程看作一个不断进行的语法化过程的话,词汇化可以看作整个过程中早期的一个阶段。

　　由此,我们可以将元话语演变为话语标记的过程,视为语法化过程。在这个过程的早期,词汇化也许会发挥作用,但一个元话语最终演变为话语标记还是语法化在起作用。

2.4　元话语与话语标记的关系

　　付晓丽、徐赳赳(2012)注意到,元话语和话语标记的关系很密切,并认为两者的异同很值得研究。我们根据语法化理论,认为话语标记来源于具有引导功能的元话语,是元话语标记化的结果。话语标记只不过是元话语中形式较为短小、使用频率较高、功能较为明显并定型的那些语段,在性质上与其他元话语并无区别。两者的区别更多的在于形式和使用频率。

2.4.1　元话语和话语标记在形式上的对应关系

　　作为"在语篇中对元话语形式进行标识的言语形式"①,话语标记与元话语之间的关系,总的来说有三种。

2.4.1.1　两者形式完全重合

　　这一类的元话语往往本身是词或短语,比较简短,在句中充当元话语,可直接成为话语标记。比如"好""好了""那个""谁知""事实上""说真的""在我看来"等。

　　(38)好,我们开始上课吧。/好,今天我们就讲这些。(作者自编)
　　(39)老太太却说:"把钱收回去,我就知道你会来的。你早上买葱

---

① 　李秀明. 汉语元话语标记研究[D/OL]. 上海:复旦大学,2006[2006-04-15]:68. https://kns. cnki. net/kcms/detail/detail. aspx? dbcode=CDFD&dbname=CDFD9908&filename=2007069343. nh&uniplatform=NZKPT&v=cmGKzKC4kvcfO1B8vrRNabFAc0FzX-3Gf0PixSFta-86MTjW2pWc7AidiRdAXHcy.

的时候只顾付钱,却忘了把葱放进篮子里。当我发现时,已不见你的人影了,只好一直在这儿等你。现在你赶快拿回去,你今天买的菜放些香葱,味道更好。<u>好了</u>,我也该回家了。"(CCL,1993年《人民日报》)

(40)老师认为,这些孩子算这道题目需要很长时间,所以他一写完题目,就坐到一边看书去了。谁知,他刚坐下,马上就有一个学生举手说:"老师,我做完了。"老师大吃一惊,原来是班上年纪最小的高斯。(CCL,《中国儿童百科全书》)

(41)藕折断时,常有丝相连,俗语说"藕断丝连"。<u>事实上</u>,这是由于藕中的带状螺旋式导管及管胞的次生壁抽长而成的。(CCL,《中国儿童百科全书》)

(42)我在激动的心情中读完了它。<u>说真的</u>,在近几年,我阅读文艺作品很少经验到这样的心情。(曾卓《文学长短录》)

(43)等拍完日落,下长城时,已是披星戴月,长城上只有我和他两人。<u>在我看来</u>,这日落拍摄两次足矣。(李胡兵《"金凯"们并不浪漫》)

以上这些例句中的画线部分,可以视为元话语,也可视为话语标记。

2.4.1.2 元话语标记化为话语标记

有些元话语比较长,通常以句子的形式出现,而话语标记是元话语的提领性成分,两者具有相同的语用功能,但话语标记更加简洁凝练。我们根据张金圈、唐雪凝(2013)对话语标记"要我说"形成过程的介绍来说明这个问题。张、唐认为,认识立场标记"要我说"正是来源于表使役的兼语小句"要我说"。

(44)评审们的问题非常尖锐:"马院士是最年轻的院士,……但你这个团体怎么样我们不了解啊!"马院士回答得非常巧妙:"……<u>你要我说这个团队怎么样</u>,我只能如实告诉各位专家,这些东西没有一个团队是做不出来的!"

(45)《京华时报》:我知道藏家心中藏品的价值跟价格不能等同,但大家非常关心损失的情况。能说说损失的情况吗?王夏虹:……<u>你要我说具体的损失数额</u>,我觉得,在冯先生心目当中,所有的藏品都是无价的。

(46)《日本新华侨报》:那大学四年您对这所大学有什么感想呢?林文来:<u>如果要我说</u>,我会说那是一所很有"东北味"的大学。

(47)那么这个玩意到底要到多少才合格呢?<u>如果要我说的话</u>,我认为 500 左右,绝对不能低过 490,也不要高出太多。①

例(44)—(47)的例句中,画线部分都包含了"要我说",但此时它们作为一个表使役的兼语小句,与其他话语一同组成了元话语,表示话语的原因或方式等。在例(44)和(45)中,"要我说"包含在完整小句内部,而例(46)的"如果要我说"省略了主语"你",到例(47)"如果要我说"已经很难补出明确的主语,回答对方提问的意味减弱,表示自己立场和观点的意味增强,这与话语标记具有主观性有相同之处。张、唐认为,例(47)中的用法,是"要我说"从使役性兼语小句向认识立场标记转变过程中最重要的一步。由此可见,话语标记"要我说"是由元话语中的一个使役小句在具体的使用过程中缩减而成的。

类似的话语标记还有"可不"(于宝娟,2009),"你知道"(刘丽艳,2006b),"你看你"(李宗江,2009)和"我告诉你"(董秀芳,2010)等。

这一类话语标记大都表现为词组或小句,与元话语可同时存在。

2.4.1.3　元话语缺乏明显的话语标记形式

有一些元话语是较长的小句或语段,但是缺乏可概括整个话语语义的核心成分,无法减缩为话语标记。这类元话语的标记化过程尚未完成。例如:

> (48)有一句话,我不知当讲不当讲,我希望你能够离开我的儿子。
>
> (49)今天不是我批评你,你的表现很不好。②
>
> (50)许多老艺人都是从大世界走出来的……此文是谈黄楚九与生煎馒头的,怎么一下子扯出这么些枝蔓来? 打住。但是容我再补充一件事,说明黄楚九与上海饮食业的关系。黄楚九发迹前曾在城隍庙卖过眼药水,……(沈嘉禄《黄楚九和生煎馒头》)

以上例(48)至(50)中画线部分都是元话语,其结构比较复杂,由小句或句子组成,这些元话语中不包含核心成分,无法标记化为相应的话语标记。

由此可见,元话语的标记化是一个动态的发展过程,不同元话语的标记化程度并不相同,只有部分元话语经过标记化后成为话语标记。如果把元

---

① 张金圈,唐雪凝. 汉语中的认识立场标记"要我说"及相关格式[J]. 世界汉语教学,2013(2). 例(45)—(48)都来自该文。

② 胡范铸. 言语行为的合意性、合意原则与合意化[J]. 外语学刊,2009(4). 例(49)和(50)来自该文。

话语和话语标记看成连续统的两端,则元话语的不断标记化产生了话语标记。"元话语标记是形式简短的元话语语段,元话语语段则是形式复杂的元话语标记。"①

2.4.2 元话语与话语标记的区别

元话语与话语标记都具有语篇功能和人际功能,它们的区别主要是结构和使用频率上的。

2.4.2.1 形式上的区别

话语标记是元话语经过标记化而来的,而标记化的过程,就是一个不断提炼和减缩的过程。经过标记化的元话语,与话语标记具备相同的形式,可表现为词和短语,简短凝练;未经标记化的元话语,可表现为句子甚至语段,自然结构复杂,长度加大。这一点上文已有所述,这里不再赘言。

2.4.2.2 结构紧密度上的区别

表现为句子或语段的元话语,结构相对松散,可以进行扩展、改写但仍表达相同或相近的语义,并起到相同的作用。话语标记的结构较为紧凑,部分话语标记可以替换其中的个别字词,但结构关系不发生变化。比如:

(51)讲句老实话,你不要生气,当初珍珠把你带回来的时候,我对你不太满意,觉得这小子傻乎乎的不灵光,……(滕肖澜《爱会长大》)

例(51)中的元话语"讲句老实话,你不要生气",我们可以改写为"我说一句老实话,你听了以后不要生气"或者"我老实告诉你一句话,但你不要生气"等,都表示发话人坦诚、直率的态度,并起到了劝导受话人的作用。

话语标记不能随意进行扩展,一般只能对其中的代词进行替换,以达到更大的使用范围。如话语标记"X看"用来引起受话人的注意时,可以有"你看""您看""你们看""大家看"等形式,但无论是"谁"看,"看"前面的只能是代(名)词,而不能是其他成分。例如:

(52)对不起,米莱,那一次,该走的人是我。你看,虽然时间晚了一点,不过,该发生的一定会发生。(石康《奋斗》)

(53)美国经过多年的努力,引以为豪地在 1988 年 6 月各大报上,刊出一个醒目的标题:妈妈,您看,我没有龋洞!(CCL,1994 年报刊

---

① 马国彦.元话语标记与文本自互文——互文视角中的篇章结构[J].当代修辞学,2010(5).

精选）

（54）智伯瑶约韩康子、魏桓子一起去察看水势。他指着晋阳城得意地对他们两人说：“<u>你们看</u>，晋阳不是就快完了吗？早先我还以为晋水像城墙一样能拦住敌人，现在才知道大水也能灭掉一个国家呢。”（CCL，《中华上下五千年》）

（55）袁宗第向大家说：“<u>大家看</u>，咱们来个假降行不行？”（姚雪垠《李自成》）

类似的话语标记还有“不是我 V”“照 V”“据 X 说”“依 X 来看”等。这些话语标记中都有一部分可以用不同的字词来替换，但不会改变话语标记的整体结构，也不能无限地扩展，否则就会成为元话语。

在汉语里，类似“X 看”这样的话语标记数量并不多，更多的话语标记其成分不能更改，形式更加稳定、紧凑，如“这不”“你看你”“总而言之”“毫无疑问”等。

2.4.2.3　使用频率上的区别

元话语是一个开放的系统，不断有新成员加入。可以说，每个发话者都可以产生出新的元话语。话语标记的数量相对有限，从元话语到话语标记，要经历一个较长的过程。如果说人们使用元话语和话语标记的总量相同的话，元话语的数量较多，每个元话语的使用频率就较低；话语标记的数量较少，每个话语标记的使用频率就较高。

事实上，话语标记的产生，本身就需要一定的使用频率。Haspelmath 指出，一个语法化的候选者相对于其他参与竞争的候选者使用频率越高，那么它发生语法化的可能性就越大（吴福祥，2004）。所以，作为语法化成果的话语标记，其使用频率自然比未经过语法化的元话语要高。

我们以“人们常常说”“常言道”“用一句话来说”“一句话”的使用频率为例来说明这一区别。在北大 CCL 语料库中，包含元话语“人们常常说”的句子有 6 个，而包含话语标记“常言道”的句子有 166 个，也就是说，话语标记“常言道”的使用率是元话语“人们常常说”的 27 倍多。包含元话语“用一句话来说”的句子有 10 个，包含话语标记“一句话”的句子则有 344 个，后者的使用频率是前者的 34 倍。

2.5　本章小结

本章我们从元认知入手,论述了元认知在语言交际中的作用。我们认为,会话过程中,发话人会根据受话人对话语的理解,利用元认知组织、监控和调整自己的话语,并将元认知的结果用一定的语言形式表现出来,达到与受话人元认知交互的目的。这种语言形式,就是元话语。元认知交互的能力,就是元话语能力。

元话语能力是驾驭话语能力的能力,是关于"怎么说"的能力,是元认知能力在语言使用中的具体形式。学习者掌握元话语能力后,能更好地组织安排自己的话语,从而提高话语能力。在国际中文教育的中高级阶段,留学生掌握了一定的话语能力后,应该注重培养他们的元话语能力,从更高层面入手来提高他们的话语能力,并最终促进其交际能力的发展。元话语能力可表现为元话语的使用和理解等。

元话语是对受话人起引导作用的话语,它体现了交际双方的元认知交互。部分元话语会由于语言使用的经济性等原因,在语法化机制的作用下,提炼、缩减为话语标记。元话语和话语标记功能相同,但形式、结构和使用频率等不同。话语标记的使用和理解,同样体现了主体的元话语能力。

一句话,本章从元认知交互出发,以元话语为中介,将元话语能力和话语标记联系起来,阐明了话语标记使用和理解的价值。

第三章　从元话语能力看
话语标记的界定与分类

　　话语标记是一个语言共项（language universals），在各种语言中都普遍存在①。通过对中外话语标记研究成果的梳理，我们发现，对于什么是话语标记，它具有什么特征，可分为哪些类别等，目前并无公认的看法。本章我们将突出话语标记的引导功能，并将其与元话语能力相联系，阐述我们关于话语标记的范围、特征和分类等的认识。

3.1　话语标记的名称和范围

　　俗话说："名正言顺，言顺事成。"在研究一个事物之前，必须先对其命名并确定研究范围。目前对话语标记功能的不同认识，导致了它拥有不同的名称和范围。我们建议，应该突出强调话语标记的引导功能，并从该角度对其进行名称和范围的界定。

3.1.1　"话语标记"和"语用标记"之争

　　对于"and""well""so""我说""你看""老实说""谁知道"这一类语言形式，除了"话语标记"之外，国外的学者们还采用过其他名称，如语义联加语、逻辑联系语、外加语标记、暗示词、提示词（语）、话语小品词、话语标记手段、指示手段、句外连接语、超命题表达式、会话常规语、语用联系语、语用标记

---

　　①　李心释,姜永琢. 对话语标记的重新认识[J]. 汉语学习,2008(6).

手段、语用标记(语)、话语标记语等(冉永平,2000a)。所用术语的不同,反映了学者们研究角度和出发点的不同。

　　总的来说,国内学者主要采用"话语标记""语用标记""话语标记语""语用标记语"等术语。这同样表明"国内学者对话语标记语的界定等基本问题没有形成统一的认识和科学的论断"①。我们认为,"话语标记语"或"语用标记语"中的第二个"语",虽然指出了 discourse marker 或 pragmatic marker 不局限于词语,还包括短语和小句的事实,标明了它们作为话语信息的一部分"从整体上对话语的构建与理解产生影响"②的功能,但一个术语中包含两个"语"字显得啰唆,可省去不用。本书将"话语标记语"等同于"话语标记","语用标记语"等同于"语用标记"。

　　如此一来,国内学者主要采用的术语可归为两个:语用标记和话语标记。根据对现有研究的总结,我们发现,目前对这两个术语的关系主要有三种理解。

3.1.1.1　语用标记包括话语标记

　　对于语用标记和话语标记的关系,在 Fraser(1990)看来,是一个包含关系,即话语标记是评述性语用标记之一。不过后来(1996)她又把话语标记和评述性标记并列,与基本标记、平行标记共同构成语用标记。虽然前后看法不一致,但 Fraser 一直认为话语标记是语用标记的一个子类,只有那些连接话段与话段、话段与语篇的语用标记才是话语标记。同时 Fraser 还认为,评论性标记就是元语言,是为了表达说话者对命题的态度和情感。

　　方梅是国内最早关注话语标记的学者之一,她也对话语标记持狭义的理解,主张应该区分语用标记和话语标记,后者只是前者的一个小类。方梅曾这样解释话语标记和语用标记的关系③:

　　　　关于语用标记(pragmatic marker)和话语标记(discourse marker)的分析,本文接受以下观点,即,话语标记是语用标记范畴当中的一个子类,虽然两者都不参与命题意义的表达。但是,话语标记在言谈当中起组织结构、建立关联的作用,而语用标记不具备此类组织言谈的功

---

①　张奕,乔琳.话语标记语研究现状与展望[J].深圳大学学报(人文社会科学版),2010(1).

②　肖武云,曹群英.话语标记语语用功能的认知分析[J].四川外语学院学报,2009(1).

③　方梅.认证义谓宾动词的虚化——从谓宾动词到语用标记[J].中国语文,2005(6).

能。比如,"然后"用作命题意义表达时,表示时间上具有先后关系,不用做命题意义表达,在谈话中可以连接说话人相继说出的并无时间先后关系的内容,使言谈保持连贯。上述用法属于话语标记。如果一个成分对连贯言谈并无作用,而重在表现说话人的态度,这种成分指(注:疑为"只")把它看作"语用标记"。

冯光武(2004,2005)支持方梅的意见,主张采用"语用标记语"而非"话语标记语"。他认为话语标记语是句子之间的纽带,"明示的是说话人对话语之间语义关系的一种判断"①,属于语用标记语的一类,如"不过""不然""这么说""一句话"等。其余的语用标记语"只对其所在话语所含的信息进行某种评价"②,表示对该标记语所在话语的命题的个人判断和评价等,如"恕我直言""我警告你""令人遗憾的是"等。郭红伟也认为"话语标记和语用标记的关系可以大致理解为部分与整体的关系"③,话语标记只是语用标记的一部分。见图 3-1。

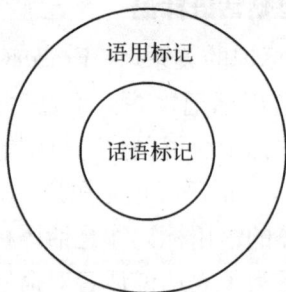

图 3-1　语用标记、话语标记关系示意图

3.1.1.2　语用标记等同于话语标记

也有不少学者认为语用标记和话语标记大致相同,两者只是名称的不同。冉永平指出,"语用标记语也称话语标记语或语用小品词,可从共时与历时角度进行描写与分析,迄今共时研究多于历时研究"④。吴祥福也认为,

---

①　冯光武.汉语语用标记语的语义、语用分析[J].现代外语(季刊),2004(1).

②　冯光武.语用标记语和语义/语用界面[J].外语学刊,2005(3).

③　郭红伟.同于"元"而异于"源":元话语和元语言特征分析[J].西安外国语大学学报,2017(4).

④　冉永平.语用学与社会语言学之间的交叉研究——兼评《语用标记语和社会语言学变异》[J].外语教学与研究,2003(1).

话语标记与"语用标记""话语小词""话语连接词"等,都是"话语或篇章中常见的一种语言形式,其主要功能是表达说话人对话语流中话语单位之间的关系或者言谈事件中受话人角色的态度、视角和情感"①。

至于具体采用哪个术语,学者们各有不同的理据。国内采用"语用标记语"或"语用标记"名称的有席建国、刘冰(2008),杨文秀(2008),唐雪凝、付宁(2008),周家春(2010)等。唐雪凝、付宁认为使用"语用标记语"这一名称,可以"使涵盖面更广,研究视角更开阔,也能更好地观察、分析和指导语言使用者运用言语代码所施行的言语行为"②。而周家春则认为使用"语用标记语"至少具有三方面的理由③:

> 其一,这个名称清楚地表明了该现象的语用特性,而这一性质已为学界所普遍认同;其二,随着研究的深入,包括话语标记语在内的其他各名称已经不能概括人们对该现象的认识;第三,由于术语的不统一以及话语标记语这一名称的长期使用,在客观上也导致了对其他标记语的研究不够充分,不利于推动对这一语言现象的全面深入研究,甚至也影响了对研究成果的利用。

采用"话语标记"或"话语标记语"名称的学者有吴亚欣、于国栋(2003),李勇忠(2003a,2003b),王扬(2005),李宗江(2010),殷树林(2012a,2012b,2012c)等。李勇忠说:"本文采用这一术语,其理由是话语标记的范围异常宽泛,涵盖了话语连接语、元话语、话语提示语等术语的所有功能,它是一个开放性的语言系统。"④殷树林指出,国内汉语学界习惯使用"话语标记"这一术语,如果认为话语标记只是语用标记的一部分,则"汉语学界许多冠以话语标记的研究成果都不是关于话语标记的"⑤。见图3-2。

① 吴福祥.汉语语法化研究的当前课题[J].语言科学,2005(2).
② 唐雪凝,付宁.汉语语用标记语的信息调控功能考察[J].云南师范大学学报(对外汉语教学与研究版),2008(4).
③ 周家春.国外语用标记语研究概观[J].安庆师范学院学报(社会科学版),2010(2).
④ 李勇忠.信息短路下的话语标记[J].外语学刊,2003(3).
⑤ 殷树林.现代汉语话语标记研究[M].北京:中国社会科学出版社,2012:9.

图 3-2　语用标记等同于话语标记示意图

3.1.1.3　语用标记和话语标记并列

也有的学者认为语用标记和话语标记是两个独立平行的概念，它们之间既不相容，也不相同。如王正元（2006），邢欣、白水振（2008），邱闯仙（2010）等都把话语标记语和语用标记语视为并列的两个概念。在他们看来，话语标记能保证语段中话语之间的连贯性，表示话语之间的因果、转折、递进、让步等多种逻辑关系；语用标记则表明说话人的说话方式，对前述话段信息的主观评价及语境关联对受话人认知推理的影响。但是，对于语用标记和话语标记的上位术语是什么，他们都没有说明。见图 3-3。

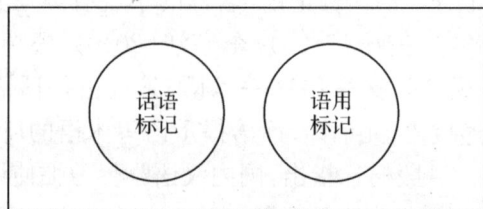

图 3-3　语用标记和话语标记并列示意图

综观国内学者的研究，我们发现，对语用标记、话语标记的理解都分为广义和狭义两种。广义的语用标记和话语标记都是指那些"不仅起到组织语篇的作用，还具有修饰话语的言外之力，保障口头交际得体、语言表达流畅等多种功能"①的语言单位。狭义的语用标记不起话语的连接作用，只表达说话人的情感态度。狭义的话语标记只起连接语篇的作用，但不表示说话者的个人情感和态度。将话语标记视为语用标记的一部分，便是将话语标记从狭义的角度理解，而语用标记从广义的角度理解。将语用标记和话

---

① 潘琪. 中国英语学习者英语口语语用标记语使用特征研究——基于 SECOPETS 语料库的实证研究[J]. 外语与外语教学，2011(3).

语标记等同,便是从广义的角度来看待两者。将语用标记和话语标记视为并列的两个范畴,则都是从狭义的角度来理解两者。但无论是哪个角度进行理解,话语标记和语用标记表达的都"不是命题意义或概念意义,即它们不构成话语的语义内容,而是为话语理解提供信息标记,具有的只是对话语理解起引导作用的程序性意义"①。

值得一提的是,国内关于"话语标记"与"语用标记"的争论大都产生于研究初期。根据我们在知网的查询结果,2010 年之前以"语用标记(语)"为题的北大及南大核心期刊论文有 19 篇,以"话语标记(语)"为题的有 81 篇;2010 至 2020 年,以"语用标记(语)"为题的北大及南大核心期刊论文有 17 篇,以"话语标记(语)"为题的论文有 156 篇,两者的比例不断扩大。由此可见,目前国内学者多采用"话语标记"这一名称。

3.1.2　本书对"话语标记"的理解

对于"话语标记"和"语用标记"之争,本书的做法是:

(一)考虑到国内使用"话语标记"这一术语要多于"语用标记",本书也采用"话语标记"这一术语。不过,本书在前一章已经说明,话语标记是元话语标记化的结果,同样是元认知能力发挥作用后所产生的认识或看法、需求或要求的语言体现。因此本书认为,"元话语标记"的称呼才是最符合这一情况的。"话语标记"的"话语"是指元话语,而不是基本话语。

(二)本书秉持这样的观点:话语标记是元话语经过语法化而产生的,它的本质特征是其程序功能,通过对听话人话语理解的引导而实现,主体对话语标记的理解和使用体现了他的元话语能力。本书把话语中具有程序功能,能引导对方更好地理解话语的、形式短小结构相对固定的、能体现主体元话语能力的语言形式看作是话语标记。话语标记与语用标记的区别,不在于它表示的是话语的连贯还是说话人的情感态度,而在于它是否体现了发话人的元认知,可否对受话人起引导作用,能否体现主体的元话语能力。那些不起引导功能,但也不表示概念意义的语言形式,本书称之为"语用标记",如口头禅"随便",语气词"呵呵",称呼语"大姐"等。

本书关于元话语、话语标记和语用标记之间的认识可以用表 3-1 来说明。

---

① 周树江,王洪强.论话语标记语的语法化机制[J].外语教学,2012(5).

表 3-1　元话语、话语标记和语用标记关系表

	类别	特征	典型例子
元话语	话语标记(标记化后的元话语)	不表示概念意义,具有引导作用,形式简短凝练	比如,你说,总之,你知道,这不,对了
	其他具有程序功能的元话语	不表示概念意义,具有引导作用,形式较长较复杂	最后容许我调侃两句,轻松一下;他的研究结果显示
	语用标记	不表示概念意义,不具有引导功能	这个……这个……,呵呵,嗯,第一……第二……

3.2　话语标记的特征

根据"话语标记是标记化了的元话语"的认识,可以归纳出话语标记语音、语法、形式上的特征;根据"话语标记是具有程序功能的元话语"的认识,可以归纳出话语标记语义、语用上的特征。

3.2.1　语音特征

元话语经过标记化后,形式上凝缩为一个短小固定的结构,因而从语音上看话语标记是独立的语调单位,与其他语言单位之间可以隔开。这在口语中表现为其后会有语气词或一定时长的停顿,在书面语中表现为其后常有逗号、句号等标点符号。例如:

(1)兄弟,你此去须是仔细,不知他意儿好歹,真假何如。<u>依我说</u>,不如只往前门硬挺着身子进去,怕不是他亲女婿,赶你出来? 又且他家差老园公请你,有凭有据,须不是你自轻自贱。(CCL,《元代话本选集》)

(2)你逃得过大人眼睛,大人是佛心,对你下不了狠手。我呢,也是心肠挺软的,跟豆腐一样。<u>依我说呀</u>,上上下下这么多人伺候你一人,你呀,乖乖地招出来,你也省事,我们也省事。(清·常森杰《雍正群侠传》)

(3)那道人说:"<u>依我说啊</u>,唔,唔……出家人慈悲为怀,能多救得一个百姓,那便是助长一分上天的好生之德……唔,唔……咱们若是受了

蒙古大汗的敕封,便能尽力劝阻蒙古君臣兵将滥施杀戮,当年丘师叔,
不是便因此而救了不少百姓的性命么?……"(金庸《神雕侠侣》)

(4)刘:光知道许愿。这头儿,那头儿的。要依我说呢,不在干多
少,干就得踏踏实实地干好,别给领导添乱。(巩向东《编辑部的故事》)

根据我们对北大 CCL 语料库的搜索结果,话语标记"依我说"最早出现
在元话本中,清代小说中大量涌现,其后都有逗号作为停顿标记。"依我说"
后面可加语气词"呀""啊""呢"等,以缓和语气,表示这只是个人的观点。

Schiffrin(1987)曾提到,话语标记必须有韵律曲拱(prosolic contour),
即显调重音(tonic stress),后面有停顿和音系缩减。韩戈玲(2005)则认为,
在音系上,话语标记常具有特殊的语调调型(intonation contour),其后常有
停顿或拉长的词尾元音。实际上,Schiffrin 所说的"音系缩减"虽然的确存
在于个别话语标记身上,如英语的"and"和汉语的"不是"等,在口语中读音
含混,后面的音素可以脱落,但更多的话语标记没有缩减也不可能缩减,比
如"我提醒你""总的来说"等。韩戈玲提到的"拉长的词尾元音"现象,也仅
存在于少数话语标记中,如"那么""这/那个"等用来开启话题时,确实会存
在拖音现象。还有一些话语标记,不同的语用功能具有不同的发音特征,如
"你看"用来表示询问时会有拖音现象,但用来表示提醒时就没有这种语音
特征。可以说,音系缩减和拉长的词尾语音,都存在于少数话语标记之上,
并非话语标记的典型特征。

话语标记具有语音上的独立性,是因为话语标记的管辖范围可超过句
子,达到语篇层面,因而需要韵律上的独立。如果不能独立,附着于句子,就
有可能让人误解为其辖域仅限于一个句子(董秀芳,2007a)。

3.2.2　句法特征

在语法化过程中,由短语或小句充当的元话语的内部边界消失,在结构
上融合为一体,因而从句法上看话语标记具有独立性。

Schiffrin(1987)指出,话语标记在句法上必须独立于所在的句子。它不
是句法上的必有成分,也不与相邻成分构成更大的句法单位,使用上具有可
选性。话语标记的有无,不影响所在语句的合法性(殷树林,2012c)。话语
标记的独立性导致了它的可取消性。删除话语标记,其话语的句法结构不
会发生改变,但是会影响对前后话语关系的感知和理解。例如:

(5)我今晚要去国际饭店吃一顿,<u>不管怎么说</u>,今天我过生日了。①

例(5)可以拆分为两个小句:a. 我今晚要去国际饭店吃一顿;b. 今天我过生日了。其中的"不管怎么说"并不与前后话语构成句法单位,如果删除,句子的命题意义并不受影响。但是两个小句之间失去了线索意图,受话人也失去了话语理解的外力:缺少"不管怎么说",前后小句可理解成因果或让步等多种关系,发话人的情感态度无法显露;添加"不管怎样说"后,发话人那种在糟糕的环境中做出积极选择的意味就变得较为明显了。这说明话语标记自身的独立性可以使其所在的句子产生隐性连贯,同时实现语义和语用连贯,起到话语理解的"信号"作用(Redeker,1991)。

从句中位置来看,话语标记主要位于句首,位于句中和句末的话语标记相对较少。对某个既能在句首也能在句中或句末的话语标记来说,它出现在句首的可能性最大。

我们以话语标记"我看"为例。在北大 CCL 语料库中搜索"我看,",共得到句子 1432 个。前 500 句中"我看"作为话语标记的有 166 句,其中"我看"位于句首的有 139 句,位于句中的有 27 句。又在语料库中搜索",我看。",得到"我看"明确作为话语标记的句子 1 个②。这说明"我看"主要出现在句首位置,出现在句中的情况也较多,出现在句末的情况最少。例如:

(6)舒盖太太先开口了:"既然是这个女人的最后愿望……<u>我看</u>,我们也很难拒绝了。"(CCL,《读者》合订本)

(7)主席沉吟片刻说,"<u>我看</u>,你还没接受教训,没承认错误吧?"(1994 年报刊精选)

(8)除了最后一句,也许要请专家们进行一番解释,其余各条,<u>我看</u>,我们是都可以立即实行起来的。(CCL,《读书》)

(9)破灭有浅深二义:浅的是,不要说几本,就是"读书破万卷"也不成;深的是,有些问题,至少<u>我看</u>,借用康德的论证,是在人的理性能力之外的。(张中行《顺生论》)

(10)"还得问巡警去,<u>我看</u>。"小坡说,脸上有点发红。大家没说什么,一齐上山道中找巡警。(老舍《小坡的生日》)

---

① 此例来自王正元. 话语标记语意义的语用分析[J]. 外语学刊,2006(2).

② 搜索得到包含",我看。"的句子两个,但其中一个缺乏上下文语境,无法判断是否为话语标记。

3.2.3　形式特征

由于话语标记是具有引导功能的元话语凝缩而成的,因而它在形式上必须要简短凝练,结构内部之间具有一定的黏合度。根据我们的观察,词或短语形式的话语标记自然比较简短,小句形式的话语标记,最多也就是五六个音节,一般不会超过七个,如"可不是吗""我告诉你""谁说不是呢"等。关于这一点,我们在第二章中元话语和话语标记的区别中已经有所论述,这里不再展开。

3.2.4　语义特征

从语义上看,话语标记和元话语一样,表达的是程序意义而非概念意义。也就是说,话语标记不构成话语的语义内容,"不对话语的命题内容增加任何新信息"①,但能为话语理解提供信息标记,从而具备对话语理解起引导或制约作用的程序性意义。前面我们已经提到,如果删掉话语中的元话语,话语的概念意义不会发生改变,这种情况对话语标记同样适用。

需要注意的是,话语标记表达程序意义而非概念意义,"不是说话语标记的语言形式本身没有概念意义或语义内容,而是某一话语中的话语标记显然不能从它自身的概念意义上去理解,因为它是为了引导听话者按说话人的意思去理解除它之外的那些话语内容"②。很多话语标记,如"总之""但是""所以"等,本身没有概念意义,在话语中起到组织语篇的作用。也有一些话语标记,如"老实说""说句心里话""更为可贵的是""令人遗憾的是""据说""据……报道"等,本身具有概念意义,但从其所在的话语来看,它们的作用是为受话人理解话语提供指引,具有程序功能,其概念意义为程序意义服务。例如:

(11)一位黑人女参议员轰动全国,后来她曾担任过美国驻新西兰大使。据报道,布朗与迪安的竞选班子之间及他们私人之间都保持着良好的关系。(CCL,新华社 2004 年新闻稿)

(12)从这些作品中,读者收获的不只是纯粹的信息和生活现象,还有经过作家淘洗之后的一种对社会人生的理性情感感受。然而,令人遗憾的是,有一些报告文学作品,只是悬浮于各种各样真实的社会人生现象之上,在这如烟如雾的海面上凌虚跳动。(CCL,1993 年《人民日报》)

---

① 孟晓亮,侯敏.话语标记的语体特征研究及应用[J].中文信息报,2009(4).

② 李心释,姜永琢.对话语标记的重新认识[J].汉语学习,2008(6).

例(11)中的"据报道"交代信息的来源,引导读者领会后面话语的权威性。例(12)中的"令人遗憾的是",表达作者遗憾可惜的态度,帮助读者更好地理解作者的态度和立场。这两个话语标记,虽然都带有一定的概念意义,但是它们更重要的功能是程序上的,删除它们并不会影响所在话语的概念意义。

3.2.5　语用特征

话语标记的语用特征,就是它在语言使用中的程序功能,这也是它的本质特征。

话语标记的程序功能具体表现为语篇功能和人际功能。语篇功能主要从话语标记在语篇生成过程中的连贯作用来说,指话语标记能用于组织语篇信息,使话语与语境发生联系,标示前后话语单位间的关系,帮助实现话题的承接、转换、结束等。人际功能指话语标记能表明发话人的情感、态度、愿望、意图等,同时"也考虑到了受话人的面子、感受与社会地位"①,体现出一定的交互主观性。

不同的话语标记拥有不同的程序功能。在不同的语篇中,即使同一个话语标记也可能表现出不同的连贯功能或情感态度。因此我们很难对汉语话语标记的总体语篇功能和人际功能进行概括,但这并不妨碍我们承认话语标记在语篇连接过程中体现出发话人对自己话语的监控、组织和调整作用,以及对受话人的暗示、引导作用②。

根据话语标记的这些特点,我们可以将汉语话语标记定义为:由具有引导作用的元话语经过标记化而产生,具有句法独立性,其后可有语音停顿,表达程序意义的语言形式。可表现为词、短语或小句,可出现在口头语言或书面语言中。

3.2.6　从话语标记的特征看什么不是话语标记

根据我们对话语标记特征的描述,可以发现,现有的研究中很多所谓的"话语标记",其实都不在本书的研究范围之内。

韩戈玲(2005)在附录中列出了她认为是话语标记的语言单位:

---

① 杨一飞. 语篇中的连接手段[D/OL]. 上海:复旦大学,2011[2011-05-19]:83. https://kns. cnki. net/kcms/detail/detail. aspx? dbcode=CDFD&dbname=CDFD0911&filename=1011183964. nh&uniplatform=NZKPT&v=quDUcdv3uO5YMgfeSAP2Q2d9xqQa MOFeD-cuTTJGWz43ZRZYbllHHwvH7uKJc9xTd.

② 关于话语标记是如何发挥其程序功能的,详见第四章。

　　着、了、过、的、啊、吧、嗯、哦、吗、嘛、么、呢、呀、咦、哎呀、对吗/吧、对不对、好吗/吧、好不好、是吗、是不是、其实、的确、实际上、也、不是、（我/你）知道、（我）怀疑、（我/你）以为、（我、你）说、（我、你）想、（我、你）看、反正、难怪、幸亏、而且、然而、可是、因此、原来、然后、那么

　　从我们所设定的标准出发，韩戈玲所举的"着""了""过""的""也"等，语音上其后没有停顿，句法上缺乏独立性，不符合话语标记的特征，应该排除出话语标记的队伍。同时，语气词既没有语篇功能也没有人际功能，并不是发话人有意使用的，也不能被视为话语标记。

　　李秀明（2006）研究了汉语元话语标记，并指出"元话语标记也是话语标记的一种"。他以 Hyland（2004）的分类标准为基础，将汉语学术论著语篇中出现的元话语分为两个次类"语篇功能元话语"和"人际功能元话语"，同时每一次类下面还包括四个小类。其中"交际主体标记语"一类，李秀明所举的例子包括"请注意""亲爱的读者""我们看到"等，我们认为，若书面语中的"亲爱的读者"属于话语标记，则口语中的"亲爱的观众""听众朋友们"也可视为话语标记。推而广之，"女士们""先生们"等也将成为话语标记。事实上，下文我们将提到，称呼语不能充当话语标记。虽然去掉它们不影响所在话语的语义内容，但称呼语并不能视为说话人对言语进行监控和调节的证据。

　　席建国、刘冰（2008）提到的"好在"，陈新仁（2002）提到的"只是""还是"等，也都不能被认作是话语标记。

　　另外，根据我们的定义，话语标记跟元认知监控有关，是发话人有意使用的，因此一些说话人思绪中断或思维混乱时用来占据话轮、维持话轮的词语，如"这个""那个"等，是发话人无意识使用的，它们缺乏组织语篇或表达人际意义的功能，同样不能被视为话语标记。如：

　　（13）语境：傅明正在给家人开会。

　　小凡：啊？我有什么问题？

　　傅明：你的问题很多，一共有八条。你先好好想一想啊，这个——（边说边看他记录的本子）啊找到了……（《我爱我家》）

　　刘丽艳（2009）认为，傅明话语中的"这个"是说话人为了保住对话轮的支配权，给自己提供思考、修正的时间而使用的话语标记。在我们看来，用于话语中间的"这个"和用于话轮起始位置可以开启话题的"这个"不同，只是说话人下意识的一种反应，并不是有意使用的，我们也可以用"呃""嗯"等

语气词来代替它。同时,它也不具备引导作用。因此它不能被视为话语标记。

另外,语气词也不是话语标记。冉永平(2004)、李成团(2008)和王咸慧(2019)分别认为"吧""呢""啊"在人际互动中具有语用功能,可被视为话语标记的一种。但我们认为,语气词或叹词的互动功能并不稳定,依赖于前后话语,有时甚至不是说话人有意使用而是无意识的反应,无法确定它要引导听话人注意哪部分话语,因而不该被看作话语标记。

3.3　话语标记与其他一些范畴的区别

在汉语中,有一些范畴,它们在形态或功能上和话语标记有相似、相同或相交之处,但又不完全等同。厘清话语标记和这些范畴的关系,有助于我们更清楚地认识和了解话语标记。

3.3.1　话语标记与插入语

插入语又叫"插语""插说"或"插加",是句子的一种语用成分,表示句子的附加意义,可反映说话者对话语的态度或引起听话者的注意。插入语与它的核心语构成的成分可称为插心结构(范晓,1996)。

根据不同的标准,可对插入语进行不同的分类,最常见的是根据插入语的语义来分类。叶南薰、张中行的《复指和插说》(1985)采用广义的解释,将插说分为 14 类。黄伯荣、廖序东(2002)将插入语视为独立语的一种,并将其分为 7 类。胡裕树(1995)把表示招呼、应答、感叹的名词或叹词等也归为插入语,同样将其分成 7 类。李忠初等(1994)将插入语分为 9 类,邢红兵(1997)基于对语料库的研究,把插入语分成 17 类。司红霞(2009)认为,人们把语言中不可归类的各种零碎都归入插入语中,导致了插入语内部的严重异质化。通过提取公因式,司红霞总结出被大家普遍认可的 6 类插入语,包括"为引起注意的插入语""表示强调和肯定的插入语""表示总括总结的插入语""表示注释举例的插入语""表示消息来源的插入语"和"表示推测的插入语"。但是司红霞(2018)承认,这种分类法主要关注了插入语的形式,没有将意义的标准贯穿始终,因而又依据插入语与核心句的语义关系,将其分为 9 类,分别为:

(1)否定命题类插入语:"按说""看起来"等

(2)否定论元类插入语:"所谓""看似"等

（3）增加论元、话题类插入语："对……来说""在……看来"等

（4）增加预设类插入语："你还别说""明说了吧"等

（5）增加感受类插入语："从……来说""就……看来"等

（6）增加评价类插入语："说来也巧""说来也怪"等

（7）限定命题范围类插入语："据说""从……来看"等

（8）限定话语性质类插入语："老实说""客观地说"等

（9）明示言语行为类插入语："这么说吧""不是我说你"等

我们认为，从语义角度对插入语进行分类，很难将其与话语标记进行比较。虽然话语标记也具有这些功能，上面的例子很多都可以作为话语标记，但这并不表示插入语就等于话语标记。有些插入语并不能单独使用，后面必须附加一定的成分，如表示注释举例的插入语"也就是"：

　　（14）在那段日子里，也就是一起在山西时期，我对他多少也关心过。①

在例14中，"也就是一起在山西时期"，作为插入语，对前面的"那段日子"作解释说明，但是它显然不是话语标记。

邱闯仙（2010）从语用意义和语用功能的角度对插入语进行了深入研究。她首先区分了插说成分和插入语。邱闯仙认为，插说成分是在交际活动中，由于语言表达的需要，在一个常规的能够表达完整的命题意义的语言序列中所插加的一些其他的语言成分，它不包括复指、提示和表示呼应、感叹等意义的语言成分。根据插说成分在信息传递中所起的作用，它可以分为冗余性插说成分和非冗余性插说成分两类。

冗余性插说成分主要指说话者在所说的话中插加一些不表实在意义的词语，如"这个""那个""嗯""那什么""然后"等，它们在句子中的位置相对灵活，不担当句子的结构成分，与句中其他成分没有结构关系，不表示具体的概念意义，不传达具体的信息内容，对句子真值语义的表达不产生影响。如：

　　（15）掉海里，最起码也是海啸，你像那什么，日本那，夏威夷，汤加，

---

　　①　此例来自黄伯荣，廖旭东. 现代汉语下册（第三版）[M]. 北京:高等教育出版社，2002:103.

新加坡,这小国儿肯定淹了,淹了。(《编辑部的故事》))①

在邱闯仙看来,这些成分或者是说话人的口头禅,或者是说话人思考过程的语言反映。刘丽艳(2009)也将话轮中间的"这个""那个"看作占据话轮的手段,认为它们可被视为话语标记。

在我们看来,这些用在句中而非句首位置的插入语,与方梅(2000)提到的弱化连词有所不同,后者具有话语组织功能和语言行为功能,也就是具有引导作用。但邱闯仙所说的成分却不具备引导作用,只是说话人思维暂时中断、话语能力出现问题时的下意识反映,无法被视为话语标记。

非冗余性插说成分自身具有具体的概念意义,在言语活动中具有传达信息的功能。邱闯仙将其分为按注性插说成分和主观性插说成分两个次类。按注性插说成分是说话人为了使句子的意义表达得更加严密和完整,在某一项需要进一步解释或说明的成分后面所插加的另一个语言成分。例如:

    (16)一个偏见太深的人啊——<u>我这不是说你,啊!</u>——没法子跟他说理的。②

在邱闯仙看来,上面的句子里"我这不是说你,啊!"是典型的按注性插说成分,它起到了对前面的语义内容进行说明的作用。这样的插说成分是临时性的,根据表达的需要可以插放到任一常规语言成分的后面,但一般不能用在句子的开头。我们认为,这类插说成分具有明确的意义和内容,与句子的核心语义相关,且结构松散,不能被视为话语标记。

主观性插说成分"自身具有一定的概念语义,但不能表达独立的命题意

---

① 此例来自邱闯仙. 现代汉语插入语研究[D/OL]. 天津:南开大学,2010[2010-05-01]:10. https://kns. cnki. net/kcms/detail/detail. aspx? dbcode = CDFD&dbname = CDFD0911&filename= 1011014568. nh&uniplatform = NZKPT&v = B3_P9ciAGH17ANcUUHHhCSeoL8EFubdVmEQqdSfaJshnR19zwu6pRXjabOyE77LM.

② 此例来自邱闯仙. 现代汉语插入语研究[D/OL]. 天津:南开大学,2010[2010-05-01]:10. https://kns. cnki. net/kcms/detail/detail. aspx? dbcode = CDFD&dbname = CDFD0911&filename= 1011014568. nh&uniplatform = NZKPT&v = B3_P9ciAGH17ANcUUHHhCSeoL8EFubdVmEQqdSfaJshnR19zwu6pRXjabOyE77LM.

义,对所在句子的真值不产生影响"①,只表示说话人对客观情形或命题内容的主观认识和态度。它们在句子中的位置相对自由,可以出现在句首、句中或句尾,其后带有一定的语音停顿,书面上常用逗号与句子的其他部分隔开。邱闯仙认为,"毫无疑问""据调查""依我看""俗话说""坦白地说""不客气地讲""令人意外的是""很遗憾""总而言之"等,都属于主观性插说成分,也就是"插入语"。这类插说成分符合我们对话语标记的认识,是本书所研究的话语标记的一部分,具有连接语篇或表达主观情感态度的功能。

可见,邱闯仙的"插说成分"其实是广义的插入语,而她的"主观性插说成分"则是狭义的插入语。广义的插入语中有一部分可充当话语标记,张洋(2010)就认为,广义的插入语是一个上位概念,包括了话语标记。狭义的插入语,基本上都可以充当话语标记。但即使如此,插入语也不等于话语标记。因为插入语是就单个的句子而言的,传统的插入语研究属于句法结构的静态研究,插入语被看作是语言的一种冗余成分,在相当长的时间里并不被人重视。话语标记是就语篇的角度而言的,对话语标记的研究是一种对言语行为的动态研究,目前话语标记研究是语用学的热点之一。同时,大多数插入语是在说话时随机插入句子的,没有经过语法化,而话语标记是元话语在语法化机制下减缩而成的。

3.3.2　话语标记与口头禅

根据《新华词典》的解释,口头禅原指和尚常说的佛语或禅号,现指经常挂在口头上而无实际意义的词句,带有较强烈的个人色彩。马国彦将口头禅定义为"自然会话中在修辞意图的驱动下,由于认知心理机制和语言机制的综合作用,某些表现出高频复现、脱口而出、黏附性等特点并在语义和功能上具有相应特征的话语标记语"②。他以"然后"和"但是"为例,从使用频次、分布、语义、功能等相关参数比较和分析了话语标记语与口头禅的异同,提出口头禅是话语标记语在修辞意图的驱动下进一步虚化的结果。马国彦还认为,从口头禅与话语标记语在语义、功能上的联系可知,两者实际上处

---

① 邱闯仙. 现代汉语插入语研究[D/OL]. 天津:南开大学,2010[2010-05-01]:12. https://kns. cnki. net/kcms/detail/detail. aspx? dbcode=CDFD&dbname=CDFD0911&filename=1011014568. nh&uniplatform = NZKPT&v = B3 _ P9ciAGH17ANcUUHHhCSeoL8 EFubdVmEQqdSfaJshnR19zwu6pRXjabOyE77LM.

② 马国彦. 话语标记与口头禅——以"然后"和"但是"为例[J]. 语言教学与研究,2010(4).

在一个连续体内,只是虚化程度不同而已。口头禅可以被看作话语标记的一种特殊实现形式。这类由话语标记虚化而来的口头禅被厉杰(2011)称为"语法化口头禅",它们可在单个言语行为中多次出现,在话语中具有较强的黏着性并起到一定的语篇功能。

不过,并不是所有的口头禅都是由话语标记进一步虚化而来的。有一些口头禅,它们具有流行语的特点,在使用过程中受社会环境的影响而经历了意义或功能从语义领域向语用功能变化的过程,语用化特征比较明显,被厉杰(2011)称为"语用化口头禅"。比如根据腾讯网报道,由 180 万网友票选出的"2012 年十大口头禅"分别为"随便"(30.4%)、"不知道"(19.3%)、脏话一类(17.6%)、"神经病、有病啊"(16.1%)、"不是吧、真的假的"(11.9%)、"我晕"(11.3%)、"郁闷"(7.4%)、"无聊"(7.2%)、"挺好的"(5.9%)和"没意思"(4.2%)。这些被广大网友频繁使用的口头禅,是说话者在某一较长的时期内为了表达某种交际意图而使用的语言形式,涉及意义从语义到语用的转移(厉杰,2011)。它们没有引导功能,不是交际双方元认知交互的语言体现,不符合我们对话语标记的认识,更不是由话语标记进一步虚化而来。语用化口头禅在一定时期内的多个言语行为过程中可多次重复使用,较多地起到概念作用。

由此可见,口头禅和话语标记是一种交叉关系。语法化口头禅具有一定的篇章功能,可以充当话语标记;语用化口头禅仍具有概念意义,无引导功能,不能充当话语标记。

3.3.3 话语标记与连词

连词是指起连接作用的,可以连接词与词、短语与短语或句子与句子,表示并列、转折、因果、选择、假设、让步、承接、比较等关系的词语。在复句中,连词既可用于正句,也可用于副句。传统语法上,一般把连词视为表达句子或小句之间时间关系或逻辑语义关系等真值语义的手段。话语标记和连词都具有连接语篇、使话语连贯的作用。对于两者的关系,学界的看法并不统一。

第一种看法认为连词可以充当话语标记,因为话语标记能表示话语之间的递进、因果、转折、让步等逻辑关系。持这种观点的有王正元(2006),邢欣、白水振(2008),邱闯仙(2010)等。

第二种看法认为连词不能充当话语标记。因为"从所涉及的对象上来看,话语标记语涉及的是话语表述的过程与表述的形式结果,或者是一言说者对命题内容的态度评价等",而连词"针对的是话语的命题内容之间的关系"①。话语标记处于元话语层面,和基本话语处于不同的层面;连词"贯穿在其衔接对象的线性延展过程之中"②,两者处在同一层面上。因此,话语标记的缺失不影响句子的概念意义,但表示逻辑关系的连词一旦缺失,句子的概念意义就会受到影响。

刘大为(2008)同样认为连词不同于话语标记。他把复句中的连词称为"逻辑衔接语",并对其与话语标记的关系进行了阐述③:

> 话语标记语属于元话语,……。相反逻辑衔接语反映的却是话语单位中所说及内容之间的关系,或者说就是命题之间的关系,像因果关系、转折关系、并列关系、递进关系、时间和空间上的顺序关系等,显示这些关系的词语即逻辑衔接语,例如"所以""但是""还""接着""又"等,经常还会成对出现。当然这些衔接语中也可能渗透着话语主体的主观态度和认识,有时还表现得非常强烈,例如"反而""甚至"等。但是这种主观因素并没有取得独立的词汇表现,这正是逻辑衔接语和话语标记语的根本区别之一。

第三种看法认为连词是否能充当话语标记,要看其在句子中是否表示真值语义。方梅(2000)在考察自然口语中的连词时发现,部分弱化连词不再表示真值语义,不能和语义上相对应的连词搭配使用,具有话语标记的功能。比如"所以",作为连词时在因果关系的语句中表示结论或结果,但在下面的话语中,它并不表示这两种语义:

> (17)呃=做饭呢也有意思。城市里就生炉子了,有煤球儿炉子,也有砌的,就是拿砖砌的炉子。呃=现在用煤气的越来越多。在农村呢,它也是,有一个灶。这个灶呢和炕是一回事儿,是通着的。有的地方它是在炕前面修一个…修一个台儿,这=灶口儿和炕面儿一样高,呃=然后那个烟道呢就在这个炕里面,来回转几个弯儿,从房子后面出去。所

① 杨彬. 话题链语篇构建机制的多角度研究[D/OL]. 上海:复旦大学,2009[2009-04-17]:22. https://kns. cnki. net/kcms/detail/detail. aspx? dbcode = CDFD&dbname = CDFD0911&filename = 2009182266. nh&uniplatform = NZKPT&v = S-x _ r8YIE-KQHCX9I-9Vyr1EfJ21XvIaB0mGtT75G37IH1vAOHgNlFwQ3JVW5Ivq.

② 同上。

③ 刘大为. 自然语言中的链接结构及其修辞动因[A]//复旦大学中文系,等. 首届望道修辞学论坛论文[C]. 上海:复旦大学出版社,2008:11-23.

以₁，冬天农民的房子里都没有特别的取暖的，那个…专门用来取暖烧点儿火啊，他们靠做饭用的这点儿余热。所以₂他这个燃料太少，每一点儿都充分利用，不能浪费。他做＝做了饭以后烟在炕里绕半天，都快凉了才出屋子。

方梅认为，"所以₁"和"所以₂"仅用作话语的衔接与连贯，并不表示逻辑语义关系、事件关系和时间顺序关系等真值语义关系，它们可被视为话语标记。

许家金在谈到"然后"一词时指出，话语标记"然后"的语义信息还有所保留，在实际话语中多数情况下仍然是用作表示时间或者逻辑前后的连词。他认为，"然后"表示逻辑推理关系上的先后关系，还不能算作真正意义上的话语标记用法，但可将其视为话语标记"然后"演进过程中的一个过渡阶段和一个不可缺失的环节。"'然后'尚没有成为一种'全职'的话语标记。"①

姚双云（2015）发现，部分连词在会话中具有话题组织功能和话轮构建功能，出现了连词的浮现用法。这是发话人反复运用、主动调适的互动性产物。一般来说，"连词的使用频率增高，语篇互动性增强、情景化提高，使用频率减低，语篇互动性减弱、情景化降低"。

我们也认为，连词在话语中充当话语标记还处在一种动态的过渡阶段，连词完全弱化为话语标记具有引导功能的情况只占其用法的小部分。事实上，特别是在书面语中，它们更多的是表达真值语义。根据我们对话语标记特征的描写，话语标记经常出现在句首，所以当一个本应出现在复句中间位置的连词，出现在句首并且没有和与它语义上相对应的连词搭配使用时，我们可将其视为一种处于过渡阶段的话语标记用法。如：

> （18）有的人觉得如果你的牛排不是生的，就很老，吃的时候会这样。如果你说你的牛排"三分熟""五分熟"或者"全熟"，"全熟"知道吗？如果你的香蕉是绿色的就没熟。所以₁牛排，很多同学喜欢吃生的。所以₂吃牛排的时候，有很多红色血的，是生的。

这是一位汉语教师在课堂上跟留学生讨论吃西餐时的教学话语。她用到了两个"所以"，其中"所以₁"不表示因果关系，是话题转换标记，是方梅（2000）所说的严格意义上的连词弱化为话语标记。"所以₂"仍表示一定的因果关系，但它处于句首位置，同时也起到了一个拉回话题的作用，我们将

---

① 许家金.汉语自然会话中"然后"的话语功能分析[J].外语研究,2009(2).

其视为"准话语标记"。

　　总之,当连词处于复句中表示逻辑关系时,是小句间语义关系的体现,缺少连词,小句之间的逻辑语义关系会发生改变,此时它不是话语标记。但当一个在复句中成对使用的连词单独使用且处于句首位置,不表示强烈的逻辑语义时,可被称为"准话语标记"。只有当连词在话语中具有开启话题、转换话题等功能时,它才能被视为话语标记。对于很多连词来说,它们处在从连词到准话语标记再到话语标记的过渡阶段,并且它们作为话语标记的使用频率相对来讲是最低的。

3.4　话语标记的分类

　　话语标记的分类,是话语标记研究的重要内容之一,不同的分类标准,体现了不同的理论依据和研究目的。比较不同时期的研究成果后我们发现,对话语标记的分类经历了一个从粗到细、从注重语篇连贯作用到注重语用功能的过程。

　　在国外,Fraser(1996,1999)对话语标记的分类研究较早。他先把话语标记分为"对比性标记语"(contrastive markers)、"阐发性标记语"(elaborative markers)、"推导性标记语"(inferential markers)和"话题变化标记语"(topic change markers)四类,后又将话语标记分成两类:一类用于连接话语内容,包括"对比性标记语"(contrastive markers)、"附加性标记语"(collateral markers)和"推导性标记语"(inferential markers)三小类;另一类用于连接主题,不再细分,如"by the way""incidentally"等。可以看出,Fraser首先是从话语标记的连贯作用出发来进行分类的。

　　在Erman(2001)看来,语用标记语的功能包括三个方面,即语篇功能、交际功能和元语言功能。因此,语用标记语可以相应地分为三类:语篇标记语、交际标记语和元语言标记语。虽然Erman只是结合"you know"来谈分类问题,并不是对全部话语标记的分类,但他的分类法开始注重话语标记的语用功能,成为后人对语用标记语进行分类的基础。

3.4.1　已有的分类

　　对于汉语话语标记的分类,目前的研究并没有得出一个公认的结果。这一方面是因为汉语话语标记研究兴起的时间不算很长,尚有不少问题有待解决;另一方面则是因为汉语话语标记本身的丰富性和发展性,"在某种程度上,汉语话语标记可视为一个开放类"①。现有的研究按照不同的研究目的,选取特定的语料,从各个角度对话语标记进行了分类。

3.4.1.1　根据语用功能进行分类

对话语标记的分类,有不少是从语用功能的角度出发的。

肖亮荣(2004)把语用标记语定义为"话语中那些对理解说话人的语境假设起促进作用的语言表达方式",并将其分为"引导性标记语"(instructional markers)、"推导性标记语"(inferential markers)和"态度标记语"(attitudinal markers)三类。张婉(2005)对收集到的书面语会话语篇进行了分析,得出14类语用标记语。席建国、刘冰(2008)列举了汉语中常见的语用标记语,并将其分为7类。李秀明(2006)研究了汉语元话语标记,指出"元话语标记也是话语标记的一种"。他以Hyland(2004)的分类标准为基础,将汉语学术论著语篇中出现的元话语分为"语篇功能元话语"和"人际功能元话语"两个次类,同时每一次类下面还包括四个小类。孙利萍、方清明(2011)将汉语话语标记分成17类,每一类包括若干个典型例子。殷树林(2012a)在已有研究的基础上,结合其分类原则和研究目的,将话语标记分成三大类:语篇标记、人际标记和互动标记②。

这些研究的分类,存在着一些共同的问题:

(一)有些研究的分类过于简单,只包含了部分话语标记。如按照肖荣亮(2004)的分类原则,话语标记"好"就无法归类,它既不属于引导性标记语,也不属于推导性标记语。席建国、刘冰(2008)的语用标记语,"是指能够体现说话人心理上对客观世界及存在的性质、特征、规律的认知和描述所持的态度、评价、意志,或用以实现以言行事功能的自然语言表达式"③,是对语用标记语的狭义理解,因而研究范围相对较窄,所做的分类自然也不够齐全。孙利萍、方清明(2011)的分类是目前为止从功能角度出发,对话语标记进行的最完整、最齐全的分类,但同样存在着不够齐全的问题,如表示责怪的话语标记"我说什么来着"就很难归入孙、方的分类框架。

(二)有些话语标记的分类存在交叉或归类不准确的现象。如张婉(2005)认为"态度标记语"包括"说真的""说实话""说老实话""不瞒你说"等典型例子,但"评价性标记语"中的"幸运的是""遗憾的是"等,同样表达了说

---

① 殷树林.现代汉语话语标记研究[M].北京:中国社会科学出版社,2012:71.

② 以上研究的具体分类结果,请见附录三。

③ 席建国,陆莺.英汉对比标记语意义研究[J].西安外国语学院学报,2006(4).

话者的态度,因而这两个分类存在着一定的交叉。另外,同样归入"评价性标记语"的"我看""我觉得""我认为"并不能表示说话者具体的态度、情感,只是为了强调下面的话语表达的是发话人的个人看法,以引起受话人的注意,归为"评价性标记语"并不妥当。又如李秀明(2006)将"请注意""亲爱的读者""我们看到""(独白性语篇中的)你""大家知道""毋庸讳言""无须谦言"都归入"交际主体性标记语",但仔细分析后我们会发现,事实上这些实例并不属于同一类别。除了"亲爱的读者"我们认为它不属于话语标记之外,"请注意""大家知道"或是为了表明自己所说话语的重要性,或是为了表明与对方的认知共同点,两者都是希望引起听者的注意,有助于增加交际的互动性。而"毋庸讳言"和"无须谦言",则是为了表明所说话语的确定无疑,表达一种肯定的语气,将它们归入"明确表达标记语"似乎更合适。

(三)所举的例子是否属于话语标记,有待商榷。这一点在上文已经提到过。如李秀明(2006)认为"亲爱的读者"是"交际主体标记语",但我们认为它是称呼语,不属于话语标记。又如席建国、刘冰(2008)所举的典型例子中,"评价性标记语"中的"好在",在语音上没有独立性,我们认为不能视作话语标记。

除了以上三点共同的问题之外,孙利萍、方清明(2011)的分类还存在着扩大话语标记外延之嫌,设立了多余的小类。比如设立了"序数型话语标记",认为"第一……第二……""首先……其次……然后……最后"等应归入此类。按照 Halliday(1973)的观点,语言具有三大功能:概念功能、人际功能和语篇功能,其中概念功能又包括经验(experiential)功能和逻辑(logical)功能两部分,后者"以表现为并列关系和从属关系的线性和循环结构的形式出现"。在我们看来,"第一……第二……""首先……其次……然后……最后"等语言单位,正是表现为并列关系的线性结构,它们体现了话语间自然的逻辑关系。所以,"序数型话语标记"这一小类本身就不成立。

殷树林(2012a)提出了不少新的话语标记类别,如"面子标记""踌躇标记"和"分享标记"等,但由于作者没有举例详说,我们也无从得知这些类别的话语标记具体包括哪些典型例子,是否与其他学者的分类在内容上不同。

从语用功能出发对话语标记进行分类,存在着一些问题。一是语用功能是一个开放的系统,很难说汉语话语标记到底有哪些语用功能。随着语言使用环境的改变,会不断有新的话语标记出现,并可能增加新的类别,这样整个分类系统就会处于不断的变化调整中,而一个处于变动中的系统只能视为一个相对完善的分类系统。二是某些话语标记具备多种功能，很难将其划入某一类别。比如话语标记"好了"，既可以表示话题的总结，如"好了，今天的课就上到这里"，又可以表示话题的转换，如"我这一夜算在所有的夜的里面，还是把它当作各种夜之外的一个夜呢？好了，太阳一出，就是白天"。如果这样的个案多了，就说明分类标准本身存在问题。

不过，现有的分类主要按照话语标记的功能来进行，就说明这样的分类标准具有一定的合理性。话语标记的使用是一种语用现象，它所发挥的功能主要是语用上的。这样的分类结果，有助于我们研究话语标记在语言使用中的作用。

前文已经提过，根据韩礼德的系统功能语法，任何语篇都具有概念功能、语篇功能和人际功能。话语标记不表达所在话语的概念意义，因而只具有语篇功能和人际功能。Jucker 等人在《语用标记语和社会语言学变异》中提出，话语标记具有"主观功能""互动功能"和"语篇功能"（冉永平，2003a），李勇忠（2003b）认为话语标记具有"语篇组织功能""人际商讨功能"和"元语言功能"。在我们看来，李勇忠的"人际商讨功能"即为 Jucker 的"互动功能"，李勇忠的"元语言功能"则相当于 Jucker 的"主观功能"。而"主观功能"和"互动功能"都属于人际功能。因此，可以把话语标记从功能上分为语篇功能话语标记和人际功能话语标记，其中"人际功能话语标记"又包括"主观态度话语标记"和"交际互动话语标记"两个次类，每一次类又包含若干个具体的小类。小类的分类我们以孙利萍、方清明（2011）的分类标准为基础，略有调整。

（一）语篇功能话语标记

（1）说明来源型话语标记；（2）总结型话语标记；（3）列举型话语标记；（4）话题组织型话语标记（转换话题型话语标记、话题跟进型话语标记、插说补充型话语标记）；（5）对比型话语标记；（6）时间型连接话语标记；（7）结论型话语标记；（8）澄清事实型话语标记；（9）递进型话语标记；（10）让步型话语标记；（11）其他小类的话语标记。

（二）人际功能话语标记

A. 主观态度话语标记

（12）评价型话语标记；（13）果决型话语标记；（14）断言型话语标记；（15）无条件话语标记；（16）言说型话语标记（坦言型话语标记、深究型话语标记、常理型话语标记、不确定型话语标记）；（17）肯定/否定型话语标记；（18）让步型话语标记；（19）其他小类的话语标记。

B. 交际互动话语标记

(20)阐发型话语标记(主位型话语标记、客位型话语标记、他位型话语标记);(21)祈使型话语标记;(22)其他小类的话语标记。

3.4.1.2　根据构成成分进行分类

杨彬(2009)从语料出发,根据元话语标记语的形式,将其分为词语形式的元话语标记、小句形式的元话语标记和句子形式的元话语标记三种。其中小句形式的元话语标记根据其在话题链的启动、推进、延展、修正、结束等环节中所发挥的作用,又可以分为五小类:

(1)标示话题链的启动,如"我想""你看""说到""据说"等。

(2)标示话题链的推进,如"由此看来""顺便说起""除此之外""更有甚者"等。

(3)标示话题链的延展,如列举性标记语"比如说""以……为例"等,换言性标记语"换句话说""总而言之"等,比况性标记语如"打个比方说""像……一样"等,信源性标记语如"有人说""据……记载"等,阐释性标记语如"问题在于""原因恐怕是"等。

(4)标示话题链的修正,如"说实话""实际上""扯远了""还是说"等。

(5)标示话题链的结束,如"该结束了""就此打住""就此住笔""还应该说两句结尾的话"等①。

还有孙利萍(2012)根据言说类话语标记的构成成分,将其分为四个小类:

(1)词:如"说不定""按说""别说"等。

(2)短语:如"你说""我说""说白了""说开了""说不好""说到底"等。

(3)框填格式:如"不是我 V$_{言说}$(你)""X 说""说不 X""说 X 了""据 X 称"等。

(4)完整小句:如"我给你说""你听我说""我告诉你""话是这么说""话又说回来""长话短说""你还别说"等。

从表现形式对话语标记进行分类,实则是把话语标记看作是某种普通的语言成分,认为它相当于词、短语、短语结构或小句。这样的认识容易导致把话语标记的习得看作是增加语言表达手段的丰富性,无法体会到它对

---

① 对杨彬所说"小句形式的元话语标记"中的个别例子,我们持不同意见。如"那就改说明白的"和"还应该说两句结尾的话",在我们看来,是"元话语"而非"元话语标记"。至于"句子形式的元话语标记语",更与其"固化"特征相矛盾,非本书所研究的话语标记。

提高学习者元话语能力的重要性。同时,词语形式的话语标记,有可能来源于短语、小句甚至跨层结构,仅以当前的形式对话语标记进行分类,无法体现其语法化过程。

3.4.1.3　根据分布位置进行分类

于国栋、吴亚欣(2003)将话语标记语划分为"承上型话语标记语""当前型话语标记语"和"启下型话语标记语"三类。杨一飞(2011)根据话语标记语与前后语句的关系,将话语标记语分为"前倾型""双边型"和"后倾型"三种。孙利萍、方清明(2011)还认为根据话语标记在话轮中出现位置的不同,可以分为"前置话语标记""句间话语标记"和"后置话语标记"三类。不过典型的汉语话语标记多位于(小)句首,"不在句首是一种特殊情形"①,所以仅从话语标记在话轮中间的位置进行分类意义不大。

但是孙利萍、方清明(2011)的研究给了我们不少启示,我们不但可以在某一话轮内部考察话语标记的使用,还可以考察其跨话轮使用的情况。这一点的具体分析请见第四章。

3.4.1.4　从其他角度进行的分类

邢欣、白水振(2008)从语篇衔接的角度出发,按照衔接语在语篇中连接功能的强弱,将其分为"话语标记衔接语"和"语用标记衔接语"两大类。邢、白两位的"连接功能的强弱",其实就是指连接语具有语篇功能还是具有人际功能。"话语标记衔接语"即为语篇功能话语标记,"语用标记衔接语"即为人际功能标记语。但是从每一小类的次小类来看,邢、白的分类标准并不统一,如"信息量弱的衔接语"中,前两小次类"动作动词虚化的短语"和"一些动词或凝固短语"是以语言单位的来源命名的,而第三次小类"一些表示肯定或否定的应答词语"却是以其语用功能命名的。又如"信息量强的衔接语"中,第三次小类"全句修饰语"是以其语法功能命名,与前两次小类"连词""关联副词"以词性命名又不统一。况且,"就""才"无法单独使用,而"在党的领导下"又带有一定的概念意义,均无法视为话语标记。这也说明了邢、白的分类存在问题。

刘丽艳(2005)根据话语标记是从其他词类中虚化而来的还是本身就充当话语标记的不同,将话语标记分为"非词汇形式话语标记"和"词汇形式话语标记"。前者不是从其他词类系统中虚化而来的,其形式固定用来充当话

---

① 李心释,姜永琢.对话语标记的重新认知[J].汉语学习,2008(6).

语标记,如"喂""嗨""哎""啊""嗯"等,后者是从其他词类形式中虚化而来的,如"我说""这个""那个""就是说""然后""是不是"等。刘所说的"非词汇形式话语标记",在我们看来都没有引导功能,不能视为话语标记。同时,刘没有说明"其他词类"具体是指哪些词类,她的典型例子包括感叹词、代词、连词、小句及其他结构等。那么,是否还存在其他的词类呢? 比如"完了"作为话语标记,是由动词短语虚化后形成的,是否可以说动词也属于话语标记的来源词类呢?

谢世坚(2009)认为汉语话语标记来源于感叹词、连词、副词、形容词、动词、指示代词、短语和小句。由此,话语标记语可划分为感叹词话语标记语等8种。谢的分类虽然指出了话语标记的来源,但是对来源的分类也存在着一定的问题。首先,现有的话语标记是否只来源于这些词类? 作为一个开放的系统,新的话语标记将不断涌现,新的话语标记是否可能来自其他词类? 其次,词和短语、小句属于不同的语法结构,将其放在同一个层面上也不够妥当。短语和小句,根据其内部结构也可分作不同的类别,如话语标记"是不是"是谓词性短语,"实际上"是副词性短语,却都归入"短语"一栏,分类不够精确。

阚明刚、侯敏(2013)根据语体的不同,将话语标记分为口语体话语标记和书面语体话语标记两类。统计结果表明,两种语体用话语标记集合间不是包含关系而是交叉关系,有一些话语标记为口语体或书面语体专用,另一些话语标记则是两种语体共用,大部分书面语体话语标记可在口语体中使用。

潘先军(2020)基于人类学视角,把对外汉语教学过程中的话语标记划分为"低主观性类""中主观性类""次高主观性类"和"高主观性类"等四种类型,并认为话语标记的主观性越强习得难度也越大。这是从应用角度对话语标记进行分类,具有一定的可操作性,可惜的是文中并无具体说明每一等级具体包括哪些话语标记。

总的来说,目前汉语话语标记的分类多从本体研究出发,且以功能标准为主,但由于"话语标记语是一个模糊集合,尚无法确定其具体的成员数量"[①],因此无法穷尽其分类和成员。同时,话语标记具有一定的多功能性,

---

① Jucker, Andreas H. & Ziv Yael. "Discourse Markers: Introduction". In Eds. Jucker, Andreas H. & Ziv Yael. *Discourse Markers: Descriptions and Theory*. Amsterdam & Philadelphia: John Benjamins, 1998: 1-12.

某些功能还具有多层次性,容易导致话语标记分类结果的交叉和遗漏。

二语语用能力的习得包括正确得体地理解和使用第二语言。在我们看来,从使用的角度出发,根据留学生的口语或书面语语料,对其所用的话语标记进行功能分类,能够归纳总结出留学生常用话语标记的种类和特点。但是,如果从理解的角度出发,我们很难仅凭语料就断定哪个功能的话语标记容易被留学生理解,哪个功能的话语标记又难以被理解。除了潘先军(2020)的尝试,我们仍有必要提出一种从学习者认知理解的角度对话语标记进行分类的方法。

3.4.2　本书的分类

话语标记是元话语经过标记化形成的。由于不同的使用频率,不同元话语标记化的进程并不相同,有的元话语标记化程度低,要成为话语标记尚有一定的距离,有的元话语标记化程度高,已经语法化为真正的话语标记,还有的元话语则处于两者的中间状态。正如"语言中词的词汇化程度是不同的"①那样,话语标记的语法化程度也是不同的。

由此,本书可以根据话语标记的语法化程度,将其分为不同的类别。

3.4.2.1　分类标准——语法化程度的高低

同一时期的不同话语标记,其语法化程度的高低,通过话语标记的语义透明度和结构凝固性表现出来。

"所谓语义透明度(semantic transparency)是指合成词的整词语义从其构词语素的语义推知程度,其操作性定义是指各构词语素与整词的语义相关度。"②比如"朋"指"彼此友好的人","友"指"彼此有交情的人",从"朋"和"友"可推断出"朋友"指"交谊深厚的人",语义透明度高。"烧"是一种动作,表示"使东西着火",也可以是一种烹调方法。"卖"也是一种动作,指"拿东西还钱"。但是"烧卖"却不是指两种动作连续发生,而是指一种"烫面薄皮包馅制成的食品",两个构词的语素义与整词的语义没有关系,语义透明度低③。

虽然关于语义透明度的研究主要集中在词汇方面,但可被借鉴用来评

---

① 杨亦鸣,余光武.《汉语词法:语言学和认知的研究》评述[J].当代语言学,2003(1).

② 干红梅.语义透明度对中级汉语阅读中词汇学习的影响[J].语言文字应用,2008(1).

③ 所举例子的释义来自在线新华字典。

判话语标记的语法化程度。话语标记的语义透明度是指某个话语标记的语义是否可以根据其组成部分的语义简单相加得出。假设一个话语标记 DM 由两部分 A 和 B 组成，如果 DM 的语义＝A 的语义＋B 的语义，则其透明度高，如"老实说＝老实＋说""我告诉你＝我＋告诉你"；如果 DM 的语义不能从 A＋B 的字面语义得出，则其透明度低，如"这不≠这＋不""回头≠回＋头"。有些话语标记，其语义初看像是其成分的组合，但实际运用时却并不如此。例如，话语标记"你看"可以用来引起受话人的注意，或表示对受话人意见的征求等，它的语义中"你"的主体性保持不变，但"看"已从动作义虚化为认知义，因而"你看≠你＋看"，"你看"也是语义透明度较低的话语标记。

语义透明度高的话语标记，其语法化程度较低，在从元话语到话语标记的过程中尚处于起步阶段，更靠近元话语一端。语义透明度低的话语标记，语法化程度较高，处在语法化进程将要完成的一端。如"老实说"语法化程度就较低，而"这不"的语法化程度就较高，"你看"的语法化程度处于两者中间，更靠近话语标记这一端。

结构凝固性指话语标记的组成成分之间，句法关系是否清晰，某一成分能否被别的形式所替代却保持话语标记功能不变。比如"老实说"是个状中结构，"老实"修饰"说"，"老实"能被"坦率地"或者"掏心掏肺地"等形式替代，或者"说"可以用"讲"替代，组成新的话语标记，但功能保持不变，都表示发话人诚实、恳切的态度。而"这不"很难分析"这"和"不"之间的句法关系，不能用"那"代替"这"，构成话语标记"＊那不"，也不能用"否"代替"不"，构成话语标记"＊这否"等。

结构凝固型弱的话语标记，成分之间的句法关系清楚明确，语法化程度较低。结构凝固性强的话语标记，成分之间很难拆分并判断句法关系，语法化程度较高。"老实说"的语法化程度较低，"这不"的语法化程度较高，"你看"虽可以拆分为"你"加"看"，但"看"不表示动作义，不能说两者是主谓关系，因而它的语法化程度位于"老实说"和"这不"的中间，更接近"这不"的语法化程度。

总之，语法化程度低的话语标记，其语义透明度高，结构松散凝固性弱；语法化程度高的话语标记，其语义透明度低，结构紧凑凝固性强。

3.4.2.2　分类结果：明示型话语标记和默会型话语标记

根据语法化程度的高低，本书将话语标记分为明示型和默会型两类。

见表 3-2。

表 3-2 本书的话语标记分类表

话语标记分类	语法化程度	语义透明度	结构凝固性	典型实例
明示型	低	高	弱	听说,然后, 比如说,好,
默会型	高	低	强	这不,回头, 你知道,这样吧

明示型话语标记的语法化程度低,语义透明度高,结构松散凝固性弱。它由短语或小句语法化而来,表现为词、短语或小句。学习者可以根据其组成部分的语义,推导出整个话语标记的语义,进而根据字面意义推导出其语用功能。比如"总而言之"作为话语标记,其语义即为"总+言+之"的组合,意为"总的来说一件事情",表示对某个话题的总结。这类话语标记理解难度较小,数量较多,如"然后""老实说""是不是""个人认为""我告诉你"等。

默会型话语标记的语法化程度高,语义透明度低,结构紧凑凝固性强。其语义是各成分通过隐喻、转喻等手段加以引申之后的有机融合,表达的是相对完整的意义或概念,其语用功能需要结合具体的语境才能确定。因此,它的字面意义与功能不相符。如"谁知道"作为话语标记,其语义不是简单的"谁+知道",并不是通过提问来了解有谁知道或清楚某个事件,而是表示一种出乎意料的语气,表明接下来发生的事情是没有预料到的。"谁知道"的语法化程度比"老实说"要高。这类话语标记数量较少,但理解难度较大,主要表现为短语和小句,如"这不""可不""这样吧""谁知道"等。

按照本书的理解,明示型和默会型话语标记的习得难度不同,其理解和使用体现了留学生不同程度的元话语能力。关于这一点,详见第五章第三小节。

3.5 本章小结

本章对话语标记的名称、范围、特征和分类等进行了研究。

已有研究对"什么是话语标记""话语标记包括哪些成分"等问题并无统一认识,这是由于缺乏对话语标记本质属性的认识而造成的。本章首先从话语标记具有程序功能这一基本特征出发,将话语中具有程序功能,能引导对方更好地理解话语的、形式短小结构相对固定的、能体现主体元话语能力的语言形式看作是话语标记。这样,就从功能上将话语标记与语用标记区别开来,从形式上将话语标记与元话语区别开来。

同时,根据"话语标记是经过语法化的元话语,具有引导功能"这一认识,本章从语音、句法、形式、语义、语用等方面入手,描述了话语标记的特征,并给出了我们对话语标记的定义:由具有引导作用的元话语经过标记化而产生,具有句法独立性,其后可有语音停顿,表达程序功能的语言形式。可表现为词、短语或小句,可出现在口头语言或书面语言中。

接着,本章将话语标记与插入语、口头禅和连词进行了区分,突出强调了话语标记具有语篇功能和人际功能,能引导受话人对话语的理解。

最后,在评析话语标记已有分类结果的优劣之后,将话语标记按语法化程度分成明示型和默会型两类,并阐述了它们在语义透明度和结构凝固性上的区别。这种分类法的优势在于,将话语标记的形成过程和分类相结合,并能为教学提供一定的参考。

总之,本章解决了"什么是话语标记""如何判断一个语言形式是否为话语标记"和"话语标记包括哪些类别"等问题,对话语标记有了更深入的认识。

第四章　元话语能力的体现：
话语标记程序功能的实施

　　Schiffrin(1987)指出，话语标记语具有指向功能(indexical functions)，能为其所在语句提供"语境坐标"(contextual coordinates)，指明该语句在连贯模式的一个(或几个)层面起作用。她认为话语标记可以指向发话人或受话人，或者同时指向双方。比如"oh"表示发话人意识到了或接受了某个信息，因而指向发话人；"well"常被受话人用来接续发话人的话轮，且所表达的信息与发话人的预期相反，因而它同时指向发话人和受话人。话语标记也可以指向话语，包括指向其之前的话语，或者同时还指向其之后的话语。比如"oh"指向其前面的话语，而"well"同时指向其前面和后面的话语。Schiffrin认为，话语是在话语标记形成的语境坐标中生成和理解的，它在话语中的作用是综合性的，且通过这种作用促进话语的连贯。

　　虽然我们对话语标记的认识与Schiffrin的不尽相同(如Schiffrin认为because是话语标记，可以指向说话者，也可以指向前后话语，而我们认为"因为"作为关联词不能被视为话语标记)，但我们承认话语标记具有指向功能。Schiffrin所说的"指向功能"，其实就是"引导功能"。从发话人的角度来说，通过话语标记的使用，他能更好地组织语篇和表达情感态度，引导受话人对话语进行理解。从受话人的角度来说，他能通过判断话语标记的辖域、分析辖域之间的语义关系等来更好地理解发话人的话语意图。

　　篇章语言学用"管界"一词来指"某个管领词如动词、各种修饰语所支配、修饰或统领的范围"①。话语标记不同于管领词,但它也有自己的管辖范围,我们用"辖域"(scope)一词来指称某个话语标记能够发挥引导功能的范围,即它"前指和后指的范围"②。话语标记的辖域可长可短,可以是一个词或短语,也可以是一个小句或语段,甚至可以是一个语篇。

话语标记辖域的数量、方向、语义指向、分布情况等会影响到受话人对辖域的判断和辖域间语义关系的分析,同时反映了说话人对话语结构的组织安排和交际双方"情感共鸣"的期待,即其元话语能力。本章我们先具体分析话语标记及其辖域的各种情况,再举例说明受话人是如何利用话语标记来帮助理解话语的。

4.1　辖域的数量和方向

汉语话语标记的辖域从数量上来说,有一个、两个或多个之分,从方向上来说有单向和双向之分。其中拥有两个辖域的话语标记较多,拥有多个辖域的话语标记较少。下面具体介绍和分析。

4.1.1　单向辖域话语标记

只有一个辖域的话语标记,其辖域的方向是唯一的,可称为"单向辖域话语标记"。根据辖域位置的不同,这类话语标记又可以分为辖域在前或在后两小类。

4.1.1.1　辖域在后的单向辖域话语标记

在汉语里,大部分单向辖域话语标记都位于其辖域之前,也就是说辖域在话语标记之后。此类话语标记,因其无须管辖前面的话语单位,可位于句首或语段的起始位置。汉语单向辖域话语标记主要用来介绍信息的来源,表达发话人的情感态度或引起受话人的注意等。

我们可将其语篇结构表示为:

DM——[辖域]

(1)他对干部说:"我最近看过不少地方,有的讲亩产几千斤,上万

---

　　①　廖秋忠.篇章中的管界问题[A]//廖秋忠《廖秋忠文集》[C].北京:北京语言学院出版社,1992:92.

　　②　孙利萍.论汉语言说类话语标记的基本特征[J].暨南学报(哲学社会科学版),2012(4).

斤,吹得很厉害。**老实说**,[我是有怀疑的]。我们当干部的,办事一定要实事求是,不能搞浮夸。"①(CCL,1994年报刊精选)

(2)**在我看来**,[性别的异同问题其实可以按照一个简单的原则来处理:争取两性政治权利上的平等,但是承认并保持其他方面的差异]。(李银河《女性主义理论》)

(3)"启威,**你听我说**,[我一个单身女子,周围那么多男人纠缠,我总得找一个保护人……]"(王素萍《她还没叫江青的时候》)

例(1)中,"老实说"的辖域为"我是有怀疑的",后面的"我们当干部的,办事一定要实事求是,不能搞浮夸"不在其管辖范围之内。例(2)中,"在我看来"后面的话语都是它的辖域,后半部分"争取两性政治权利上的平等,但是承认并保持其他方面的差异"是对前半部分"性别的异同问题其实可以按照一个简单的原则来处理"的解释说明,这种功能通过冒号的使用而体现出来。例(3)中"你听我说"后面的话语都是它的辖域。通过话语标记的使用,发话人暗示受话人后面的话语比较特别或重要,从而引起受话人的注意,使他对后面的话语产生一定的兴趣。

当然,单向辖域话语标记也可以出现在句子中间,但它管辖的仍只是其后一部分话语。如:

(4)还是先从我所热爱的那个地方剧种说起吧。我们那儿的地方戏,唱腔纯美悠扬,**在我看来**,[是堪与黄梅戏一争高低的地方剧种],可惜由于时代的飞速发展,如今在那些看惯好莱坞大片的年轻人眼里,它简直就成了丑陋不堪的怪物。(卞庆奎《中国北漂艺人生存实录》)

(5)我在大学时不是学地理的,但是我对地理这一门学科却有着浓厚的兴趣;这兴趣得自读高中教地理的一位留美博士,那时用的课本是商务印书馆出版的英文本《世界新地理》。这位可尊敬的博士给我留下深刻印记的,**坦率地说**,[不是地理知识,而是正义感和爱国心];……(CCL,《读书》)

除了上面提到的例子外,辖域在后的单向辖域外语标记还有很多,如"你看""你想""看起来""老实说""据报道""依我之见"等。

这一类话语标记和辖域之间的关系简单,顺序符合人类思维的线性序列特征,对受话人来说,判断其辖域的难度在全部话语标记中最低。

---

① 在本书中,话语标记以加粗加下画线的方式表示,其辖域用中括号[ ]标示。

4.1.1.2　辖域在前的单向辖域话语标记

有一些话语标记缺乏与其后话语的联系,无法位于句首,但可位于句中或句末。它们的管辖范围在其之前,与后面的话语不存在语义上的管辖关系。此类话语标记就是"辖域在前的单向辖域话语标记",语篇结构可表示为:

$$[辖域]——DM$$

北京口语中的"是吧",不能出现在句首,但可出现在句中或句尾部分,属于典型的"辖域在前的单向辖域话语标记"。

(6)现在北京的物价呀来说呀,因为一开放以后,是吧$_1$,个体户儿相当多。从个体户来说啊,[他这个卖的价钱就是没边儿了],是吧$_2$,[他随便卖],是吧$_3$。而像咱们集体这儿来说吧,尤其现在,对于物价掌握很严格。比如进货渠道,是吧$_4$,[也不能随便进],是吧$_5$,得有正式发货票。①

在例(6)中一共有 5 个"是吧",其中"是吧$_{1,4}$"是说话人说话过程中思维暂停的反映,不能视为话语标记;"是吧$_{2,3,5}$"是说话人的自问或自我确认,用来取得受话人对自己话语的认同,可视为话语标记。它们的辖域都是前面的话语,比如"是吧$_3$"位于句末,其辖域为前面的话语"他随便卖"。

另外还有一个港台普通话中较为常见的用于表示话轮结束的话语标记"这样子",一般也不用于句首,只用于句末,其辖域也是单向并在前的。如:

(7)鲁豫:来找到你的第一份工作,哪怕是个最小最小的角色,是什么?

刘德华:[在训练班我演过很多,第一个,我记得第一个,他只是在一部电影里面,一大批人里面的其中一个。他是黄日华的弟弟,在里面它需要一班学生,他是一个革命的学生,一班,那我就是其中一个],这样子。

鲁豫:没有台词吧?

刘德华:有,站起来唱歌。(凤凰卫视《鲁豫有约·刘德华——收获与欢笑》)

---

① 此例来自李先菊.北京话话语标记"是不是"/"是吧"探析[J].语言教学与研究,2009(2).

例(7)中刘德华用"这样子"回指在训练班中发生的事情,确认这就是鲁豫所说的"来找到你的第一份工作",并提示鲁豫自己的话轮到此结束,以便实现话轮的转交。

最早作为网络用语出现的"你懂的"也是一个典型的辖域在前的单向辖域话语标记。"你懂的"作为话语标记,并不明确说明"你懂的"具体内容,而是提醒"你""懂得它们",并将"它们"激活在"你"的理解中,从而实现信息传递的目的(王丹荣,2011)。"你懂的"总是出现在话语的结尾部分,其前有标点符号与辖域隔开。如:

(8)吕新华:……我们严肃查处一些干部,包括高级干部严重违法违纪的问题,向全党全社会表明,我们所说的不论是什么人不论其职位有多高,只要是触犯了党纪国法,都要受到严肃的追查和严厉的惩处,绝不是一句空话。我只能回答成这样了,你懂的。(2014年政协发言人吕新华答记者问)

辖域在前的单向辖域话语标记,虽然辖域出现在话语标记之前,当受话人注意到话语标记时,需要向前回溯其辖域范围,相比于辖域在后的单向辖域话语标记需要耗费更多的认知资源。但因其辖域只有一个,所以受话人向前回溯并判断辖域部分,总体而言难度并不算大。

4.1.1.3　辖域在前或在后均可的单向辖域话语标记

汉语中有一部分单向辖域话语标记,其位置灵活多变,既可位于句首或句中,也可位于句末,因而其辖域在前或在后均可。

(9)"不仅是不满意",徐先生说,"而且是觉着上了大当。你想,[一年就这么几天假,却惹了一肚子气]。"(BBC语料库)

(10)"凭这,不光拘你,说不定还判上几年,你想,[这能开口吗?]"(《作家文摘》,1993)①

(11)白书记用聪明的、感激的目光看了他一下,可是还是坚持说:"还是复查一下吧,[领导交代了,置之不理不好],你想。"(邹志安《哦,小公马》)

话语标记"你想"可出现在句子的不同位置上。在例(9)—(11)中,它分

---

① 此例来自张德岁. 话语标记"你想"的成因及其语用修辞功能[J]. 安徽大学学报(哲学社会科学版),2009(5).

别出现于句首、句中和句末,辖域也分别位于其前或其后。可见"你想"既可是"辖域在前的单向辖域话语标记",也可是"辖域在后的单向辖域话语标记"。

同样,话语标记"好了"也可以出现在句首、句中或句末,既可以表示话题的转换,也可以表示话题的结束。当它表示话题的结束时,可以位于句首,如"好了,今天就谈这些",此时它的辖域在后。但当它位于句末时,其辖域就是在前的,如:

> (12)《红楼梦》,一部小说。宝黛爱情悲剧,大家为林黛玉哭鼻子,张爱玲是个女的,她所以大概是喜欢这个讲爱情的故事。是为这个咱们今天来到这里吗? 我想不是,绝对的不是! ［我们第一要把这点弄清楚］,好了。(《百家讲坛》周汝昌评《红楼梦魇》)

在例(12)中,周汝昌先生认为讲座不是为了弄清楚张爱玲为什么喜欢《红楼梦》而是关乎中华文化问题,当他把这一要点说清楚之后,他用"好了"表示这一话题的结束。在这里,"好了"的辖域是单向且在前的。但是"好了"的辖域在其之前属于非典型用法,我们在北大 CCL 语料中只发现了3 例。

事实上,辖域在前或在后均可的单向辖域话语标记,在实际使用中辖域在后的情况更多,这与人类思维的线性序列特征有关。与辖域在前相比,辖域在后需要耗费的认知努力较少。

由于单向辖域话语标记只跟其所在话语的某一个部分有关,因而无法起到连接语篇的作用。这时候话语的连贯不再依靠话语标记,而是其他诸如代词等手段,如例(1)中前后两个小句通过同一个主语"我"衔接起来。特别是辖域在前的话语标记往往位于句末位置,不起话语连贯作用的特征更加明显。但是单向辖域话语标记可以表达说话人的态度情感,因而具有人际功能。

4.1.2　双向双个辖域话语标记

更多的汉语话语标记其前后方向各有一个辖域,为双向双个辖域的话语标记。我们将其前面的辖域称为"辖域一",后面的辖域称为"辖域二"。根据辖域一、二之间语义的重要程度,这类话语标记又可以分为平等型、前倾型和后倾型三种。

4.1.2.1　平等型双向辖域话语标记

此类话语标记包含前后两个方向的辖域,且它们在语义上不存在孰轻孰重的问题,地位是平等的。也正因为如此,辖域一和辖域二的语义联系较为紧密,甚至可以说是缺一不可,"前后被管辖的话语单位缺少任何一个,都会导致这些标记语的不可使用"①。但由于篇首位置无法提供一个向前的被管辖的话语单位,因此平等型双向辖域话语标记不能出现在话语开头,只能出现在话语中间,连接两个地位平等的话语单位。这类话语标记的语篇结构可表示为:

$$[辖域一]——DM——[辖域二]$$

这一类话语标记包括"也就是说""这么说来""简而言之""确切地说""总的来说""打个比方说""顺便说起"等。

(13)[随市委托即委托人在委托证券商代理买卖股票的价格条件中,明确其买卖可随行就市]。<u>也就是说</u>,[证券商在受理随市委托的交易中,可以根据市场价格的变动决定股票的买入或卖出,即最高时卖出,最低时买入]。(CCL,《股市基本分析知识》)

(14)[在通常的大多数情况下,天然的磁能携带者磁体是不释放出磁能的]。<u>准确地说</u>,[磁体在未受到外磁力的强烈作用时具有相对稳定的保存着所存贮的磁能的特点,其自然的磁能释放速率很小,以至于往往为人们所忽略]。(CCL,《21世纪的牛顿力学》)

在例(13)中,话语标记"也就是说"表明,其后面的辖域二"证券商在受理随市委托的交易中,可以根据市场价格的变动决定股票的买入或卖出,即最高时卖出,最低时买入"是对其前面的辖域一"随市委托即委托人在委托证券商代理买卖股票的价格条件中,明确其买卖可随行就市"的解释,两者都是在说明"什么是随市委托",结构上没有轻重或主次之分。例(14)中的"确切地说"则表明,其辖域一"在通常的大多数情况下,天然的磁能携带者磁体是不释放出磁能的"的表述不够准确,辖域二部分"磁体在未受到外磁力的强烈作用时具有相对稳定的保存着所存贮的磁能的特点,其自然的磁能释放速率很小,以至于往往为人们所忽略"是对辖域一部分更确切、更精确的表达,两者在地位上同样不分伯仲。

---

① 刘大为. 自然语言中的链接结构及其修辞动因[A]//复旦大学中文系,等. 首届望道修辞论坛论文集[C]. 上海:复旦大学出版社,2008:11-23.

4.1.2.2　前倾型双向辖域话语标记

此类话语标记的两个辖域从语义的轻重来看，前面的辖域一比后面的辖域二更重要，辖域二往往只是对辖域一的补充、证明等。这类话语标记的语篇结构可表示为：

$$[辖域一]——DM——[辖域二]$$
$$补充、证明等$$

这一类话语标记从数量上来说比较少，下面例(15)中的"再说"就是典型的一个。

(15)谁知，他们看了看我的毕业证书及求职简历后，竟然想也不想就对我说："[我们公司的舞美一般都是'中戏'毕业的，你念的学校和你们的那个剧种我们听都没听过]。再说，[我们现在也不缺人！]"(卞庆奎《中国北漂艺人生存实录》)

在此例中，"他们"拒绝"我"的主要原因是"再说"的辖域一"我们公司的舞美一般都是'中戏'毕业的，你念的学校和你们的那个剧种我们听都没听过"，这是第一位的；而辖域二"我们现在也不缺人"是第二位的，是在前一个原因基础上的追加。发话人通过"再说"将两个轻重不同的原因先后罗列出来。

同样，具有证言功能的话语标记"这不"(胡建峰，2010)也可被视为前倾型双向辖域话语标记，其前后所辖的话语都是关于同一话题或具有相关性的，辖域二用来证明辖域一所说的话语具有真实性。

(16)[老伴生活一向勤俭]。这不，[家中刚腌制了萝卜干，又晒起了蒸咸菜]。(CCL，1995年《人民日报》)

在例(16)中，"这不"的辖域一是发话者的主要观点"老伴生活一向勤俭"。辖域二"家中刚腌制了萝卜干，又晒起了蒸咸菜"是对辖域一所述观点的具体阐述，证明发话者所言非虚。从发话者的交际目的来看，显然辖域一的内容才是其话语的核心部分，辖域二是为证明辖域一的真实性服务的。

4.1.2.3　后倾型双向辖域话语标记

此类话语标记两个辖域之间的语义关系偏向于后者，辖域二的语义对于理解话语更为重要，辖域二与话语标记的联系更为紧密。后倾型双向辖域话语标记的使用条件是：辖域一部分表达不够精练、准确，辖域二部分是对它们的概括总结或进一步的阐发；辖域一部分的话题已经结束，辖域二部分转换话题等。这类话语标记的语篇结构可表示为：

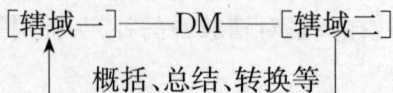

[辖域一]──DM──[辖域二]
概括、总结、转换等

这样的话语标记数量较多，典型的有"进一步说""这么说来""由此看来""更何况""与此相应""话说回来""对了""好"等。

(17)只要人们仍然认为女性的主要工作便是养育小孩，[女性便不会投身政治、科技]。进一步说，[她们便不会怀疑男人的优越性]。(李银河《女性主义》)

(18)"[蒋太太，你失血较多，也得好好调理啊]。对了，[你这两个男孩脚掌纹路蛮稀罕，我接生的小孩不少呢，还没见过这么特别的纹路，将来呀准成大器，托人捎个信给他们的营长爸爸吧。"](胡辛《蒋经国与章亚若之恋》)

例(17)中的"进一步说"表明，其后的辖域二"她们便不会怀疑男人的优越性"比其前的辖域一"女性便不会投身政治、科技"更深刻地指出了"只要人们仍然认为女性的主要工作便是养育小孩"的后果。辖域二所表达的语义从后果的严重性上来讲，要大于辖域一。

例(18)中的"对了"辖域一、二的话题并不相同，辖域一的话题是章亚若产后失血较多需要调理，辖域二的话题是两个孩子脚掌纹路特别将来能成大器。显然，医生的话语重心是从话题一转到话题二，话语标记"对了"正是这种话题转换的手段。

以上三种双向双个辖域话语标记，理解难度所有不同。平等型因其辖域语义之间并无侧重，受话人寻找其辖域后判断两者关系的难度不算大；后倾型的语义重点在辖域二，对受话人来说要抓住语流中新出现的信息并重点对其进行分析虽有难度，但因辖域内容仍处于短时记忆之中，所以难度也较小；前倾型的语义重点在辖域一，受话人在听完整个话语之后，要回溯前面的话语才能寻找到话语标记的辖域，然后再对其进行分析理解，此时他需要将短时记忆中可能已经被新信息覆盖的旧信息重新提取出来，需要花费更多的认知努力。我们认为，这类话语标记的理解难度是双向双个辖域话语标记中最大的。

双向双个辖域话语标记处在前后两个句子或语段之间，提示两者之间的语义关系，能起到衔接连贯的作用，因而具有语篇功能。

4.1.3　双向多个辖域话语标记

双向多个辖域的话语标记有三种情况。

第一种是其辖域的数量必须为三个或更多，否则句子语义不完整[①]。这些辖域的分布呈现出"头轻脚重"的特征，话语标记之前的部分话语是其辖域一，之后的部分话语是其辖域二和辖域三。它们的语篇结构可表示为：

[辖域一]——DM——[辖域二]——[辖域三]

(19)社会主义市场经济的今天，还要不要继续提倡发挥家庭及"贤内助"的作用呢？有人可能认为这样做有点不合时宜，因为在他们看来，[随着社会的发展，家庭观念在人们的心目中越来越淡薄，其作用也将越来越小]$_1$其实未必尽然。<u>不错</u>，[作为生产单位，家庭的分量也许不如过去重了；]$_2$[但是，作为社会的细胞，家庭的作用是多方面的，尤其是在抚养孩子、照顾老人、协助伴侣、稳定社会等方面，其作用更是不可低估]$_3$(CCL，1995 年《人民日报》)

根据胡建峰(2012)的研究，话语标记"不错"具有"类反证"的指示功能，它标示一个论证结构，其前段一般是论题为辖域一，后段是论证且往往包括两个部分：辖域二和辖域三，两个辖域之间存在着转折关系。在例(19)中，"不错"的辖域一是有些人的观点"随着社会的发展，家庭观念在人们的心目中越来越淡薄，其作用也将越来越小"，辖域二是对这种观点合理性的肯定，因为"作为生产单位，家庭的分量不如过去重了"，辖域三在辖域二的基础上对该观点进行了修正，指出"作为社会的细胞，家庭的作用是多方面的，尤其是在抚养孩子、照顾老人、协助伴侣、稳定社会等方面，其作用更是不可低估"。说话者通过"不错"的后两个辖域，先肯定了他人观点的合理性，然后又进行了反驳和修正，从而实现了先肯定后否定的"类反证"功能。如果省略辖域三部分，受话人就会觉得话语还没说完。

第二种情况是话语标记完整的语篇结构应该包括三个辖域，但是在实际使用中，它的辖域二部分可作为"空位辖域"省略，使其成为双向双个辖域话语标记。此类话语标记完整的语篇结构为：

[辖域一]——([辖域二])——DM——[辖域三]

---

① 方便起见，我们挑选三个辖域的话语标记作为双向多个辖域话语标记的代表。

如话语标记"我是说"在完整的独白语篇中其结构应该是[观点 A]——[我不是说观点 B]——我是说——[观点 C],观点 C 是对观点 A 的进一步解释。其中辖域一和辖域三都不能省略,但是辖域二在某些情况下可以省略。

(20)[这群小光眼子将来都干什么去呢? 又跟我的儿子一样,拉洋车?][我倒不是说拉洋车就低贱],我是说[人就不应当拉车]。

(21)[阿眉现在对我不太尊重,总是动手动脚],我是说,[总是揍我]。①

例(20)就是"我是说"完整的语篇形式,而例(21)则是其省略形式。

第三种情况是某个话语标记一般是双向双个辖域的,但偶尔也会出现双向多个辖域的情况。此时辖域二、辖域三……辖域 N 位于话语标记后面的话语中,越是靠后的辖域,与话语标记的距离越远,组合的紧密性也越差,出现的必要性也越低。这类话语标记的语篇结构是:

$$[辖域一]——DM——[辖域二]……[辖域 N](N \geq 3)$$

比如话语标记"也是"在口语中的使用条件是:说话人在言语向前推进的过程中,根据客观的交际环境、对对方的思考及自己的认知状态,意识到自己前述内容不足之处的反应,并引出要补充的相关信息(刘志富,2011)。它的语篇结构是:[某种观点]——也是——[对前面观点的补充和修正]。但我们在北大 CCL 语料库中发现也存在着少量"也是"拥有多个辖域的用法,如:

(22)老人边说边将她拉进了屋,["这些你又是跟你那冒失哥学的]。也是,[为把那些反动崽子早点打光,对!"](冯德英《迎春花》)

(23)金枝叹了口气:"得了得了,算我没眼力见儿。也是,[我拉您评什么理!]……[喝过奶的,就是不一样!"](陈建功、赵大年《皇城根儿》)

(24)可也是,[他是个参议员,不是普通群众]……[好,就少喝点吧!"](冯德英《苦菜花》)

例(22)是"也是"的一般结构,包括前后两个辖域,例(23)中增加了辖域

---

① 此二例来自宗守云.话语标记"我是说"的语篇功能及其演变过程[J].语言研究集刊,2012.

三"喝过奶的,就是不一样"来引出自己让步的理由,例(24)中增加了辖域三"好,就少喝点吧",这是在辖域二基础上推导出来的结论。

虽然"我是说"和"也是"都可以含有三个辖域,但它们并不相同。对于"我是说"来说,辖域三是不可缺少的,否则话语就不完整;但对于"也是"来说,辖域三可以省略而不影响话语的完整性。从完整性来讲,"我是说"的辖域必须包括辖域三,而"也是"的辖域可以在辖域二后结束。

不管哪种情况,拥有多个辖域的话语标记,其语篇结构更复杂,衔接能力更强,语篇功能也更突出。

4.1.4 双向辖域话语标记的特殊情况

按照 Grice(1975)"合作原则"中"量的准则",交际双方应该尽量提供对方所需的信息,使交际顺利进行。关联理论(Sperber & Wilson,1995)也认为,要使明示——推理过程得以进行,发话人应该提供明确的信息。因而从理论上来说,说话人的话语应该是完整详尽的,话语标记前后的辖域应该是齐全的。但是在实际的交际中,偶尔也会出现话语标记必须具有的辖域被省略的情况。

第一种情况是当受话人可以通过现场语境获取信息时,说话人会省略其部分话语,将受话人的注意力直接引介到场景中去。此时,若说话人使用了话语标记,话语标记的辖域就可以是不完整的,其后的辖域可以省略,话语标记直接指示场景。如：

(25)场景:学生宿舍里。

A:还不去扛水,都渴死了。

B:还要你说吗? 这不(指着地上的水桶)①

在例(25)中,按照正常的用法,话语标记"这不"后面应该提供"不用你说"的理由"我已经把水扛回来了",但是 B 没有说出这个理由而是直接用动作代替了话语。这样"这不"的辖域就是不完整的。但由于交际双方处于同一个场景,A 也能理解 B 的话语。

第二种辖域缺失的情况,是由交际双方的地位造成的。在交际中,地位高的人拥有较多的话语权,其话语的篇幅比较长,而地位低的人话语权较少,话语的篇幅也较短。若出现相反的情况,往往是冲突和矛盾发生的场景。话语标记"可不"的完整语篇结构需要发话人在对受话人的观点表示认

---

① 此例来自于宝娟.论话语标记语"这不"、"可不"[J].修辞学习,2009(4).

同后提供理由,但当发话人的地位低于受话人时,认同的态度比理由更重要,此时理由可以省略。如:

> (26)卫东卫彪说:"怎么样老叔,比给人家当副手强吧?"
>
> 赖和尚摸着光头说:"强不强我不是光为自己。还不是考虑到你们不再受气!过去我跟着人家也能吃上'夜草',你们呢?"
>
> 卫东卫彪忙点头称是:"可不,可不!"(刘震云《故乡天下黄花》)

癞和尚年纪比卫东卫彪要大,还是"偏向虎山行战斗队"的队长,卫东卫彪是副队长,癞和尚在职位上也高于后两者。当癞和尚表示成立战斗队主要是为了手下兄弟的利益时,卫东、卫彪就采用了重复"可不"的方式来表示自己的强烈认同,这比完整的结构"可不,我们也比过去过得好多了"感情更热烈,认同的程度更高。

不过,话语标记辖域不完整的情况只是特殊场景下的灵活用法。根据我们对北大 CCL 语料库中话语标记"可不"的检索,98 个结果中只有一例是"可不"后面的辖域不完整的。

4.2　辖域的语义内容

话语标记是发话人为了实现与受话人的元认知交互而使用的,因而任何话语标记都指向受话人。它能引导受话人去注意不同辖域的具体内容:事件或者话语。

4.2.1　辖域的语义内容是场景中的事件

人的社会性决定了语言交际要在一定的语言环境中进行,并在语境中得到理解和解释。Malinowski 于 20 世纪 20 年代第一次提出"语境"这一概念,并将它分为"文化语境"和"情景语境"(王建华,1996)。此后又有很多学者对"语境"的内涵和外延作了各种阐述,如韩彩英(1998)将情景会话中制约语义的语境因素分为"上下文""交际情景""社会背景"和"文化背景"四种,其中交际情景指"情景会话中对纯语言交际起辅助作用甚至替代作用的副语言因素,包括主旨、语气、场合、交际参与者及其非语言行为、有关客体等语境因素"。在某些研究(杨一飞,2011;王琨、胡晓琴,2011)中,交际情景也被称为"现场语境"。

鉴于学术界目前对"语境"这一术语的认知并不一致,我们将言语交际行为发生的语境称为"场景",它包括交际发生的时空背景、交际的主体、交际的话题、交际使用的媒介、交际场合的气氛等具体因素。这些因素综合起来可表现为由某一主体参加的某个事件。不同的话语场景决定了不同的话语交际(邢福义,1991)。

4.2.1.1 事件可有不同时间

在交际中,话语场景中的事件可以是已经是发生的,也可以是当下正在发生的,还可以是假设中的或即将要发生的。当它是过去的事件时,它原本是交际行为的背景,但发话人通过话语标记的使用将其前景化了。所谓前景化,就是"把一个不在当前状态的话题激活,放到当前状态的话题处理过程"①。

(27)"唉,唉,中国人和外国人到底不一样,人家晓卉是见过世面的,我会有什么出息? 每天在家陪女儿练琴,家务都是保姆做的,"炫耀地伸出手,"晓卉,<u>你知道</u>,[那时候,音乐课是我的弱项],做梦也不会想到,三十岁以后会练起钢琴!"这双手丰润得几近肥腻,手背上分布着肉窝,的确是一双享福的手⋯⋯(唐颖《糜烂》)

话语标记"你知道"的辖域是其后的话语"那时候,音乐课是我的弱项",这一信息对当前的会话来说是背景信息。发话人利用"你知道"把这一背景信息拉入交际场景,与现状"三十岁以后练起钢琴"进行对比,增强了两者的矛盾性,突出了说话人的得意之情。

大多数情况下,话语标记的辖域语义是当前场景中的事件。在交际中,当说话人把受话人的注意力转移到当前场景中所发生的事件时,他就能以自身的认知加工活动为认知对象,强调所欲完成的交际任务。如:

(28)老太太坐在小床上。我直用腿顶着床沿,我们的病床都好,就是上了点年纪,爱倒。"怎么上那儿去了呢?"我的嘴不敢闲着,不然,老太太一定会注意到我的腿的。

"别提了! 一提就气我个倒仰——。<u>你看</u>,大夫,[我害的是胃病,他们不给我东西吃!]"老太太的泪直要落下来。"不给您东西吃?"我的眼都瞪圆了。"有胃病不给东西吃?"(老舍《开市大吉》)

例(28)中,"你看"的辖域是后面的话语"我害的是胃病,他们不给我东

---

① 姚双云,姚小鹏. 自然口语中"就是"话语标记功能的浮现[J]. 世界汉语教学,2012(1).

西吃",这是会话进行时正在发生的当下事件。老太太在否定回答了医生的问题后,用"你看"转换了话题,将医生的注意力吸引到场景中正在发生的事件上来,并表达自己的不满。

话语标记的辖域语义也可以是假设场景中的事件,如:

(29)儿子最近叫他到城里去照顾孙子小强,他仍舍不得集上那个小摊位。儿子就跟他算了一笔账:"你每天早出晚归的,一个月才弄几个钱? 现在小强要上小学了,需要个人接送,你想,[要是雇个保姆,得多花多少钱呀? 要是碰上个女骗子,把小强抱跑了,那损失可就没法计算了。"](CCL,《故事会》2005)

例(29)中,话语标记"你想"并不真的表示儿子想要父亲算一下雇保姆的花费或者孙子被骗子抱走的损失,而是为了引起父亲对可能发生的事件的重视和警觉,让他答应去城里照顾孙子。这里"你想"的辖域是其后的话语,是尚未发生的、假想中的场景。

有时候,同一个话语标记的辖域语义内容可以同时包括已经发生的事件和正在发生的事件:

(30)她说:"[奶奶常说上帝是万能的,这话看来一点也不假]。这不,[我上幼儿园时奶奶就给我带上这只金十字架,它在冥冥之中给我智慧,保佑我顺利地考上了重点中学,以后还保佑我上大学呐……]"(CCL,1994年报刊精选)

例(30)中的"这不"有两个辖域,辖域一是对奶奶所说话语的当下评价行为,辖域二是话语产生前发生的背景事件,通过"这不"的使用,说话者将两个时空中发生的事件联系起来,使其都成为话语场景的一部分。

4.2.1.2　强调事件的主体:受话人

任何事件都有一定的参与主体。有些话语标记的辖域语义是某个场景中的事件,但发话人要受话人注意的不是事件的整体情况,而是事件的主体,也就是受话人自己。此时发话人使用话语标记,往往是为了表示对受话人的不满、责怪或批评等。具体来说,就是发话人提醒受话人注意自己的言语、行为或外表等。

(31)郭燕:就算我不该离开你,我也已经为此付出了代价。你还要我怎么样? 难道非要我跪在地上求你,求你宽恕我吗?
起明:你说你[都说些什么乱七八糟的]。有意思吗? 这么着? (电

视剧《北京人在纽约》)

（32）"你父母肯定不会接受我！他们要门当户对的！我一个老百姓的儿子，会辱没他们的尊严！"加林又突然暴躁地喊着说。亚萍用极温柔的音调说："你看你，[又发脾气了]。其实，我父母倒不一定是那样的人，关键是他们认为我已经和克南时间长了，全城都知道，两家的关系又很深了，怕……"（路遥《人生》)

"你说你"和"你看你"都可以表示一种嗔怪或责备。例（31）中王起明责怪郭燕的理由是她"都说些什么乱七八糟的"，这正是"你说你"的辖域，可见话语标记"你说你"是指向受话人在场景中所说的话语的。通过"你说你"的使用，王起明对郭燕的话语表示了不满，提醒她注意自己的言语。例（32）中亚萍责怪加林的理由与"你看你"的辖域一致，即"你又发脾气了"，话语标记"你看你"指向受话人在场景中的言行。亚萍用"你看你"提醒加林注意自己的言行，而"极温柔的音调"削弱了"你看你"责备功能的强度，体现了亚萍对加林的怜惜。

有时候，我们可以用其他指人的名词或代词来代替"你"，话语标记变成"你看＋N/Pron"，这时候它同样具有表示轻微责怪的功能，辖域语义仍旧强调受话人。如：

（33）谢广坤：那是水渠重要啊还是结婚重要啊？啊？
谢永强：都重要。
谢广坤：都！你看这孩子，[你怎么回事你]？（乡村爱情2）①

在这里，"你看这孩子"其实还是"你看你"，其辖域为"你怎么回事你"，表示受话人的言行有错。谢广坤用"你看这孩子"表现出一种哭笑不得、无可奈何的语气，比直接用"你看你"，语气上要温和些，符合父子之间的关系。

4.2.2　辖域的语义内容是话语

这里的"话语"是指交际双方在会话中所说的话语，包括话语所表达的某种观点、意见、见解等，它属于交际行为的一部分。根据话语标记与所引导话语的位置，可以分为话语标记分别引导前端话语、引导后端话语和同时引导两端话语。

---

①　此例来自殷树林. 现代汉语话语标记研究[M]. 北京：中国社会科学出版社，2012：235.

4.2.2.1　话语标记引导受话人注意前端话语

一些表示说话人态度或用于引起受话人注意的话语标记,位置比较灵活,可用在句首、句中或句末。当它用在句中或句末位置时,其辖域是在前的。此时,它引导受话人注意其前端话语。如:

(34)窦文涛:你就能止于这里,因为两个人是一样的。你在选择一个苹果,或者你后来又出现了一个更好的苹果,你这个时候你就能舍弃,然后跟我玩意志力吗?

竹幼婷:可以。

梁文道:[那你该相亲,]说真的。

窦文涛:现在很多人相亲。(凤凰卫视《锵锵三人行·梁文道:中国人盲婚哑嫁 先上床再讲爱情》2010-09-07)

发话人可用话语标记"说真的"强调所说话语的真实性,使受话人愿意相信自己的话语。它的辖域一般是往后的,指向发话人接下来所说的话语。但在例(34)中,其辖域是其前面的话语"那你应该相亲",因而此时"说真的"可视为指向前端话语的话语标记,引导受话人去注意其前面的话语内容。

4.2.2.2　话语标记引导受话人注意后端话语

有一些话语标记,如"可不""也是""不错""谁说不是""瞧(看)你说的"等,辖域一是前端话语,往往是交际中另一方的话语,辖域二为后端话语,是发话人自己的观点或态度。发话人先对前端话语进行评判,然后再进一步展开。此时发话人引导受话人去注意话语标记之后的话语部分。如:

(35)家珍说去求求队长,队长外面认识的人多,[打听打听,没准还真有人要我们凤霞]。我就去跟队长说了,队长听后说:"也是,[凤霞也该出嫁了,][只是好人家难找。"](余华《活着》)

话语标记"也是"的语篇结构一般有两个辖域:别人的观点,说话人之所以认同的理由。在例(35)中"也是"的辖域一是隐含的,是"我"去找队长,请他帮忙给凤霞打听时说的话语,辖域二是队长的看法"凤霞也该出嫁了,只是好人家难找"。队长使用"也是",目的是为了表示对"我"的认同,并引导"我"注意后面的转折部分。

(36)罗维民有些发愣,然后故作轻松地说,怎么了你,[咱们这号人,只有受苦受累的份,就算想搞点腐败什么的也不知道该过哪个坎,该入哪道门]，在一起八九年了，你还看不出我是个啥样的人？

　　赵中和说，谁说不是，我琢磨了好半天了，怎么也琢磨不出个道道来。（张平《十面埋伏》）

话语标记"谁说不是"通过反问表示认同。根据刘丞（2013）的研究，"谁说不是"的使用模式有 4 种，每种模式中"谁说不是"前面必有某种观点 S1，这种观点可以是别人的，也可以是说话人自己的。但是发话人使用"谁说不是"不仅仅是为了表示认同，更重要的是引导受话人注意认同的理由。在例（36）中，"谁说不是"表示对罗维民的认同，同时也引导罗维民注意我的情况"琢磨了好几天，怎么也琢磨不出个道道来"。

　　（37）"大妈，您别嫌闷得慌。"夏顺开道。"[我是搬到你价别住了么？赶明儿您想吵架——找我。]"

　　一句话把刘大妈沤笑了："瞧你说的，[大妈是那乌眼鸡么？就不能客客气气地坐一堆儿说闲话儿了？]"（王朔《刘慧芳》）

话语标记"瞧你说的"在例（37）中起到了话轮转接的作用。它有两个辖域，辖域一是夏顺开的话语"我是搬到你价别住了么？夏大妈您以后想吵架可以找我"，辖域二是夏大妈对这一话语的反驳，"大妈不是乌眼鸡，大妈也能和你们客客气气地坐一堆儿说闲话儿"。刘大妈使用"瞧你说的"，更重要的目的是引导夏顺开注意自己的话语，以便让夏顺开明白自己对他话语的不认同。

　　还有一些单向辖域话语标记，如信息来源的话语标记，表示言谈方式的话语标记等，发话人可用它们来强调后面话语的重要性，以引起受话人的注意，或者交代自己的说话方式，引导受话人对将要说的话语内容做好心理准备。

　　（38）听说，[今年全国共有20多个大城市不再燃放烟花爆竹，效果都很好]。（CCL，1994 年报刊精选）

　　（39）"士群，老实告诉你，[在认识你之前，我就看了有关你的不少材料。你有能力，有抱负，但是，你没有一个强大的后台，这是你一直不得志、不能施展抱负的根本所在]。中国有一句话：'朝中无人莫做官'，我想凭你这么多年的经历，应该深有体会。"（周山《关子的"柔情"与李士群的堕落》）

　　（40）退一步说，[父亲的事代表了他们那一代人情感世界的空白，正值壮年,被下放到贫瘠山区,过集体生活,每天笼罩在刻板的政治学习和艰辛的体力劳动之中,有始无终,更没有前途可言,对女人的向往已从真爱变成了本能]。(张欣《今生有约》)

话语标记"听说""老实告诉你"和"退一步说"强调的都是其后的话语,这些话语本身就是发话者言语行为的一部分。"听说"用以展示其后话语的来源,"老实告诉你"和"退一步说"是说话的方式,"老实告诉你"突出话语的真诚程度,"退一步说"表明后面的话语是在前面话语基础上的让步。通过这些话语标记的使用,发话人将受话人的注意力吸引到了后端的话语之上,引导他对这些话语的理解。

4.2.2.3　话语标记引导受话人同时注意前后两端的话语

不少话语标记拥有两个辖域,且辖域的方向不同,但两个辖域的内容都是发话人的话语,辖域二是对辖域一的补充、修正、解释或总结等。此时,话语标记引导受话人同时注意话语标记前后两端的话语内容。

(41)从柳宗元和王夫之提出的"君子必有游息这物","能兴则谓之豪杰"等命题,我们可以看到,[在儒家那里,无目的、非功利的审美活动和为国为民建功立业的人生追求在同一个人的身上是可以统一起来的],换句话说,[审美世界和功利世界,闲心(审美之心)和事业心、竞争心、功利心,在同一个人的身上是可以统一起来的]。(CCL,1994年报刊精选)

例(41)中,"换句话说"前端中括号内的话语部分是辖域一,后端的是辖域二,辖域二是对辖域一内容的解释。"换句话说"同时强调了其前后端的话语,引导听话人同时注意两部分话语。

(42)在回答造成中国和美国之间分歧的最大原因是什么以及此次中美首脑会谈将在多大程度上缩小分歧、对今后中美之间的交流将带来何种具体影响的问题时,江泽民说,中美两国之间存在分歧,[主要原因是两国的社会制度、文化传统、价值观念和经济发展水平不同;]总而言之,[是因为两国国情有所不同]。(CCL,1993年《人民日报》)

话语标记"总而言之"同样也有两个辖域,辖域一是前端话语"主要原因是两国的社会制度、文化传统、价值观念和经济发展水平不同",辖域二是后端话语"是因为两国国情有所不同",辖域二是对辖域一的总结和概括。这样,"总而言之"引导受话人同时注意其前后两个辖域,它们的语义内容都是江泽民的话语。

　　话语标记的使用目的是引导受话人注意场景还是注意话语,要根据其辖域的语义内容是强调场景还是强调话语来判断。一些为了引起受话人注意,增加会话双方交际互动的话语标记,特别是"第二人称＋动词"的话语标记,可以指向场景中的主体。一些跟言语行为直接相关的话语标记,如表示话语信息来源或说话方式等的话语标记,往往指向其前后的话语。通过不同话语标记的使用,发话人将受话人的注意力吸引到了不同的对象之上,从而监控了会话的进行。

4.3　话语标记与话轮、话题的关系

　　一个完整的会话包括两个及以上的话轮。话语标记的辖域,既可以在同一个话轮之内,也可以在不同的话轮之间,既可以涉及同一个话题,也可以涉及不同的话题。当受话人听到一个话语标记时,他需要根据话语标记的语篇结构,去前后话语中寻找其辖域,结合不同的话语部分理解会话。

4.3.1　话轮与话题

　　美国社会学家 Sacks(1974)等人的研究发现,作为人们日常交际的重要形式,对话的一个重要特点是交际双方轮流说话。假如交际双方各说一句话,每句话都是把对方当作受话人,而且两句话在时间上前后相继,中间几乎没有间隙,且两句话在内容上互相关联,那么每句话就构成了这次对话中的一个话轮。李悦娥、范宏雅把话轮定义为"在会话过程中,说话者在任意时间内连续说的话语,其结尾以说话人和受话人的角色互换或各方的沉默等放弃话轮信号为标志"①。

　　一个完整的对话中由会话一方首先发起的话语部分,被称为"始动话轮",另一方对其的回应是"继动话轮"。但是在有多个话轮组成的会话中,继动话轮也可以成为新话题的始动话轮。一次对话至少有两个话轮,话轮的长度不限,每个话轮可以是一个词或一个短语,也可以是一个句子,甚至可以是一个语篇。会话双方按照一定的顺序,依次完成一个话轮,即为话轮转换。

　　会话中的话题是指句子中被讲述的人或事,或以词的形式出现,或以表

---

　　①　李悦娥,范宏雅.话语分析[M].上海:上海外语教育出版社,2002:22。

示命题的句子形式出现,与述题相对应。根据封国欣(2000)的研究,话轮和话题之间的关系有多种:(1)话轮转换,话题不换;(2)话轮转换,话题也转换;(3)话轮不转换,话题或者转换,或者不转换。

话语标记在口语中广泛使用。它们的辖域既可以用在同一个话轮之内,对话题进行各种处理,也可以用在两个话轮之间,连接两个话轮,具有跨话轮的性质,增强交际的互动性。因此,话轮、话题和话语标记的辖域之间存在多种可能:

(1)话语标记的多个辖域分布在不同话轮之间,话轮间的话题相同;

(2)话语标记的多个辖域分布在不同话轮之间,话轮间的话题不同;

(3)话语标记的多个辖域分布在同一个话轮之内,涉及同一个话题;

(4)话语标记的多个辖域分布在同一个话轮之内,涉及不同的话题。

下面我们将结合话语标记在话轮中的作用,分析不同话语标记的辖域分布。

4.3.2　跨话轮的话语标记及其与话题的关系

跨话轮的话语标记要具有连接前后话轮的功能,就必须出现在继动话轮中。当会话中一方发起一个话题时,另一方可能有兴趣继续谈论这个话题,也可能由于某种原因不想过多展开而倾向于结束该话题。这样,当一方的话轮结束时,另一方的话轮是对前一话轮中所涉及话题的接续、转移、找回或结束等。在这些情况下,继动话轮中就可能使用一些跨话轮的话语标记。

4.3.2.1　可用于接续话题的话语标记

在对话中,当始动话轮结束时,接续话轮可以是对其的认同、反对、增补、扩展等,这时可能用到一些具有人际意义的话语标记。

(43)一次李葫芦正跟老婆生气,赵刺猬的老婆又端着菜碗来放香油,看到李葫芦脸上不高兴,便问:"葫芦,我常来放香油,你是不是不高兴了?"(1)

李葫芦拿起油撇子说:"我没有不高兴。"(2)

赵刺猬老婆说:"这就对了,别看着放撇子香油就不高兴。[我能到这里来放香油,是觉得你不错。要是换个人,给我放香油我还不一定要呢]!"(3)

李葫芦忙说:"可不,[婶子能来放香油,是看得起我]!"(4)(刘震云《故乡天下黄花》)

例(43)包含 4 个话轮，话语标记"可不"出现在第 4 个话轮中。根据于宝娟(2009)的研究，"可不"的语篇结构是[被认同的话语]——可不——[提供理由的话语]。在例(43)中被认同的话语是"我能到这里来放香油，是觉得你不错。要是换个人，给我放香油我还不一定要呢"，是辖域一，提供理由的话语是"婶子能来放香油，是看得起我"，是辖域二。这两个辖域分属不同的说话人，因而"可不"具有跨话轮的性质。

(44)背景：房间里推满箱子，白展堂已经累残了。

白展堂：你这箱子里，都是些，什么东西啊？(1)

佟湘玉：还能是啥，嫁妆呗。(2)

白展堂：喔……[这些嫁妆，能值不少钱吧？](3)

佟湘玉：瞧你说的，[啥钱不钱的，嫁鸡随鸡，嫁狗随狗，嫁妆再好，也比不上人好]。(4)

白展堂：那是那是……(走过去摸箱子)(5)(宁财神《武林外传》)

例(44)中共有 5 个话轮，话轮(4)中含有话语标记"瞧你说的"，是表示佟湘玉对白展堂话轮(3)中"这些嫁妆值不少钱"这一看法的反驳。在这里，"瞧你说的"也包括两个辖域，辖域一是"这些嫁妆，能值不少钱吧"，辖域二是"啥钱不钱的，嫁鸡随鸡，嫁狗随狗，嫁妆再好，也比不上人好"，这样，"瞧你说的"也具有了跨话轮的性质，起到了连接语篇的作用。

(45)"那也叫水！"望爷爷瞪了老伴一眼，不说话了。

林雁冬已经明白了。她忙问："望爷爷，[河水有味儿吗？]"(1)

"谁说不是呢，[就跟往里扔了死耗子似的。]"(2)(谌容《梦中的河》)

例(45)中，话轮(2)中的话语标记"谁说不是呢"是对话轮(1)中有关话题"河水有味儿"的同意和增补。望爷爷以反问的形式回答了林雁冬的问题，又具体解释了"河水是什么味儿"。由于"谁说不是呢"的辖域分属两个不同的话轮，自然它也具有跨话轮的性质。

上面三个例子中的跨话轮话语标记，其辖域一和辖域二属于不同发话人的话轮，且两个话轮是相连的。而下面的例(46)中，话语标记"再说"的辖域同样是跨话轮的，却都属于同一个人的话语。

(46)马未都：但他反正就是没有正宗的传下来，到嘉靖这儿就拐弯儿嘛，[这个皇帝对宫廷以外的女人都有兴趣，宫廷内的女人确实没兴

趣,不是他没兴趣,搁谁谁没兴趣,那女人是被训过的,禁忌太多]。(1)

　　窦文涛:太保守。(2)

　　马未都:再说,[这人是皇帝,一去自个儿就先遂了半边儿;那个民女不知道他是谁,抢圆了干,所以就不一样]。(3)

　　窦文涛:对,家花不如野花香。(4)(凤凰卫视《锵锵三人行·明朝正德皇帝修"豹房"不放动物放女人》2008-07-02)

"再说"主要起组织语篇的作用,它的辖域一在话轮(1)中,辖域二在话轮(3)中,两个话轮并不相连,但都属于马未都的话轮。在这段会话中,"再说"所跨话轮的距离更大,跨话轮的性质更加明显。

4.3.2.2　可用于转换话题的话语标记

用于转换话题的话语标记,其辖域一为话题一,辖域二为话题二。由于话题一和话题二分属于不同的话轮,因而话语标记具有跨话轮的特质。

比如话语标记"对了"的辖域一是对已有话题的表述,辖域二是对新话题的表述,"对了"表示说话人思路的突然转变。当"对了"用在会话中时,它常常具有跨话轮的性质,辖域一和辖域二可以不属于同一个话轮,即辖域一属于前面的话轮,而"对了"和辖域二都属于后面的话轮。

　　(47)梁文道:[模仿政治人物]。(1)

　　张大春:[模仿政治人物也是 kuso,也是山寨的,但是在精神是没什么太大的差别的。就是以假的来乱真的,在乱的过程里头,取得原先这个真的所不能取得的其他利益,而且创造了其他的经济上的产值,这个很有趣]。(2)

　　窦文涛:[没有著作权观念,古人境界很奇怪]。(3)

　　梁文道:对了,说起这个我还想起来,[张大春是特别喜欢研究那种江湖文化,什么。写了一本《城邦暴力团》这很江湖]。(4)(凤凰卫视《锵锵三人行·张大春:"山寨"有其正义性 或可激发创意》2010-09-23)

这期《锵锵三人行》的主题是"山寨"。主持人和嘉宾原先的话题是山寨的各种形式,包括了话轮(1)(2)(3),但是到话轮(4)时,梁文道用"对了"转移了话题,从"山寨"转到了"张大春喜欢研究江湖文化"。"对了"的辖域一范围较广,话轮(1)—(3)都可视为其辖域一,辖域二则是"张大春是特别喜欢研究那种江湖文化,什么。写了一本《城邦暴力团》这很江湖"。在此例中,"对了"具有跨话轮的性质。

又如前文提到的跨话轮话语标记"谁说不是",除了表示对前一个话轮的增补之外,也可以用来进行话题转移。

(48)小贝:[天天红烧肉,顿顿女儿红,这哪是人过的日子吗?](1)

韩娟:<u>谁说不是</u>呢![肉啊,那是真不能多吃!难吃还不算,吃多了容易中风,嘴歪眼斜还容易流口水!]那真是烧鸡啊?(2)(宁财神《武林外传》)

例(48)中的会话包含两个话轮,话轮(1)的话题是"每天吃饭太奢华",话轮(2)中韩娟首先对小贝的看法表示赞同,但马上转换话题,进入新话题"肉不能多吃"上来。"谁说不是"在这里同样是跨话轮的话语标记,不过拥有的是话题转移的功能。

4.3.2.3 可用于找回话题的话语标记

在交际过程中,发话人会对自己的话语内容进行元认知监控,确保所说话语在话题范围之内或者是受话人能够理解的,但有时候双方的话题会根据需要进行暂时的转移。等到掌握话语主动权的一方认为这种转移可以结束时,他就可能使用一定的话语标记将话题找回来,提醒对方回到最初的话题上去。

(49)黄彦:我们今天请二位和大家说一说圆梦之旅是怎么让孩子们来圆奥运之梦的。欢迎大家参与我们的节目,我们热线电话是65150822、65150833,或者发送手机短信到10628821073,我们会根据听众发来的短信和打来的电话挑出两条最佳建议奖,送出由香港建兴丽珠宝王府井旗舰店提供的价值五百元的A货翡翠。(1)

宋洋:要说到奥运比赛,因为咱们今天主要说的是圆梦之旅,但是明天就是奥运会开幕式了,在这儿也做一个预告,就是晚上有精彩的赛事,今天晚上会进行男子足球的预赛,晚上7点45分到晚上9点半在沈阳的奥林匹克体育中心将进行男子足球预赛C组第六场,中国队对新西兰的比赛。相信今天来到直播间的两位嘉宾也应该挺关注这场比赛的。不是有人说了吗?不惜一切代价必须拿下。(2)

黄彦:不能施加这么大的压力,不过昨天晚上女足的表现非常好,2:1赢了。言归正传,请二位嘉宾谈一下,江书记,8月12号到18号这七天的时间里,伴随着中国人的百年奥运梦,北京还有一场奥运圆梦之旅的大型活动,您给我们介绍一下这个活动。(3)(北京人民广播电台,

《城市零距离》2008-08-07)

在例(49)中,主持人黄彦一上来就介绍了节目的内容是请两位嘉宾介绍一下"圆梦之旅是怎么让孩子们来圆奥运之梦的",但是宋洋在正式介绍之前却对第二天晚上的赛事做了一个预告。当黄彦再次占有话轮时,他先对宋洋的"不惜一切代价必须拿下"做了评价,然后又用话语标记"言归正传"将话题拉回到了介绍奥运圆梦之旅上来。此时"言归正传"的辖域一是话轮(2),辖域二是话轮(3),很明显,"言归正传"是跨话轮的话语标记。

话语标记"说真的",也能用于找回话题。当发话人强调或希望受话人注意自己已经表达过的真实想法时,通过使用"说真的",能找回话题或者把前面已经出现过的旧信息激活。(苏俊波,2014)

> (50)"有功夫!"西北角上一个黄胡子老头儿答了话。(1)
> "啊?"王三胜好似没听明白。(2)
> "我说:你——有——功——夫!"老头子的语气很不得人心。(3)
> ……
> "你老贵姓?"他问。
> "姓孙哪,"老头子的话与人一样,都那么干巴。"爱练,久想会会沙子龙。"
> "孙大叔贵处?"
> "河间的,小地方。"孙老者也和气了些:"月棍年刀一辈子枪,不容易见功夫!说真的,[你那两手就不坏!]"(4)(老舍《断魂枪》)

例(50)中当王三胜表演了一套枪法后,西北角上的老头儿先是称赞他"有功夫",然后又回答了自己姓什么来自何处等问题,最后用"说真的"回到了最初的话题"你那两手就不坏"。由于中间还经历了王三胜与孙老头的比武,因而这里"说真的"所跨的辖域不但间隔多个话轮,时间上也相隔较远。

4.3.2.4　可用于结束话题的话语标记

可用来结束话题的跨话轮话语标记,主要是总结类话语标记,如"好""总之""简而言之""概括来说"等。当它们作为跨话轮的话语标记时,位于继动话轮的起始位置,表示对前面话轮内容的总括,并通过本次话轮结束当前的话题。此时它们的辖域一往往是前面的某个或某几个话轮,辖域二则在其所在话轮之中。比如:

(51)

　　主持人:还有一个消息,需要重视一下,最新的消息……金教授判断一下这种消息的可靠性? (1)

　　金灿荣:…… (2)

　　主持人:…… (3)

　　金灿荣:…… (4)

　　主持人:…… (5)

　　金灿荣:…… (6)

　　主持人:…… (7)

　　孟祥青:…… (8)

　　主持人:<u>总之</u>,[关于朝鲜半岛的局势还是非常值得继续关注的]。今天感谢两位到演播室为我们就朝鲜半岛局势作解读,谢谢你们二位。好,观众朋友,今天的《今日关注》就到这里结束了,感谢你的收看,再见。(9)(中央电视台《今日关注·朝鲜紧张备战 半岛山雨欲来》2009-06-08)

　　例(51)中的"总之"作为一个双向辖域的话语标记,其辖域一是对"朝鲜紧张备战 半岛山雨欲来"的具体阐述和讨论,分属于主持人和嘉宾的多个话轮,辖域二是"关于朝鲜半岛的局势还是非常值得继续关注的",可见"总之"的辖域在这里是跨话轮的。主持人用"总之"来总结节目内容,并为后面的总结陈词做了准备,显示出"总之"具有结束话题的功能。与"总之"具有相同功能的"总的来说""概括来说""简而言之"等也可以跨话轮使用并表示话题的结束。

　　具有跨话轮性质的、起到结束话题作用的话语标记,其使用者应具备一定的身份特征。他们往往是一个多人参与的会话活动的发起者或组织者,掌控着会话的开始、进行或结束,具有一定的权威性,如教师、辩论会/座谈会主持人、电视节目主持人等。如下面例(52)中的"好",就是又一个例子。

(52)

　　主持人:今天我们回顾了在过去一年当中,两岸民间交流取得成果,也展望了在新的一年里,两岸民间交流新看点,当然我们也希望在新的一年,两岸民间交流能够越来越热络,能够从务实层面,积极为两岸基层民众解决更多问题,做更多事情,非常感谢二位嘉宾所做介绍和分析,谢谢。

张华:谢谢。

主持人:好,[观众朋友,感谢您收看这一期的《海峡两岸》,下期节目我们再见]。(中央电视台《海峡两岸·两岸关系新看点——民间交流》2010-02-21)

4.3.2.5　跨话轮话语标记的特征

通过对可用于接续话题、转换话题、找回话题和结束话题的跨话轮话语标记的具体分析,我们可以归纳出此类话语标记的特征:

(一)跨话轮话语标记有"专职"和"兼职"两种。"专职"的跨话轮话语标记为来源于反问小句的话语标记。"反问句强烈的诘问语气使它通常只能针对话语活动中的对方而一般不会针对自己"①,这就使得"可不""你瞧说的""谁说不是呢"等话语标记只能用于跨话轮的会话中。"兼职"的跨话轮话语标记,其辖域也可同时位于某个话轮内部。

(二)它们都是双向辖域话语标记,辖域一和辖域二不在同一个话轮中。辖域一和辖域二大多数情况下出现在不同说话人的话轮中,少数情况下出现在同一个说话人的不同话轮中。

(三)辖域一的内容可以只限于一个话轮,也可以涉及多个话轮,尤其是在多人参加的讨论性会话中,辖域一本身就是跨话轮的。辖域二部分往往与话语标记处于同一个话轮中,且只涉及一个话轮。

4.3.3　话轮内的话语标记及其与话题的关系

话轮内的话语标记,是指用在会话一方某一个话轮中的话语标记,其辖域无论是单个还是双个甚至多个,都在同一个话轮之中。这个话轮可以是始动话轮,也可以是继动话轮。从理论上说,话轮的长度可以无限延伸,因此我们也可把某一个话轮的话语看作是独白语篇,话轮内的话语标记也用于独白语篇中②。

在交际中,根据话轮展开时对话题的不同处理,可以使用不同的话语标记,下面具体说明。

4.3.3.1　可用于开启话题的话语标记

可用来开启话题的话语标记主要有两类:表示信息来源的话语标记和

---

① 　于宝娟.论话语标记语"这不"、"可不"[J].修辞学习,2009(4).

② 　我们认为没有真正意义上的"非交际"独白,所有的独白都是有潜在的交际对象的,因此可以把独白看作是潜在交际中的某一个话轮。

表示人际互动的标记。这类话语标记常常用于会话的起始位置，是发话人为了引起受话人的好奇心或注意力而采用的手段。在话语标记之后，是发话人要介绍的信息，因此这些话语标记的辖域往往是单向且向后的。

（53）室内又静了下来，韦鹏飞啜了一口酒，喷了一口烟，室内充溢著浓冽的酒香和烟味。灵珊不喜欢这份沉寂，更不喜欢这种气氛，她正想说什么，那韦鹏飞已开了口："听说，[你今天下午管教了我的女儿]。"她抬眼看他。"不完全是'管教'，"她坦白的说："我们对打了一番，我几乎打输了！"他紧紧的盯著她，眼神严肃而凌厉。（琼瑶《月朦胧鸟朦胧》）

（54）邓政委看出了我的心思，随手拣起一根树枝在地上比划着讲给我听："你看，[你们和骑兵团一起去打息县有两个好处，一个是可以调动淮河南岸的敌人北渡淮河，减轻敌人对大别山的压力，策应大别山的斗争；再一个，打下息县县城，歼灭城里的守敌，有利于发动群众，开辟息县的工作。这意义是很大的……"]（CCL，1994 年《人民日报》第 3 季度）

（55）江姐握着成岗的手微笑着，"你知道吗，[我正想找一个人来接替我的一部分工作，结果你却把我的工作抢去了！"]

成岗象猛然醒悟，立刻把江姐的手拉到自己面前，他清楚地看见，江姐的食指和中指，隐隐地现出铁笔磨伤的痕迹。（罗广斌《红岩》）

例（53）中韦鹏飞在谈及灵珊和他女儿之间的矛盾时，用"听说"来开启话题，表示消息的不确定性，给灵珊留出了解释和补充的空间。"听说"的辖域只有一个"你今天下午管教了我的女儿"。例（54）中邓政委用"你看"来开启话题，引起"我"的注意力，"你看"的辖域是它后面的话语"你们和骑兵团一起去打息县有两个好处，……这意义是很大的……"。例（55）中，江姐用"你知道吗"来开启话题，增加与成岗的互动，"你知道吗"的辖域也只有一个，即"我正想找一个人来接替我的一部分工作，结果你却把我的工作抢去了"。这三个话语标记都处于话轮的起始位置，用来开启话题，同时都只有一个向后的辖域。

4.3.3.2 可用于接续话题的话语标记

能用于接续话题的话轮内话语标记较多，既可以是单向的，也可以是双向的。可以说，除了部分只具有跨话轮性质的话语标记，其他的话语标记基本上都能用于在某一话轮内接续话题。

话题的接续,可以是一方明确表示自己的话轮已经结束并将发话权交给另一方,后者自然地接过话轮并展开话题,对前者的话题进行认同、反驳、回应、扩展等。这种情况下话轮的交替有明显的线索。如:

(56)

窦文涛:非常有意思,网络上这边很多喜欢马英九的,你就看到这个人啊,他这个喝了酒之后的另一面,也很好玩,咱们来看看。

······

梁文道:你比如说一个人喝高了,一般男人喝高了,很少见到这种的,你说是不是?

窦文涛:我跟你说,[我见过一个,还是一位著名歌星,但是咱就不要透露人家隐私,因为我们是很好的朋友。我发现双面人,双重人格,非常有意思。就是他这个人,喝了酒之后,首先一点,是第二天他不记得了,第二天他根本不记得,但是他喝了酒之后,活脱脱就是个女人。那个媚眼如丝,这是一种什么人呢? 他平常不能喝,你知道嘛,[他不能喝的时候,就是不喝酒清醒的时候,那看着就是一条汉子,只要一喝酒,哎哟,文道,好久不见,他就整天晚上就要靠着人,看见东西就得靠,都是眯缝着眼。但是第二天起来,你问他,他不记得]。2]1(凤凰卫视《锵锵三人行·马英九执政一周年政绩回顾 比奥巴马差在哪》2009-05-21)

在例(56)中,窦文涛和梁文道原本是在谈论马英九喝酒后"变嗲了",梁文道认为"一般男人喝高了,很少见到这种的",为了让窦文涛同意自己的看法,他用"你说是不是"主动交出了话语权,把话轮转让给了窦文涛。窦文涛用"我跟你说"接过话轮并展开话题,用一个好友的例子来反驳梁文道的观点,说明这种情况还是比较常见的。同时,在话轮中间,他又用了话语标记"你知道嘛"来引起梁文道的共鸣,假设接下来的话语是对方已经知晓的,使梁文道更容易接受他的看法。

话题的接续更多的时候是发话人在话轮结束时并没有明显的转让话轮的暗示,但受话人自动接过话轮并展开话题,使话轮之间自然交替,谈话按照潜在的会话规则在交际双方之间平稳有序地过渡。如:

(57)

记者:那是画家跟着时代去表现这种气质,还是和画家能够引领时代,表现这种气质?

田雨霖:<u>依我看</u>,[真正的画家,应该是走在时代的前面,引领审美的潮流,向一个健康的,清静的这样一个时间上,毫无污染的这样的世界走,应该是这样。这是个过程,不是终点。走在时代前面那个,我觉得是我们所追求的目标]。(中央电视台《明对面·田雨霖:求新、求变、求真》2009-04-25)

在此例中,记者通过提问的方式让出了话轮,但这种出让并没有明显的标识,而是话语的自然结束。田雨霖通过"依我看"这个话语标记来获得话轮,并回答了记者的问题,两个话轮拥有同样的话题"画家的使命"。可以说,"依我看"的使用,不仅使话轮的交替变得自然,而且使话题的接续更加紧密。

有时候,话轮的接续并不是自然流畅地发生的,会出现发话人尚未放弃话轮,但受话人由于某种原因开始抢夺话轮的现象。这个时候话轮的交替是非常态的,但受话人同样可以使用话语标记来对话题进行各种阐述。

(58)

志新:(放下电话)说我听听:都发什么人了?

小张:有炸油条的刘总,收酒瓶的赵总,还有捡破烂的李总……

志新:(急)唉唉唉嘿? <u>我说</u>[你这帮人里有一个识字的吗?]

小张:莫急罗,我还给了算命的孙总一张呢,他识字。(《我爱我家》)①

在例(58)中,小张的话语还没结束,因此她并没有交出话轮,但志新觉得她所说的这些人都不会给自己带来生意,小张的名片发得没有价值,因此他先是用"唉唉唉嘿"表示自己的懊恼和对小张的不满并打断了小张的话,同时用"我说"成功地抢夺了话轮。

以上例子中所用的话语标记,都出现在继动话轮的句首位置,因而其辖域都是单向且向后的。但这并不是说双向辖域的话语标记就不能用在话轮内部,相反,在话轮中间或者独白语篇中,双向辖域话语标记普遍存在。如下面的"比如说"和"也是":

① 此例来自杨凤菊. 汉语话轮转换中的人称代词类话语标记分析[D/OL]. 长春:东北师范大学,2010[2010-05-01]:13. https://kns. cnki. net/kcms/detail/detail. aspx? dbcode=CMFD&dbname=CMFD2011&filename=2010178974. nh&uniplatform=NZKPT&v=ZD3R0RZkgx1eLeWhzIXvvKW0f7M2gQ_NwmnTE60_UzUA0zykuSs31dZiQHokc5-b.

(59)

主持人:通常我们会觉得,生活在城市,比生活在农村更美好,但是在高温天气之下,这种情况似乎颠倒过来了,岩松怎么看?

白岩松:我觉得一个高温的天气,反而会暴露出你的很多问题,暴露出的一个核心的很重要的问题是,[我们现代城市的建造者,其实不如我们的老祖宗更以人为本]。话怎么说呢?比如说[去广州、去澳门、去香港、去南宁等等城市,你都会发现,它的老街是骑楼,什么叫骑楼呢?就是沿街的楼,到二楼这块的时候,向外延伸出两米来。因此你发现,老祖宗太聪明了,它下雨天的时候避雨,太阳热的时候遮阳]。还有我们过去很多的街道是适合人行走的,两边绿树成荫,都保护你。现在我们随时看到的是玻璃幕墙,是水泥路面,因此外表好像很光线,里子很糟糕。(中央电视台《新闻1+1·高温天气不能低调应对!》2010-07-06)

(60)

主持人:这位就是大奔的车主,王永,家住回龙观,在双安附近开了一家公司。每天从家到公司的上班路上,王总就变成了司机王师傅,只要到公交车站,他就会问上这么一句。不过,有人上您这车吗?

王永:就是[大部分不理人,假装没看见。无视你的存在]。也是,[好么央的,突然来辆大奔要给自己当专车,谁不犯蒙啊?]还有就是问多少钱。我说不收钱,说为什么。更过分的,有泼水的,扔东西的啊。(北京电视台《7日7频道·打扒女英雄》2008-03-10)

4.3.3.3 可用于转换话题的话语标记

专用于转换话题的话语标记主要有"对了""那个""顺便说一下""顺便提一句"等。它们都可以用于话轮内部,均为平等型双向辖域话语标记,辖域一是话题一,辖域二是话题二,说话人使用此类话语标记的目的是引导受话人将注意力从话题一转向话题二。比如:

(61)[我拿了两张记者证带进一位记者,再出来带其他记者。就这样,他们六位全进去了,找到了座位。我最后一个进去,已经座无虚席,只好站在后排看戏了。我硬是站了两三个小时,站着看了梅先生演的《霸王别姬》]。顺便说一句,[站着看戏的不止我一个,足足有一二十位,自然都是慕梅先生盛名而来]。(金凤《看梅兰芳先生演出》)

例(61)中的"顺便说一句"话题一是讲自己如何站着去看梅兰芳先生的演出,话题二是关于其他站着看戏的观众的。"我和其他观众都是站着看戏"这一共同点使得话题一和二在语义上互相连接,这种连接体现在形式上,就是"顺便说一句"的使用。

话语标记"好了"和"行了"具有多种语篇功能,既可开启话题,也可转换话题,还可结束话题。在下面的例(62)中,"好了"就具有转换话题的作用。

(62)乘务员:"[您别太着急,反正重要的东西都在]。<u>好了</u>,[请上船吧,很快就要开船了]。哎,琼斯先生到哪儿去了?"(CCL,《读者》合订本)

本例中的"好了",其辖域一为话题一,是乘务员对乘客的安慰,辖域二为话题二,是乘务员对乘客的提醒。通过"好了"的使用,这两个话题之间实现了自然过渡。仅从话题转换的角度出发,我们同样也可以使用"行了"来实现这个功能。但是根据李慧敏(2012a)的研究,"好了"的交互主观性较强,常常处于气氛缓和的场景中,发话人的语气较为舒缓,语速稍慢;而"行了"的交互主观性较弱,发话人对受话人的关注度不够,多用于气氛较为紧张的场景中,语气略重,语速较快。在本例中,乘务员与乘客之间属于低对高的不平等关系,因而使用"行了"不符合礼貌原则。

作为话语标记的"那个",也可用在话轮中间,标示话题的转换。同样,它的辖域有两个,辖域一是话题一,辖域二是话题二,但两个话题之间并不一定有关联。

(63)

陈鲁豫:发型也变了。

柳传志:你倒是常年发型不变。

陈鲁豫:[对,我发型没变,所以我对发型这事特别关注]。<u>那个</u>[我现在手里两张名片,一个是您集团控股的,一个是……]

柳传志:品牌的。

陈鲁豫:对,品牌的。(凤凰卫视《鲁豫有约·柳传志:曾经很呆很笨》2011-11-17)

话轮中的"那个"之前的是话题一"陈鲁豫和柳传志的发型变没变",它之后的是话题二"两张名片",两者之间并无关联。由此可见,作为转换话题的话语标记,"那个"的两个辖域在语义上可以不相关。

4.3.3.4　可用于找回话题的话语标记

话语是意识的体现,发话人的话语过程受到其元认知的监控。但有时候由于疲劳、受外界影响等原因,发话人的元认知监控会暂时失效,此时话语会随着意识的流动而逐渐漫溢到无法返回的境地。如果发话人意识到了这种情况,重新启动元认知监控,就会及时做出调节,"修正偏误性溢出的成分,使话语的延展继续遵循基本的认知方式的制约"①。这种元认知调节体现在言语交际中,就是使用找回话题的话语标记。

(64)白钢:听众朋友,您好,欢迎收听今天的《议政论坛》节目,我是主持人白钢。说到培养孩子,可以说现在很多人是在呼吁应该有一个传统文化教育的回归。……我们看到了东西方文化融合,给我们带来的智慧的光芒,觉得很好。纷纷希望问我们要能不能有这样的光盘,或者在哪里能够听到重播。[这样,跟大家介绍一个方式,大家可以登录北京广播网,在北京广播网的首页上有一个点播频道,进入这个点播频道以后,您可以选择北京新闻广播,然后再选择我们《议政论坛》节目。我们的节目都在上面会保留精彩回放,几个月大家可以到上面去点播这些日子的节目,重复收听。北京广播网的地址是 www. bjradio. com. cn]。好,言归正传,[今天我们要和政协委员探讨的话题,也和传统文化相关]。……那么对此,北京市政协委员姜桂平,也有她的思考。今天《议政论坛》就请听记者张露对姜桂平委员的专访。古诗陶冶幼儿心灵的建议。(北京人民广播电台《议政论坛·市政协姜桂平委员关于古诗陶冶幼儿心灵的建议》2008-07-29)

例(64)中主持人在节目一开始就介绍了该期节目的话题是"培养孩子时要有一个传统文化教育的回归",但是中间他开始介绍如何通过北京广播网来收听已经播出的节目,当他介绍完毕并意识到这跟他节目的话题无关时,用了两个话语标记"好"和"言归正传"来体现其对话题的回归。"言归正传"作为典型的话题找回型话语标记,其辖域有两个,辖域一是发话人意识溢出部分,也就是跟话题无关部分;辖域二则是对话题的重申,即"今天我们

---

① 杨彬. 话题链语篇构建机制的多角度研究[D/OL]. 上海:复旦大学,2009[2009-04-17]:62. https://kns. cnki. net/kcms/detail/detail. aspx? dbcode＝CDFD&dbname＝CDFD0911&filename＝2009182266. nh&uniplatform＝NZKPT&v＝S-x＿r8YIE-KQHCX9I-9Vyr1EfJ21XvIaB0mGtT75G37IH1vAOHgNlFwQ3JVW5Ivq.

要和政协委员探讨的话题,也和传统文化相关"。

(65)拜登何许人也? 这位,别看咱不认识,咱不认识就对了,……奥巴马之所以选他,他这岁数也占大便宜了,之前不一直有人说奥巴马太嫩,年轻,没有经验吗,行,这回我给你找个上岁数的压阵,找个 60 多的大爷,这回有经验了吧。当然了,选副总统也不能光看岁数,光看岁数。[头两天有个印度大爷,人家岁数大,高寿,130 多岁,刚过世,看报上的介绍,这大爷 1936 年人家就退休了,我们当年还一时绕不过来呢,1936 年,那是 70 多年前啊,他怎么那么早就退休了,弄错了吧,后来一琢磨,可不是吗,他今年 130 多岁了,70 年前,可不正好 60,退休的年纪。好么,哪家企业要是给他发退休金养老金,可亏大发了,他上班顶多上 40 年的班,20 上班,60 退休,可退休金一领领 70 多年,比工龄长多了,企业赔了。好在能活到这把年纪的也是极个别现象,否则的话,别多了,一个厂里有十来个这种老寿星,老人瑞,这个厂子就离关门不远了]。扯远了,怎么扯到这上头去了,还接着说这个拜登。[年纪大,是一方面的优势,另外一方面,经验在那摆着了,拜登当年可是美国最年轻的参议员,29 就当上参议员了,这在美国也是独一份啊,有三十多的从政经验,比共和党的麦凯恩还多十年呢,这些资历足够奥巴马吹的了]。(天津人民广播电台《话说天下事》2008-08-25)

同样,在例(65)中主持人最初的话题是介绍美国大选中民主党的副总统候选人拜登的情况,但是从拜登年纪比较大,他联想到了一位高寿的印度大爷,话题岔了开去。当他意识到自己偏离了话题后,用"扯远了"来总结前面的话语,表明它跟话题的相关度不大,并用"还接着说这个拜登"回到了当期节目的话题。

用于找回话题的话语标记有跨话轮使用和话轮内部使用之分,两者的区别在于是谁进行了话题转移活动。前者是多人或他人转移了话题,后者是发话人自己转移了话题。不过,两种话语标记都有两个辖域:辖域一是偏离话题的话语部分,辖域二是需要返回过去的、跟话题相关的话语部分,两者不存在修饰关系,但后者是话语的重点。因此,找回话题所用的话语标记,是后倾型双向辖域话语标记。

4.3.3.5　可用于结束话题的话语标记

用于结束话题的跨话轮话语标记,同样也可以用于话轮内。两者之间的不同在于,当这些话语标记具有跨话轮性质时,可以是对他人话语的总结和概括,如例(51)和(52),而用于话轮内部时是结束发话人自己的话语。此时它仍具有双向辖域,但这两个辖域位于同一话轮内。

(66)写到这儿我不由得想起傅雷讲的一句话:"[艺术家一定要比别人更真诚,更敏感,更虚心,更勇敢,更坚韧],总而言之,[要比人任何人都没有缺陷!"](CCL,1994年报刊精选)

(67)白岩松:其实我同样很担心老百姓的这个腰包,它有点像击鼓传花,最后会砸在谁的手里头呢? ……好了,[我愈更加担心的就是普通老百姓参与到这次炒房过程中,如果你成为击鼓传花中最后落在你手里的时候,五年这个房价再涨不回来这个地方,而你要付出相当大的成本的时候,这些老百姓又怎么办? 更何况他们在大陆、内陆采用的是集资、借银行的钱,也许没在那儿借,但是这个情况又怎么办?]一句话,[海南岛是全国人民的海南岛,现在似乎有点变成全国人民"倒海南"了]。(中央电视台《新闻1+1·海南:不是国际房地产岛》2010-02-03)

(68)所以,最后,我想用这句话来结束比较好,[就是黄金和白银用天赋的色彩描写了生活的诗,历史的事,曾经诱发过人类灵魂的一种贪婪和罪恶,也曾经导致过社会的进步和发展,观看金银器就是在观察我们自己的历史]。好,[谢谢大家]。(齐东方《百家讲坛·汉唐金银器与社会生活》)

例(66)中的"总而言之"和例(67)中的"一句话"是典型的总结功能话语标记,可用于结束话题。例(68)中的"好"有多个功能,在这里也是起到结束话题的作用。本例中"好"后面的辖域可以填充别的内容,如"今天我们就讲这些"或"今天的讲座就到这里"等,不过由于语言的经济性,发话人可以省去这些内容,受话人依旧能够理解。这三个话语标记都可用在某个话轮内部或独白语篇之中,属于平等型双向辖域话语标记。

4.3.3.6 话轮内话语标记的特征

可用于话轮内的话语标记数量众多,功能齐全,可以说除了少数具有反问功能的跨话轮话语标记,其他的话语标记均可用在话轮内部,或者说独白语篇内部。这些话语标记及其辖域的特征归纳如下:

(一)位置灵活,可用于话轮的句首、句中甚至句末,拥有单向或双向辖域。

(二)双向辖域的话语标记,多个辖域处于同一个话轮内部,有时候发话人会省去其中一个辖域,但受话人可以根据前后语境进行推理,交际仍能顺利进行。

（三）与跨话轮话语标记的辖域一可以是他人的话语不同，话轮内话语标记的辖域一和二都是发话人自己的话语。

分析话语标记的辖域是跨话轮分布还是在话轮内分布，目的是在教学中培养学习者寻找辖域的能力。当他注意到一个跨话轮的话语标记时，就应该回溯前面的话轮，寻找跟话语标记有关的部分，判断辖域一的范围，同时在话语标记所在话轮中寻找辖域二，然后才能根据话语标记的功能推断出两个辖域之间的语义关系。同样，当学习者注意到话轮内的话语标记时，也需要寻找辖域并推断两者的语义关系。不过由于两个辖域都在同一个话轮内部，难度相对于跨话轮的话语标记要小。

4.4 话语标记与其辖域所在语句的松紧程度

我们在描述话语标记的语音特征时曾经提到，话语标记具有独立的语调单位，与其后的语言形式（往往为其辖域所在语句）之间可以隔开，表现为其后会有语气词或一定时长的停顿，在书面语中表现为其后常有逗号、冒号等标点符号。造成这种现象的原因是话语标记来源于元话语，具有程序功能，而其辖域具有概念意义，意义的不同造成两者之间必定存在一定的结构缝隙。

但是，话语标记与其辖域所在语句之间的缝隙，有相对的紧密和松散之分。有些话语标记之后必有表示停顿的标点符号，停顿是它们的自然状态；有些话语标记之后偏向于没有标点符号，不停顿是它们的自然状态；还有一些话语标记处于两者的中间。本小节我们将分别描述这三类不同的话语标记，并探讨其背后的原因。

4.4.1 不同松紧程度的原因

根据对语料的分析，我们发现，话语标记与其辖域所在语句松紧程度不同的原因有两个：

（一）话语标记来源形式及其在句中的位置不同

如果话语标记来源于词或小句，作为元话语时也是独立成句的，与基本话语处在不同的小句之中，那么成为话语标记后，它就必然与其后的辖域所在语句之间保持一定的间隔，表现为书面形式中其后有表示停顿的标点符号。这类话语标记最典型的例子就是来源于反问小句的话语标记。

如果话语标记来源于短语,则根据其在元话语中的位置,它与辖域所在语句之间的关系又有所不同。

若话语标记来源于句首成分,该成分作为元话语的一部分,既可以独立成小句,与其后的成分之间形成一定的间隔,又可以与其后的成分紧密相连,处于同一小句之内。这类短语标记化后形成的话语标记,与其辖域所在语句之间的关系可松可紧,两者之间的标点可有可无。

若话语标记来源于句中的短语,该短语作为元话语的一部分,必须与其后的话语共同组成小句。标记化后,话语标记与辖域之间关系紧密,话语标记之后的语音停顿短促,书面形式上很少用标点符号隔开。

若话语标记来源于句末成分,这些成分由于其使用频率较高,逐渐脱离前面的成分后独立成句。它们从小句末的位置脱离出来后,处于句和句之间,具备了成为话语标记的可能性。它们作为句末成分时,与其后的句子之间互相隔离,因而成为话语标记后,与其辖域所在语句之间常常也是互不相连的(董秀芳,2007a)。

(二)话语标记本身的语义自足程度不同

话语标记要想独立,其语义上必须自足。语义自足的话语标记,对后面的成分从句法上来说没有控制关系。此时话语标记可以独立存在,无须与辖域所在语句共同组成小句,因而两者之间必然有间隔,中间用标点符号隔开。

当话语标记的语义自足性不强时,我们要看其中的某个部分——话语标记的核心词,主要是动词——与辖域在语义上是否存在控制、支配关系。除了小句之外,还有很多话语标记来源于短语。这些短语中的动词在语法化过程中有的丢失了,有的虽然保持下来但语义一步步虚化,对其他成分的控制、支配关系消失或变弱。当动词丢失时,短语与后面的成分失去联系,独立性变强,两者之间不再共同组成小句。当动词的语义虚化时,动词对其后成分的控制、支配关系变弱,两者之间的紧密程度下降,话语标记和辖域所在语句之间变得可松可紧。

当话语标记的语义缺乏自足性时,它无法独立,必须与辖域之间紧密相连,中间不能用标点符号隔开,否则话语标记就失去了其所依靠的对象。

4.4.2　话语标记与辖域所在语句的三种关系

下面我们将通过具体的例子,来分别说明话语标记跟辖域所在语句之间的三种关系。

4.4.2.1　话语标记与辖域所在语句关系松散

有些话语标记来源于小句,语法化为话语标记后,其形式可以是完整的小句,如"谁说不是呢",也可以是小句的缩略形式,如"可不",它们的语义是自足的,仍旧可以独立。这类话语标记游离在辖域所在小句或语段之外,两者之间必有逗号隔开。如果把标点符号去掉,则话语标记又"实化"①为某一语法单位。汉语中存在大量这样的话语标记,我们以"举个例子说"为例来说明其特征。

我们在北大 CCL 语料库古代汉语部分中并没有找到使用"举个例子说"的实例,说明它的形成时间应该是现代。作为话语标记,"举个例子说"结构松散,结构内部成分的句法关系明确,整个结构的语义完整,可以从其字面语义推断出其语用功能。根据我们在 4.4.1 中阐述的原因,"举个例子说"是典型的与辖域所在语句关系松散的话语标记。

我们在北大 CCL 语料库现代汉语部分中搜索到包含"举个例子说(明)"的例句 28 个,其中 25 个句子中的"举个例子说(明)"为话语标记或等同于话语标记,3 个充当句法成分。

　　(69)其次的一种慈善行为是:[有个人把救济物品送给穷人,给予者不知道把财物送给了谁,接受者也不知道谁给他的财物]。**举个例子说**,[在古寺庙里有一个秘密的地方,贤德之人秘密把礼物放到那里,而贫困的人们会到那里秘密地接受他们的救助]。(CCL,《读者》合订本)

　　(70)咱们最好举个例子说明这种从文化角度出发的文学研究。二十世纪中国是个新旧交替的过渡时代,各种文化意识互相碰撞。二十世纪中国文学有个很有意思的母题:现代文明通过种种方式,如军队、革命者、地质队员、旅游者带进古老偏僻的农村,……(CCL,《读书》)

例(69)中的"举个例子说"作为话语标记有前后两个辖域,它与辖域一之间用句号隔开,辖域二之间用逗号隔开,语音上有明显的停顿。"举个例子说"不充当句法成分,用来提醒受话人后面的话语是对前面话语的展开和解释,是一个具体的个案。

例(70)中的"举个例子说明"为联动结构,在句子中充当谓语,其后可跟

---

　　①　根据我们前面的研究,话语标记是通过语法化的手段,由具有概念意义的某类实词、短语或小句虚化而来的。我们在这里用"实化"指某一语言形式失去话语标记的功能,又重新在语篇中表示概念意义,成为某一种语法单位。

宾语"这种从文化角度出发的文学研究"。这种用法不符合我们对话语标记的定义，因此此类例句共 3 个不在我们的研究范围之内。

在"举个例子说(明)"作为话语标记的 25 个例句中，"举个例子说(明)"的分布有三种情况：

（一）"举个例子说"位于话语的中间，以标点符号与前后话语隔开。这样的用法最多，有 20 例。

(71)当然，[原点毕竟不等于坐标，把中间物作原点，不能包揽一切，但可以烛照一切]。上面所言未免笼统了一些，<u>举个例子说</u>，[比如研究鲁迅与佛教的关系，如果没有对中间物概念的把握，这只能是一个个杂多的，恐怕连自己也不能自圆其说，而别人听起来疑窦丛生的断语]。(CCL,《读书》)

（二）"举个例子说"与其他语言形式一起构成元话语，单独成(小)句。这样的用法有 3 例。

(72)一开场，我就跟他讲：病理科大夫是一般临床大夫的判官。病理科大夫很愿意把临床诊断错误的病例拿出来跟大家讨论。<u>我给大家举个例子说</u>，原来在协和医院每一个月有一次 CPC，即临床病理讨论会。有一例临床上诊断是多发性硬化。请大家只要知道软、硬就行了。该例尸检时发现不是脊髓硬化而是软化。有些病理科大夫如获至宝，很高兴就要拿出在全院讨论。(许贤豪《百家讲坛·关注老年人心智健康》)

在这里，"举个例子说"包含在小句"我给大家举个例子说"之内，从小句结构来说它充当谓语，但整个小句在语段中为元话语，起到连接前后话语、提醒受话人注意后面的具体实例的作用，因而"举个例子说"仍可视为话语标记。

（三）"举个例子说"单独成句或后加语气词"吧"成句，可视为语篇中的元话语。这一小类处于第一小类和第二小类的中间状态。这样的用法有 2 例。

(73)不是乏味的说教，而是娓娓动听地谈心；没有满足于干巴巴的原则阐发，而是像一个好的教师那样，……作者从教师在教学过程中的具体作用，谈到教学艺术的探索，谈到德、智、体育诸方面的追求，谈到教师的自我修养。<u>举个例子说吧</u>。作者在介绍"新旧联系，新课慢讲，

螺旋上升，反复巩固"这一教学经验时，没有……(CCL，《读书》)

由此我们发现，"举个例子说(明)"作为话语标记既起到了连接话语的作用，又引导了受话人对后面话语的理解，使其明白前后话语之间的关系。它前面的话语是辖域一，是发话人陈述的一个观点或事实，后面的话语是辖域二，是对前面观点或事实的具体阐述。"举个例子说(明)"与辖域之间的关系松散，先后必须有标点符号将其与辖域隔开。它存在于辖域所在小句之外，不能与辖域同时组成小句。如果我们将话语标记与其辖域之间的标点符号取消，则新句子不符合我们的表达习惯。

(74﹡)举个例子说如果可口可乐在上海台的拍卖投标中击败了百事可乐，则可口可乐就独得在 24 个月内在上海台的广告独播权，在这段时间内，百事可乐不能在上海台做广告。(CCL，1994 年报刊精选)

和"举个例子说"一样，与其辖域所在语句关系松散，中间必须有标点符号隔断的话语标记还有"这不""可不""一句话""你猜怎么着""谁说不是呢""不是我说你"等。

还有一些来自句末成分的话语标记，如"好了""行了""算了"等，语义上能够自足，也属于与辖域关系松散的话语标记。

4.4.2.2 话语标记与辖域所在语句关系松紧两可

这一类话语标记，来源于小句句首或句末的连词或动词短语，因为"处于小句首的成分当前面有其他小句时，正好处于句与句之间，正适合标志句与句之间的关系，所以容易发展为话语标记"[1]。位于句末的成分，由于其使用频率高，逐渐单独成句，"从小句末的位置漂移出来，可以处于句与句之间了，这样，就有了虚化为话语标记的可能"[2]。

这些话语标记在标记化之前，后面都有其他成分与其相连。成为话语标记后，它们的独立性不如源自小句的话语标记，与其后成分的句法关系并没有完全脱离，因而与辖域所在语句之间可以关系松散，中间用标点符号隔开，也可以关系紧密，与辖域所在语句一起组成更大的句子。话语标记"你说"就来自于小句句首成分，表示"说话人对某事物进行评价或对自己的观点加以阐述的话语信息"[3]，它的核心动词"说"虽然已经不再表示具体的嘴

---

① 董秀芳.词汇化与话语标记的形成[J].世界汉语教学，2007(1).
② 董秀芳.词汇化与话语标记的形成[J].世界汉语教学，2007(1).
③ 盛继艳.也谈话语标记"你说"[J].汉语学习，2013(3).

部动作,但对后面需要评价的信息仍有支配作用。

我们同样考察了北大 CCL 语料库现代汉语部分中"你说"作话语标记的使用情况,发现"你说"与其辖域所在语句的关系的确可松可紧。

(一)"你说"位于小句句首,用来增加与受话人的互动,后面的话语是其辖域,是说话人想要阐发的观点,两者之间有逗号隔开。

(75)说到这里,他努力保持的冷静开始瓦解了,手势越来越多,语气越来越急:"你说,[这样特殊的女孩儿,天底下找得出第二个吗?]她姓袁,名叫乐梅,而这名字还是我参取的呢,当我喊出她的姓名,看见她脸上那副不可思议的表情时,更证明我没有认错人!……"(琼瑶《鬼丈夫》)

(76)孙总的妻子生病,自己也照顾不上,却笑着对记者说:"司令员(张连生)天天在此坐镇,你说,[我这个参谋能离开阵地吗?]"(CCL,1994 年报刊精选)

例(75)和(76)中的"你说"用来强调发话人对这些话语的肯定态度,它的辖域都只有一个,是其后的语段。"你说"和辖域所在语句之间的关系松散,用逗号隔开。

(二)"你说"位于小句句首,与其后的辖域紧密相连,中间没有标点符号隔开,仍表示对某种观点的阐发。如:

(77)王向东的脑子来得快,忍不住地问:"镇里不管,你说[不找县委领导找谁?]"(陈桂棣、春桃《中国农民调查》)

(78)上海消费者西桂春说:"我买包'红塔山'香烟就要 10 多块钱。而这种钻石仅一毛多钱一粒,一盒烟能买几十粒这样的'钻石',你说[这样的东西'名贵'吗?]"(CCL,1994 年报刊精选)

除了"你说"之外,还有很多话语标记,如"你看""别说""谁知道""要我说""说来说去"等,与其辖域的关系也是松紧两可型的。

4.4.2.3 话语标记与辖域所在语句关系紧密

这一类话语标记来源于句中的词组,其核心词语跟辖域之间仍保有语义上的支配关系。它们与辖域所在语句之间很少用标点符号隔开,往往直接相连组成一个小句①。这样的话语标记数量较少，典型的如"料""只见""哪知""谁知""岂料""不料"等。它们都带有明显的书面语体色彩，在口语中的结构完整性很差，语义上也不够自足。

我们以"只见"为例来说明这一类话语标记为何与辖域所在语句的关系倾向于紧密。

根据北大 CCL 语料库古代汉语部分提供的语料，"只见"这一形式最早出现在《左传》中，义为"只是表现出"：

> （79）公冶致使而退，及舍，而后闻取下。公曰：欲之而言叛，只见疏也。公谓公冶曰：吾可以入乎？对曰：君实有国，谁敢违君？公与公冶冕服。（《左传》）

"只见"作为短语表示主体的眼部动作及其结果，最早出现在南北朝时期，如：

> （80）臣当时无处去，向上看只见天，下看只见地。（《隋书·突厥传》）

到了五代十国时期，"只见"词汇化为动词，在句中充当谓语，仍表示具体的眼部动作及其结果。如：

> （81）昨夜春风入户来，动如开。只见庭前花欲发。（五代·孙光宪《阿草婆（第一）》词）②

"只见"作为话语标记最早出现在宋代，主要出现在话本等文学性较强的一类作品中。它反映叙述者或作者的视角，用于突出强调一个新出现的情形，增加描述的动态感，以吸引读者的注意。我们猜想，"只见"作为话语标记在宋代产生跟话本小说的第三人称叙述方式有关。

"只见"从短语到话语标记，经历了一个先词汇化再语法化的过程。在词汇化过程中，"只"和"见"的黏合度加强，从可以拆开到不能切分；在语法化过程中，"见"的动作义逐渐消失，不再表示主体具体的眼部动作和结果，

---

① 需要说明的是，话语标记与辖域所在语句绝对紧密相连没有任何停顿的情况极少，只有"料"作为话语标记时才百分百符合这种情况。其他的几个例子，只能说是绝大多数情况下与辖域所在语句是紧密结合的。

② 例（80）和（81）来自董秀芳．汉语书面语中的话语标记"只见"[J]．南开语言学刊，2007（2）．

而是表示某个新情形的出现。有时候，"只见"后面的叙述甚至不再只是"看到"而是"听到"的情形，如：

    (82)育林捧上从湖南带来的土特产请她观赏，搞中说今天雨停日出老奶奶的心情特别好，<u>只见</u>[冰心笑吟吟地说："湘莲、松花皮蛋我都爱吃，这些都是好东西，谢谢了！"](CCL，1994 年报刊精选)

不过，视觉是人类最主要的信息接受方式。在人类接收到的信息中，有80％以上通过视觉获得。因而当一个新情形出现时，"见"仍旧是注意、接收新情形的主要方式。董秀芳(2007b)认为"只见"中的"只"仍然影响着词汇化后"只见"整体功能的发展，但我们认为话语标记"只见"中的"见"，在语法化后仍旧对其后的辖域保留了一定的支配关系，它对话语标记"只见"的形成贡献更大。这同样符合 Hopper(1991)提出的"保持原则"。

正因为"只见"中的"见"对其后形式在语义上仍有一定的支配、控制关系，且"只见"的结构不完整、语义不自足，所以"只见"与其辖域所在语句的关系紧密，两者之间倾向于直接相连中间没有标点符号隔开。我们在北大CCL 语料库现代汉语部分对"只见"进行搜索，得到 7042 个结果，选取前 500条进一步分析后，得到"只见"作为话语标记的用法 415 例。在这些例子中，"只见"全都与其后面的语言形式紧密相连，中间没有标点符号隔开，如：

    (83)他把导线和磁针都沿磁子午线方向放好，然后接上电源，<u>只见</u>[小磁针向垂直于导线的方向大幅度转去]。学生无动于衷，教授却激动万分。(CCL，《中国儿童百科全书》)

    (84)大叠水瀑布：位于路南县城西南 20 公里，有公路相通至叠水电站，舍车步行二三公里便可到达。瀑布的水源系南盘江的支流巴江，落差 88 米，最大流量达 150 立方米/秒。洪水季节，<u>只见</u>[飞流直下，气势磅礴，声震山野，数里之外可闻其声]。干旱季节，飞瀑则分两股下泻，有如银链垂空，纤秀柔美。(CCL，《当代》)

虽然我们只考察了语料库中的前 500 个用例，但是在"只见"作为话语标记的 415 个例子中，它与辖域所在语句间的紧密度高达百分之百，可见"只见"是与辖域所在语句关系倾向紧密的话语标记的典型代表。

分析话语标记与其辖域之间的松紧程度，可以帮助学习者更好地利用话语标记来理解他人的话语。如果话语标记与辖域所在语句的关系倾向于紧密，那么它后面的辖域就不能省略，否则语句不完整，这也意味着其后的话语必定是它的辖域。而与辖域所在语句关系松散的话语标记,其辖域并不需要紧跟在话语标记之后,就可能出现脱落的情况,如本章的例(25)和(26)。

4.5　话语标记程序功能实施过程的演示

发话人使用话语标记,一般来说是为了"有逻辑地构建语篇和实现交际目的,并且方便受话人理解语篇和推导自己话语的意义和交际动机"①。那么,受话人在注意到发话人使用了这一特殊的语言形式之后,是如何利用话语标记来更好地理解发话人的话语的呢?在本章前面部分分析的基础上,我们以话语标记"话说回来"为例,具体演示话语标记是如何发挥其程序功能的。

4.5.1　话语标记"话说回来"的语用分析

根据李胜梅(2004)的研究,话语标记"话说回来"是发话人对自己正在进行的言语行为及其言语表达方式进行陈述,说明前后话语单元之间的语义联系和形式衔接,但并不对其做出主观评议。

李胜梅将"话说回来"的语篇结构总结为:前项＋话说回来＋后项,其中前项是发话人想表达的主要观点,后项是换一个角度补充说明,或换一个立场提出不同的看法。也就是说,"话说回来"在前后话语之间起着双向统领功能,回指前文的表述,标示即将展开的补充或修正话语(马国彦,2010),从而实现前后两个话语结构在语义上的连贯。"话说回来"具有语篇功能。

与"老实说""坦率地说"等话语标记不同,"话说回来"不直接体现发话人的情感或态度。但"话说回来"的使用场合一般是发话人对某个话题的看法与别人不一致,拥有不同的观点,"话说回来"的使用可以使话语更全面、更准确、更客观,使表达少一些片面、偏激、主观,并且使表达更辩证,提升言语表达的合适性和可接受程度(李胜梅,2004)。从某种程度上说,"话说回来"体现了发话者谦虚、谨慎、低调、求全的交际立场。

4.5.2　话语标记"话说回来"的程序功能

在会话中,当发话人认为某个观点虽有一定的道理但并不全面时,他可

---

① 于国栋,吴亚欣.话语标记语的顺应性解释[J].解放军外国语学院学报,2003(1).

以先肯定这个观点,然后使用"话说回来"来提醒对方,后面的话语是对前面话语的补充和修正。此时,"话说回来"体现了发话人补充或修正前面话语的意图。

我们假设受话人熟练掌握了话语标记"话说回来"的语义和功能。那么当他注意到发话人使用了"话说回来"后,就会提醒自己发话人自认为前面的观点不够全面、客观或科学,后面要对其进行补充和修正。此时他需要产生一个理解上的回溯和往下的延伸,找到"话说回来"前后的话语,体会两者之间语义上的差别,从而理解发话人真正的看法。由此,"话说回来"完成了它的程序功能。

对于母语者来说,这种回溯、延伸、判断、理解的过程已实现自动化,是非常迅速和短暂的。虽然我们无法观察到受话人在听到"话说回来"后的一系列思维过程,但是我们可以用语言学的术语将其描述出来。

第一步,当受话人注意到某个话语片段中含有"话说回来"的语音形式时,他会判断该语言形式的性质。

(85a)话说回来后她一直在哭,也不知道是怎么回事。(自编)

(85b)及至近前,可以看到港客们手里传看的是一颗大若瓜子的红色晶莹的多棱体。高洋介绍说:"[既是宝石不是闵物,这东西是百年来历史沧桑的见证,上面凝聚着中华民族耻辱的一页。……珍妃下井了它留下了。不瞒各位,把珍妃塞井里是我爷爷动的手。当时他跟小李子倍儿瓷,人给害了鞋拨了下来揣袖子里了,这是历史上的一个谜。当时珍妃是光着脚下井的;我爷爷干的好事。每回我学近代史学到这段我都面红耳跳,嫌我爷爷给我丢份儿]。话说回来了,[当时我爷爷要不留心眼儿,各位现在也见不着这宝物。按这理儿我爷爷也立了一功。"](王朔《玩儿的就是心跳》)

(85c)

主持人:[关于郑钧的误会不仅仅只是头发,还有他的声音也常常被人误会]。(1)

嘉宾:[还是西北人的感觉很浓,我一唱歌大家一听就知道是郑钧唱的,朋友一打电话,我一说"谁呀"他说你刚睡醒?我说没有,我就是这种声音]。(2)

主持人:不过话说回来,[正是郑钧这种噪音也让他形成了独树一帜的个人演唱风格]。有人说过郑钧的气质一半是温柔一半是狂暴,对于这种说法郑钧坦然解释自己确实是个不会伪装的人，就像他的那首《赤裸裸》一样。又有人说他最迷人的地方是他对于音乐的执着，郑钧回答说，有一首歌可以表达自己对于音乐的感情，那就是《溺爱》。既然提到了这首歌，下面就把这首歌送给大家。(3)(北京人民广播电台《有故事的人》2008-11-24)

也许很多母语者并不知道什么是话语标记，但是母语语感让他觉察到(85a)中的"话说回来"和(85b)、(85c)中的"话说回来"并不相同，前者是一个跨层结构，"话说"起到开启一个话题的作用，"回来"与"后"构成一个表时间的短语，后者是一个独立的结构，具有特殊的功能，表示发话人对自己前面观点的补充或修正等。

第二步，判断"话说回来"的辖域方向和数量。

受话人根据已有的关于"话说回来"的知识，判断出它至少要有两个辖域，前项为辖域一，后项为辖域二。从语义上来说，后项是前项相对或相反的一面，起补充作用，能使前项的观点尽可能客观全面。有时还可以起到对前项语气和态度的舒缓作用，使前项的语气和态度不至于太主观(李胜梅，2004)。然后，他会总结出"话说回来"语篇结构：

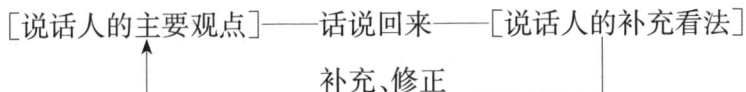

[说话人的主要观点]——话说回来——[说话人的补充看法]

补充、修正

第三步，结合话语标记与话轮的关系，进一步分析话语标记的具体辖域。

有些话语标记的辖域必定是跨话轮的，如"谁说不是呢"。但很多话语标记的辖域既可以跨话轮存在，也可以处于同一话轮内部，如"话说回来"。这就需要受话人在短时间内对话语标记与话轮的关系进行分析，在此基础上再确定话语中话语标记辖域的具体位置。

受话人根据"话说回来"的语篇结构模式，向前回溯表示主要观点的话语并确认其管界；同时，他还会向后延伸表示次要观点的话语并确认其管界。通过对(85b)的分析，可以发现"话说回来"的两个辖域都在同一个话轮之内。辖域一是"话说回来"之前的一部分话语，用来介绍红宝石的来历——珍妃投井时"我爷爷"趁机把珍妃的鞋子拔了下来。辖域二是"话说回来"之后的话语，表明我对爷爷这一行为的态度"按理儿我爷爷也立了一功"。辖域一和二在同一话轮内部。

　　同样,受话人通过向前回溯和向后延伸,发现在(85c)中"话说回来"的辖域是跨话轮存在的,同时包括主持人和嘉宾的话语。辖域一是话轮(1)和话轮(2),谈论的是郑钧的声音"也常常被人误会";辖域二是话轮(3)的一部分,补充主持人对郑钧声音的看法"正是郑钧这种嗓音也让他形成了独树一帜的个人演唱风格"。

　　对于口语交际来说,说出来的话语是瞬间即逝的。受话人判断出某一语言形式属于话语标记,并根据对它的认知去寻找其辖域,也是在很短时间内发生的。当该话语标记的辖域是跨话轮存在时,需要受话人回溯到前面的话轮中去寻找辖域一,而人短时记忆的容量又是有限的,这就提高了认知任务的难度。比如(85c)中"话说回来"的两个辖域是跨话轮分布的,辖域一又包含了两个话轮。当受话人听到"话说回来"时,需要跨越两个甚至多个话轮去寻找辖域。在一些复杂的多人对话中,辖域一和辖域二之间有时还会相隔一个或多个话轮,寻找辖域的难度更大。因此,辖域跨话轮分布的话语标记,其认知难度要高于辖域在同一话轮内的话语标记。

　　第四步:分析不同辖域之间的语义关系。

　　当受话人找到了话语标记的辖域后,就得分析辖域的语义及其相互之间的关系。对于单向辖域话语标记来说,其辖域只有一个,且大多数都向后,不存在语义关系的判断问题。但对于双向或者多向的话语标记来说,分析前后辖域之间的语义关系,有助于更好地理解发话人的话语意图。

　　在(85b)中,"话说回来"的辖域一是高洋对手中红宝石来历的介绍,但是这个来历容易让在场的人觉得他爷爷的为人不够地道。为了不引起大家的反感,高洋先表明了自己的态度"面红耳跳,嫌我爷爷给我丢份儿",然后又通过"话说回来"提出相反的看法,认为爷爷这样做也有一定的价值,"否则各位现在也见不到这宝物了",说明爷爷的做法有一定的可取之处,情有可原。前后两个辖域都是高洋的看法,辖域一是主要的看法,辖域二是对辖域一的补充和修正。

　　在(85c)中,"话说回来"的辖域一是主持人对郑钧嗓音的评价"常常被人误会"以及郑钧自己所举的例子,说的是郑钧嗓音的劣势。辖域二是主持人对郑钧嗓音的另一种看法,"这种嗓音也让他形成了独树一帜的个人演唱风格",说的是郑钧嗓音的优势。辖域一和辖域二的语义都表达了主持人的看法,辖域二是对辖域一的补充和修正。

　　这样,从受话人听到"话说回来"的语音形式的一瞬间起,他就按照以上四个步骤,先判断出"话说回来"的性质,然后根据"话说回来"的语篇结构判断其辖域的方向和数量,接着对其前后辖域进行划分和确定,最后分析辖域之间的语义关系。通过这样一个过程,受话人利用话语标记"话说回来",领会了发话人要表达的主要观点和他对这个观点的补充修正,从而更好地理解了发话人的话语。换句话说,发话人利用"话说回来"表现了自己的话语意图,受话人利用"话说回来"帮助自己领会了发话人的话语意图。

4.6　本章小结

本章我们回答了"话语标记的程序功能是如何发挥作用的"这一问题。或者说,主要从受话人的角度探索了他如何利用话语标记来帮助自己理解话语这一过程。

我们认为,受话人利用话语标记理解话语的过程,就是寻找话语标记的辖域、分析辖域间语义关系的过程。因此对话语标记辖域的认识程度,影响了对话语标记的利用程度,并最终影响了对话语的理解程度。

根据研究,我们发现话语标记的辖域从方向上来看,分为单向和双向两种;从数量上来看,有单个、双个和多个之分。辖域的语义可以是关于场景中的事件的,也可以是关于话语的。话语标记在话轮中具有开启话题、接续话题、转换话题、找回话题和结束话题等功能。有些话语标记的辖域可以跨话轮分布,有些话语标记的辖域只能分布在同一话轮之内。由于来源和本身语义自足程度的不同,话语标记与其辖域所在语句的紧密程度有所不同,有些话语标记之后必有停顿,有些话语标记倾向于与辖域所在语句紧密相连,也有些话语标记处于两者皆可的状态。

分析辖域的各种情况,是为了探索母语者在注意到话语标记的使用后大脑中的思维过程,并根据这个过程在国际中文教育中培养留学生利用话语标记进行话语理解的能力,也就是留学生的元话语能力。

第五章　汉语话语标记教学研究

　　本书在第一章就开宗明义,认为元话语能力是超越话语能力的能力,能够驾驭话语能力,我们应该在国际中文教育的中高级阶段培养留学生的元话语能力。

　　元话语能力有多种表现形式,话语标记的理解和使用是典型的一种。但根据我们的研究,留学生话语标记习得现状不尽如人意。因而有必要在教学中加强话语标记的教学,使留学生能够在汉语输出过程中利用话语标记来更好地实现自己的交际意图,在汉语输入过程中能够利用话语标记去领会发话人的交际意图。

　　那么,在目前的国际中文教育中,话语标记教学到底处于什么样的一种现状,教师对话语标记如何认知? 汉语教材对话语标记是如何处理的? 从理解的角度出发,对于不同类型的话语标记,教学中是否应该有所侧重? 使用何种教学方法,能帮助留学生更好地习得话语标记? 从使用的角度来看,哪种课型最适合训练留学生利用话语标记的引导功能? 本章我们将就这几个问题展开讨论。

5.1　话语标记课堂教学现状

　　白娟、贾放曾在分析留学生口语中话语标记使用不够理想的原因时指出:"几乎在所有的教材和教学中,话语标记语都没有作为一种专门的教学内容被提出并进行有针对性的教学。"①可见他们将教学看作是影响留学生话语标记习得的一个重要因素。那么,目前国际中文教育中话语标记的教学情况是否真的如此呢? 汉语教师又是如何看待话语标记教学的呢? 他们是否在教学中对话语标记进行了专门的讲解? 他们自己的课堂话语中,是否有意无意地使用了一些话语标记,体现出何种特点呢?

带着这些问题,我们设计了一份简单的教师话语标记教学情况调查问卷②,在北京、浙江和四川的四所高校中对担任中高级汉语教学任务的 35 位教师进行了调查。这 35 位教师中包括 9 位男教师,26 位女教师;28 位正式教师,7 位兼职教师;13 位精读课教师,10 位口语课教师,3 位听力课教师和 9 位其他课型的教师。这些教师中教龄 1 年以下的有 1 位,教龄 1～3 年的有 17 位,教龄 6～10 年的有 15 位,教龄 10 年以上的有 2 位,最长教龄为 26 年。

虽然参加调查的教师人数并不是很多,但由于他们分布在不同地区的高校,又大都拥有较长时间的教龄,因而他们对话语标记教学的看法,具有一定的代表性。

另外,我们在华东师范大学国际汉语文化学院随机挑选了不同年级的三位口语教师进行课堂录音以考察她们的课堂教师用语。这三位教师都是女性教师,其中 A 教师主讲初级口语(下),教龄 1 年,B 教师主讲中级口语(上),教龄 4 年,C 教师主讲中级口语(下),教龄 7 年,她们所使用的教材都是《发展汉语》(口语)系列教材。A、B 两位教师可视为新手教师,C 教师可视为熟手教师。每位教师的录音时长均为 3 个上午,计 12 个课时,三人录音共计 36 个课时。

对所得的录音文件,我们进行了转写。考虑到转写的效率,在不影响分析结果的前提下,我们省略了教师重复自己话语的话语,比如教师说"跟我读课文,读课文",第二个"读课文"在转录文本中不出现。最后三位教师话语的转录文本共计 101896 字。

虽然课堂录音最初并不是针对话语标记教学的,但教师话语作为学生课堂语言输入的主要来源,决定了输入的数量和质量,影响了学生的习得结果。教师话语中话语标记的使用,会对学生话语标记的习得产生潜在的影

---

① 白娟,贾放.汉语元语用标记语功能分析与留学生口头交际训练[J].语言文字应用,2006(S2).

② 问卷详细内容请见附录四。

响。特别是口语课,是"最灵活并与训练语言的实际交际能力有着最直接关系的一门课"①,也是最有可能使用话语标记的课型。因此考察教师话语中话语标记的使用情况,也能为我们了解话语标记的教学现状提供一定的信息。

5.1.1　从问卷调查结果看话语标记的教学现状

根据对问卷调查结果的分析,我们发现,总体而言目前汉语教师对话语标记的了解不够全面,课堂教学中话语标记并不是教学重点,话语标记在教学中的地位有待进一步提高。

首先,大部分教师对留学生习得话语标记的意义仍停留在丰富表达手段的阶段,没有意识到话语标记作为元话语的一种,其使用和理解是学习者元话语能力的体现。

对发话人来说,使用话语标记可以让话语更具连贯性,还可以更明确地表达自己的情感态度,对受话人来说,话语标记可以帮助他更好地理解话语。这是从功能的角度看待话语标记习得的价值。但是在我们的调查中,对于"您认为话语标记习得对学生来说何有作用"一题,有 8 位教师认识到了这三种功能,有 21 位教师意识到了其中的一个或两个功能,还有 6 位教师只认为话语标记"能增加表达手段"。这说明大部分教师没有全面地从输入和输出两个角度看待话语标记的功能,小部分教师仅仅从语言结构的层面来看待话语标记,没有认识到话语标记具有程序功能,其作用不是语法的而是语用的。

其次,教师对话语标记教学的重视程度不同。很少有教师开展专门针对话语标记的教学,大多教师只是将话语标记作为词汇或语法的补充内容,少部分教师会根据课文内容进行讲解。

在调查中,有 17 位教师承认自己对话语标记的教学要视课文中生词或语法点的多少而定,如果生词或语法点太多,话语标记的教学就不会占用太多时间。另有 10 位教师认为话语标记不是教学重点,所以很少讲解。只有 8 位教师提到如果课文中出现了话语标记,他一定会对其进行讲解。不过,没有教师将话语标记作为课堂教学的重要内容,在教材的基础上补充材料,按不同的类别对其进行讲解。我们的调查结果印证了白娟、贾放的看法。

---

① 　孙雁雁.谈留学生中级阶段口语教学[J].云南师范大学学报(对外汉语教学与研究版),2003(4).

　　造成这种现状的原因有两个。第一个原因是，教师对话语标记作用的看法和了解程度影响了他们在教学中对话语标记的处理。如果教师将话语标记看作丰富表达的手段，那么它的地位自然就不如课文中的重点词语和语法点，只能作为备选内容出现。同时，教师本身的知识结构影响了他对教学内容的安排。在调查中有近 2/3 的教师承认自己对话语标记缺乏足够的了解，他们对"哪些形式可以作为话语标记"的判断正确率仅为 53.8%。

　　第二个原因是，和语法点相比教材中关于话语标记的介绍和练习太少，使得教师在进行话语标记教学时具有一定的难度。对于部分教师来说，他未必对话语标记有深入的研究，如果教材没有提供足够的介绍和练习的话，开展教学对其来说增加了教学负担，有些教师难免会选择"跳过"话语标记的讲解和练习。

　　再次，大部分教师认为应该从中级阶段开始进行话语标记的教学。这与我们提出的"在中高级阶段培养留学生元话语能力"的观点相一致。有 26 位教师认为应该在中级阶段开始话语标记的教学，另有 8 位教师认为应该从初级阶段就开始进行教学，只有 1 位教师选择了从高级阶段开始话语标记教学。

　　话语标记的使用和理解，属于元话语能力。但是在初级阶段，留学生的汉语基础较差，他们的学习重点是语音、词汇和基本的语法知识，表达能力还比较弱。此时他们更关注"说什么"的问题，将注意力放在"我的发音有没有问题""别人能不能听懂"或"一边说，一边想一想，语法对不对"等"说得对不对"的问题上，鲜有人考虑自己"说得好不好"。此时话语标记的程序功能还很难发挥作用。到了中高级阶段，学生组词成句、组句成篇的能力开始形成，师生之间、生生之间的交流互动也越来越频繁，话语标记在其话语中有了用武之地。因此从中级阶段开始话语标记的教学，符合学留生的学习情况和需求。

　　最后，HSK 对教学的反拨效应在话语标记教学上同样存在。超过 90% 的教师认为，如果 HSK 中增加对话语标记的测试比例，他也将在课堂教学中加强对话语标记的教学。

　　"语言测试既能反馈语言教学又能指引语言教学。"①HSK 会影响留学生的学习内容、学习策略和学习态度等，也会影响教师的教学内容、教学策

---

　　①　黄春霞.HSK 对汉语作为第二语言教学中学习行为的反拨效应[J].云南师范大学学报(对外汉语教学与研究版),2013(1).

略和教学方法等。话语标记的理解在 HSK 中主要体现在听力部分,尤其是对话部分。但是目前关于 HSK 应试策略的研究中很少有针对话语标记的,说明话语标记对受话人的引导作用尚未引起学界的重视。如果 HSK 中话语标记的出现范围从听力扩大到阅读部分,或者说在试题中的比例加大的话,相信它会引起学界的重视,教师们自然也会在课堂教学中加强话语标记的讲解和操练。

5.1.2　从教师话语中话语标记的使用情况看话语标记的教学现状

对转写文本进行分析之后,我们发现教师课堂话语中所用的话语标记具有三个特点:

第一,话语标记在三位口语教师的话语中普遍存在,且语篇功能话语标记的数量和种类要明显多于人际功能话语标记。

从整体上来看,每位教师都使用了一定数量的话语标记。A 教师使用了 9 个不同的话语标记,共使用 89 次,平均每节课使用话语标记 7 次;B 教师使用了 13 个不同的话语标记,共使用 247 次,平均每节课使用话语标记 21 次;C 教师使用了 19 个不同的话语标记,共使用 440 次,平均每节课使用话语标记 37 次。由此可见,随着学生汉语水平的提高,教师所用话语标记的种类和数量都逐步增加,C 教师所用话语标记的种类和数量最多。

语篇功能话语标记的作用是连接语篇,主要用于讲解教学内容和组织教学活动,如"比如说""就是说"是教师在举例时用得较多的话语标记,"好""好的"可开启新的话题,用于变换提问内容或者总结点评练习等,"那么"可引发相关的新话题,常用于讲解新的内容或组织安排新的教学活动等。在三位教师使用的话语标记中,语篇功能话语标记分别占总数的 66.7%、69.2% 和 68.4%,其使用次数分别占总次数的 96.7%、83.0% 和 73.7%。

人际功能话语标记可用来表达教师的观点和态度,增加与学生的交流互动等。在三位教师所用的话语标记中,A 教师使用了 3 个用来引起学生注意的人际功能话语标记,每个话语标记皆只使用一次。B 教师使用了 4 个不同的人际功能话语标记,其中 1 个表示主观态度,3 个可促进交流互动。C 教师使用了 5 个不同的人际功能话语标记,其中 1 个表示主观态度,4 个用来促进师生互动。

在我们的问卷调查中,有 43.3% 的教师认为自己较多使用了"总之""好的"和"比如说"等语篇功能话语标记,有 26.8% 的教师认为自己同时使用了语篇功能话语标记和"老实说""你们想""在我看来"等人际功能话语标记,两者共占全部教师的 70.1%。因此三位教师在课堂教学中对话语标记的使用情况,印证了问卷调查中教师对自己所用话语标记的感知。

第二,从每一大类话语标记的小类来看,三位教师所使用的语篇功能话语标记同中有异,随着学生汉语水平的提高,所用话语标记的种类更加丰富。三位教师所用的人际功能话语标记大致相同,变化不大。

从三位教师所用的语篇功能话语标记来看,有些话语标记是她们共同使用的,如表示总结的话语标记“好”,用来举例的话语标记“比如说”,可以引出新话题的话语标记“那/那么”等,这表明教师所用的话语标记存在一定的共性。但同时每个级别的教师各有自己专用的话语标记,如同样是用来举例,A 教师只用到了“比如说”,B 教师同时使用“比如”和“比如说”。又如,C 教师使用了表明话题来源的话语标记“听说”,但 A、B 两位教师都没有使用。

三位教师所用的人际功能话语标记中,“我觉得”“我们说”和“我可以告诉你”用来表明接下来阐述的内容属于教师个人的意见,“你看”“记得吗”“知道吧”“你知道”都是为了引起学生的注意力,把学生的兴趣点集中到教师将要阐述的信息上来。就使用次数来说,“我们说”使用得最多,三位教师共使用了 32 次。

从全部人际功能话语标记的使用频次来看,从教师角度出发的话语标记使用较多,从学生角度出发的话语标记使用较少,教师的主导作用得到了显现,而学生的中心地位不够明显。

第三,不同种类话语标记的使用存在不均衡现象。有的话语标记使用过少,而另外一些话语标记则过度使用。

三位教师的话语中缺乏某些类别的话语标记。比如在三位教师的话语中,我们都没有发现用来解释说明事实的澄清型话语标记和用来表示进一步阐述说明观点的递进型标记语。同时某些标记语的使用频次偏低,比如具有解释功能的话语标记“就是说”,A 教师没有使用,B 教师只使用了 1 次,C 教师使用了 4 次。

另外我们也发现,在三位教师的话语中都存在着一定程度的话语标记赘言现象。话语标记赘言是指话语标记的过度使用造成了句子冗长,句子核心成分被隔开,话语表达碎片化等后果,给听者造成吞吞吐吐、断断续续的消极印象,增加了听者的理解困难(姜有顺,2013),也就是常说的“口头禅”。

在三位教师的话语中,一些话语标记如“好”“好了”“好的”等都存在过

度使用现象。如 A 教师在讲解生词时,习惯于用"好"来引介生词:

(1)好,下面一个,第三,下课,我们说 begin the class 是上课。好,第四个是发现,发现,find 或者 discover,……好,第五个是"躺",我们一般说,lie down 是躺下,……好,第六个是,怎么读? 舒服……

又比如 B 教师在介绍到中国家庭去做客应该如何交谈时,连续用了好几个"然后":

(2)然后请朋友做客的时候,第一个你要先问朋友有没有时间。问他"你有空吗? 我们什么见面? 我带你去我家"对吧? 然后到了你的家,或者你朋友的家,你要叫朋友的爸爸妈妈"伯父伯母"。然后,朋友会给你吃的东西喝的东西……

过度使用某个话语标记,一方面使教师的话语变得零碎啰唆,降低了课堂教学的效率,另一方面也降低了课堂输入的质量,使学生的注意力被分散,无法有效习得关键性的内容。同时,它会给学生树立负面榜样,造成学生的话语中也可能过多使用某个话语标记。

总之,汉语教师的课堂话语中包含了一定数量的话语标记,语篇功能话语标记多于人际功能话语标记,且随着学生水平的提高,语篇功能话语标记变得更丰富多样,但人际功能话语标记却没有明显的增加。我们可以推断,教师在课堂教学中对语篇连贯的关注较多,与学生的交流互动还不够。这种现象对学生的影响就是学生在组织话语时,也更关注语篇的连贯和衔接,而较少注意与交际对象的交流互动。

同时,不管是新手教师还是熟手教师,在话语标记的使用中都存在着一定的不均衡性。某些话语标记欠缺或使用不够,表明教师使用的话语标记不够丰富,而另外一些话语标记使用过度甚至形成口头禅,则表明从某种程度上来说,教师对话语标记的使用具有一定的无意识性。教师一方面对应该使用哪些话语标记没有清楚的认识和打算,另一方面对自己使用的话语标记也缺乏注意和总结。这也与问卷调查中大多数教师承认自己缺乏对话语标记的充分认识相印证。教师对话语标记的认识和使用导致学生关于话语标记的输入达不到 krashen 所说的"足够量的可理解性输入",会影响学生对不同种类话语标记的习得。见表 5-1。

表 5-1　教师课堂话语中使用的话语标记

教师	语篇功能话语标记	人际功能话语标记	
		主观态度话语标记	人际互动话语标记
A	那,好,好的,比如说,还有吧,这样好了		我觉得,知道吧,记得吗
B	好,好的,然后,比如,这个,好了,比如说,怎么说,就是说	一般来说	我们说,你看,你知道
C	好,好的,好了,好吧,那,那么,这样,就是说,比如,比如说,听说,所以说,这样吧,然后	不管怎么样	我们说,告诉我,你知道,我可以告诉你

综上所述,根据对教师话语标记课堂教学情况的调查和对教师课堂话语中话语标记使用情况的分析,我们可以得出这样的结论:目前国际中文教育中,话语标记的教学尚不是重点,只有个别教师将其习得作为留学生元话语能力培养的一部分,大部分教师对话语标记的使用是无意识和不全面的,这使得留学生的话语标记输入也缺乏系统性。

5.2　汉语口语教材中话语标记应用情况研究

教材在任何学科的发展和建设中都起着至关重要的标志性作用,在第二语言教学和外语教学中尤其如此。(李泉,2002)汉语教材是留学生习得汉语的重要教学资料,教材课文中话语标记的呈现和练习中话语标记的操练,都将影响留学生对话语标记的习得。那么,现行的教材对话语标记是如何处理的呢? 是否体现了它对培养学生元话语能力的重要意义?

目前关于汉语教材中话语标记应用情况的研究较少,已有的研究或所考察的话语标记有过度泛化之嫌(王迪,2010),或只关注某一本教材中话语标记的应用情况(高健、石戴镕,2014),或只考察一个水平等级的口语教材中所应用的话语标记(杨恬,2015),缺少以某一套系列教材中应用的话语标记为考察对象的研究。我们将以北京大学出版社出版的《汉语口语》系列教材(第三版)为例,考察话语标记在整套教材中的分布和使用情况,以期更全面地了解教材中话语标记的应用现状。

5.2.1　研究对象和方法

一般来说,与书面语相比口语中话语标记使用的数量和种类更多。通过对 HSK 语料库中留学生作文的抽样分析,可以发现留学生所用话语标记带有较明显的口语体色彩,这表明学生所掌握的话语标记主要来自于口语教材或日常生活。因此,分析口语教材中话语标记的使用情况比其他教材更为合适。

北京大学出版社出版的《汉语口语》教材,是当今国内汉语教学中使用范围较广、师生评价较高的一套口语系列教材,自 1997 年首次出版以来已修订了两次。本书选用这套教材的第三版作为目前汉语口语系列教材的代表,主要统计分析该套教材课文中话语标记的种类和数量,以及课后练习涉及的话语标记的操练情况。《汉语口语》系列教材共有 9 册,分为初级、中级、高级 3 个级别,每个级别有 3 册[①]。

我们先采用人工检索的方式,将课文中的话语标记摘录出来,然后根据不同的标准将其分类。统计时有些话语标记在教材中多次出现,我们将同一册教材中多次出现的话语标记视为同一个,将不同级别教材中出现的同一个话语标记视为不同的个体。如,"这样吧"在《中级 1》中出现 2 次视为 1 个话语标记,在《中级 2》中出现 3 次也视为 1 个话语标记;"这样吧"在 6 册不同的教材中分别出现,计为 6 个话语标记。

5.2.2　教材中话语标记的应用特点

《汉语口语》系列教材对话语标记的处理情况如下:

(一)总体情况

我们将《汉语口语》系列教材中的话语标记数量整理为表 6-2。如表 6-2

---

① 这 9 册教材的具体情况分别为:《初级汉语口语 1》(简称《初级 1》),戴桂芙、刘立新、李海燕编著,北京大学出版社 2014 年出版。《初级汉语口语 2》(简称《初级 2》),戴桂芙、刘立新、李海燕编著,北京大学出版社 2014 年出版。《初级汉语口语提高篇》(简称《初级提高》),戴桂芙、刘立新、李海燕编著,北京大学出版社 2015 年出版。《中级汉语口语 1》(简称《中级 1》),刘德联、刘晓雨编著,北京大学出版社 2014 年出版。《中级汉语口语 2》(简称《中级 2》),刘德联、刘晓雨编著,北京大学出版社 2015 年出版。《中级汉语口语提高篇》(简称《中级提高》),刘德联、刘晓雨编著,北京大学出版社 2015 年出版。《高级汉语口语 1》(简称《高级 1》),刘元满、任雪梅、金舒年编著,北京大学出版社 2014 年出版。《高级汉语口语 2》(简称《高级 2》),刘元满、任雪梅、金舒年编著,北京大学出版社 2016 年出版。《高级汉语口语提高篇》(简称《高级提高》),祖人植、任雪梅编著,北京大学出版社 2014 年出版。

所示,9 册教材包括课文 149 篇,共使用话语标记 206 个,平均每篇课文使用
1.4 个。其中初级教材平均每篇课文使用的话语标记不足 1 个,特别是《初
级 1》整册教材中出现的话语标记只有 3 个,平均 8 篇课文才使用 1 个话语
标记。中级教材的课文平均使用 1.6 个,高级教材为 2.7 个。考虑到从初
级教材到高级教材,课文篇幅不断增加,即使每篇课文使用的话语标记平均
数量有所上升,但总的来说仍可进一步增加。

表 6-2　《汉语口语》系列教材中话语标记数量表

教材名称	课文篇数/篇	话语标记数量/个	平均每篇课文使用的话语标记数量/个
《初级汉语口语》(1、2、提高篇)	61	26	0.4
《中级汉语口语》(1、2、提高篇)	52	82	1.6
《高级汉语口语》(1、2、提高篇)	36	98	2.7
总计	149	206	1.4

206 个话语标记中,出现次数最多的是处于话轮开头位置的"那",平均
每册教材中出现 7 次,它并不表示任何概念意义,只用于开启、接续或转换
话题。大多数话语标记在整套教材中出现 3—4 次,但也有一些话语标记只
出现了 1 次,如"说的是""你还别说""说来好笑""除此之外"等。

(二)不同级别教材中所用话语标记数量呈现出"总体逐渐上升但中间
偶有回落"的趋势,新出现的话语标记数量变化较为复杂

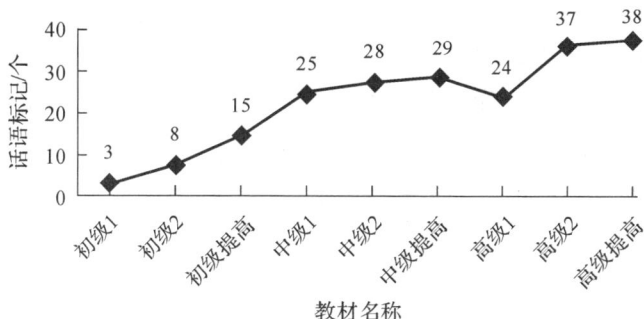

图 5-1　每册教材中的话语标记数量

图 5-1 显示了每册教材中使用的话语标记数量及其发展趋势。可以看

出,教材中出现的话语标记,数量上从《初级1》中的3个逐渐增加到《高级提高》中的38个,呈现出稳步上升的趋势,与留学生口语水平逐步提高的事实相一致。虽然《高级1》中的话语标记数量相对较少,但不影响总的增长趋势。

初级教材中,话语标记数量依次稳定增加。从《初级提高》到《中级1》,话语标记数量有较为明显的增长,但中级教材中话语标记的数量基本相同。与《中级提高》相比,《高级1》中话语标记的数量突然减少,《高级2》和《高级提高》基本相同。从9册教材中话语标记使用数量的整体趋势来看,高级教材中的话语标记出现了"先回落后增长"的特点。

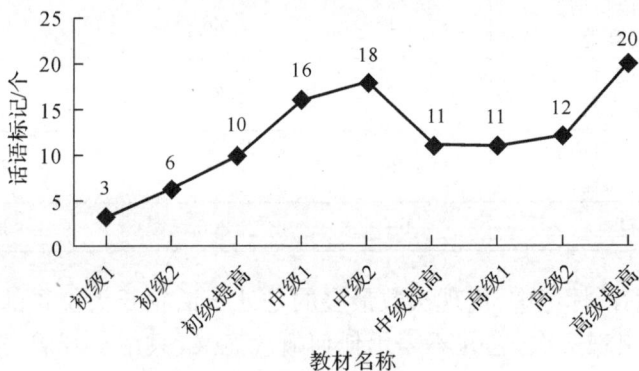

图5-2　每册教材中的新话语标记数量

图5-2显示的是每一册教材中新出现的话语标记数量及其发展趋势。可以看出,每一册教材相比前一难度等级教材所使用的新话语标记数,也具有"先增加后减少再增加"的特点。从《初级1》到《中级2》,每一册教材中使用的新话语标记数逐渐增加,但从《中级提高》到《高级口语》,教材中使用的新话语标记数量反而下降,到《高级提高》又明显上升。这表明整套教材在如何处理话语标记方面缺乏足够的统一认识。

(三)不同类型的话语标记,呈现不平衡特征

在全部话语标记中,语篇功能话语标记有122个,如"好""那么""这样吧""话说回来"等,人际功能话语标记有84个,如"看我""我说嘛""说实在的""我们都知道"等,前者数量约为后者的1.5倍。语篇功能话语标记重在组织话语保证话语的连贯性,教材对这类话语标记的使用,有助于留学生习得连贯流利的话语。语篇功能类话语标记的数量较多,原因有两个:一是这类话语标记含义较为丰富,功能也齐全,教材中自然使用较多;二是教材编

写者重视对学生连贯表达能力的培养,有意识地较多使用了此类话语标记。

语篇功能和人际功能话语标记,都可以根据具体的功能分成更多的小类。在《汉语口语》系列教材中,不同小类的话语标记也呈现出不平衡现象,有些功能的话语标记个体数量较多形式丰富,另一些则不然。比如在语篇功能话语标记中,表示概括总结的话语标记有"总之""总而言之""总的看来""综上所述"等,表示话题转换的话语标记只有"对了"一个,缺少其他相同功能的话语标记,表达形式上不够丰富多样。

据统计,《汉语口语》系列教材中出现的默会型话语标记主要有"我看""你看""看你""对了""你/大家知道""可不(是)"和"这不"等,其余的都是明示型话语标记,默会型话语标记在数量上明显少于明示型话语标记。这是因为语法化程度较高的默会型话语标记本身数量就较少,而且很多话语标记尚处于标记化的过程中。另外,默会型话语标记的习得难度较大,教材编者可能有意识地减少了这类话语标记的应用。

同时,默会型话语标记的使用频次也相对较低。除了"对了"出现频次较高,在9册教材中一共出现26次以外,其他的话语标记如"可不(是)"出现9次,"我看"出现5次,"看你"出现4次,"这不"只出现1次。受到研究者关注的许多默会型话语标记如"回头""完了""也是""别说"等在教材中均未出现。

(四)话语标记的练习数量不多,题型不够丰富

教材编写者将话语标记与重点短语、构式视为性质相同的语法结构,在"注释"或"语句理解"板块中对话语标记有所解释。但在"练习"板块中,有关话语标记的操练相对欠缺。首先,话语标记相关的练习数量较少,并非每一课都会对出现的话语标记进行操练,且每课最多只有一道练习题涉及话语标记,每个话语标记只练习一次。其次,话语标记与词语、短语或构式处于同一练习题中,不利于学生对其性质的把握。话语标记重在语用功能,而其他三种语言形式重在语法和语义。再次,课后练习题形式单一,只有一种题型,即根据例句使用话语标记完成对话,由此容易降低学生的习得兴趣。最后,练习中出现的话语标记不成系统。对于不同级别教材中出现的功能相同的话语标记,没有进行整理或对比,学生也无从进行相应的操练。

5.2.3　汉语教材中话语标记的编写建议

根据对《汉语口语》系列教材中话语标记应用情况的分析,并结合对HSK语料库中留学生汉语话语标记使用情况的考察,我们认为今后的教材

应从课文、练习等板块加强对话语标记的介绍和操练。

（一）增加课文中话语标记的比重

话语标记不仅是一种语言现象，更是元认知的语言表现形式。话语标记的习得，体现了留学生的元话语能力。话语标记在教材中数量偏少，说明现有的教材对话语标记习得的重要意义还缺乏充分认识。

教材编写要有科学性，教材内容应该系统、准确和规范（李泉、金允贞，2008）。目前汉语口语教材中话语标记的种类和数量都不够丰富，正是缺乏系统性的表现。要解决这个问题，除了课文的体裁和语体要尽量多样化，使包含其中的话语标记更为齐全之外，更重要的是在教材编写之前编写者应该对话语标记有整体的认识，根据已有的研究成果对常用的话语标记进行归类排序，尽可能在课文中融入更多的话语标记。对于不同功能的话语标记，要力求各种功能平衡齐全，避免厚此薄彼。对于具有相同功能的话语标记，要挑选母语者使用最频繁、最具代表性的一个或几个，以重复出现的方式分布在不同的课文中。如同样是表示坦白、真诚的言说方式，在北大 CCL 语料库中"说实话"要远多于"说真心话"，那么编写教材时两者中就应该选择"说实话"。"说老实话""说实在的""说心里话"等作为"说实话"的变体，可由教师在课堂上引申介绍，教材中无须一一呈现。而功能相同但形式不同的"坦白地说"则可在教材中另行出现。

虽然初级阶段的留学生汉语水平较低，表达能力有限，但这并不意味着教师无法开展话语标记的教学。相反，有些简单的话语标记如"你看""好了""比如说"等，是日常生活中经常用到的，介绍相关的汉字后就可出现在课文中。这样就能从初级阶段开始培养留学生的元话语意识。

根据调查，高级阶段的留学生汉语表达能力虽有所提高，但他们对话语标记的掌握情况仍不理想（庞恋蕴，2011），可能原因之一就是高级阶段教材对话语标记的重视不够。我们建议，高级阶段的教材应该对初中级教材中的话语标记，特别是高频使用的话语标记进行重现和深化。重现率是用来评价一部教科书的标准之一，这一点也恰恰是现有教科书中最薄弱的地方（刘珣，2000）。适当的重现是有效的复习手段，能巩固学生的学习效果。重现不仅体现在生词和语法点上，也应该体现在话语标记上。同时，高级阶段的教材还应适当增加一些难度较大但母语者经常使用的话语标记，使留学生的汉语表达更加地道。如"也是""要不""我说什么来着"等话语标记，都属于跨话轮话语标记，习得难度虽然较大，但都是母语者在日常生活中经常使用的，教材中应该有所体现。

目前教材中话语标记的种类和数量需进一步增加,习得不同的话语标记,既能提高留学生的元话语能力,也能使话语更加灵活多变。

(二)话语标记的分布应遵循"由简至难"的原则

课文中出现的某个语言形式,无论它能同时作为普通句法成分和话语标记,还是仅可作为话语标记,都应该按照习得难度"由简至难"出现。具体来说,体现为三点:

第一,如果某一语言形式既能充当句法成分又能充当话语标记,课文中应该首先以普通句法成分的形式出现。一般来说,在初级阶段语法教学是重点,学生最初掌握的是汉语的句子结构、句法成分等语法知识。当一个语言形式能充当句法成分时,作为常态容易被学生习得。比如在现代汉语中,"好了"有多种用法:

当谓语:他的病已经好了。(好了1)

充当补语:午饭已经准备好了。(好了2)

语气助词:这件事你问我好了。(好了3)

作为话语标记:好了,好了,过去的事儿就不要再提了。(好了4)

充当谓语,表示"转变":不过,现在好了,事情已经过去,奖金也已花光,一切都已成为往事。(好了5)

根据张龙(2012)的研究,"好了1"是最基本的用法,"好了2"是从"好了1"演变而来的,"好了4"的直接来源是"好了2"前面的动词省略,在发展过程中受到"好了1"和"好了5"句法功能的影响。"好了3"与"好了4"的形成没有关系。可见,教材中"好了"作为话语标记出现前,应该先出现"好了"充当谓语和补语的用法,这样才符合语言发展的规律,也有助于学生的习得。

第二,如果某一话语标记具有多种语用功能,这些功能在同一册教材中尽量避免同时出现,以免增加学生的认知负担。但这一话语标记的多种功能应该完整地出现在整套教材中,而不仅是同一功能的多次重复。在课文编排中,可先重复已学的功能再出现新的功能,将不同的功能分布在不同的课文中。同样以"好了"为例:作为话语标记,"好了"有转换话题和总结话题两个中心功能,教材编者可以在不同课文中依次呈现这两个功能。

第三,对于习得难度不同的话语标记,习得难度低的应该比难度高的早出现。比如,明示型话语标记比默会型话语标记的习得难度低,所以"退一步说"应先于"要不"出现。只有一个辖域的话语标记比带有两个辖域的话语标记要简单易学,所以"听说"应先于"谁知道"。用于话轮内部的话语标记比跨话轮的话语标记要容易习得,所以"我说"应先于"谁说不是"。

（三）设计针对话语标记的练习

常言道"语言不是教会的，而是练会的"，练习是第二语言教材最重要的组成部分之一（吕必松，1993）。课后练习不但提示了教学重点，是复习和巩固课堂教学内容的重要手段，而且是检测学生掌握程度的有效方式，能帮助教师对学生的习得情况有更全面准确的了解。但是目前几乎所有的教材和教学中，"话语标记语都没有作为一种专门的教学内容被提出并进行有针对性的教学"①。

语言教材中的练习可以分为机械性练习、有意义的练习和交际性练习三大类，这三种性质的练习都可用于话语标记理解和使用的操练。

机械练习包括模仿、重复、替换、扩展等只须付出较少理解能力的练习项目。朗读、背诵都是重复和模仿的有效手段。教材练习可直接为学生提供含有话语标记的句子，要求学生熟读或者背诵这些句子，将其作为整体进行记忆。如：

练习一：请用正确的语调朗读下面的句子，并体会画线部分的作用。

a) 我说，这到底是怎么回事？

b) 总之，这件事情我也不是很清楚。

c) 你看你，都说些什么话呀。

d) 大家都以为他能得第一，谁知道，比赛前他病了。

留学生在朗读过程中可以逐渐培养语感并体会说话人的情感和态度，能更好地了解话语标记的使用条件。当留学生经过反复训练达到脱口而出的程度时，话语标记及其使用条件已进入长时记忆。在日常交际中遇到相似的场景，他们就能将长时记忆中的话语标记提取出来，生成符合场景的新话语，用于交际。

替换练习适合于表示某一语用功能的话语标记具有多种变体的情况。例如，表示消息来源的话语标记有"据说""听说""有人说""俗话说""常言道""古人常说""据报道""据调查""据研究"等。教材编者可以提供话语标记之后的话语，要求学生选择合适的话语标记。这样的练习可以帮助学生丰富话语标记的使用，同时强化学生对某一语用功能话语标记语篇结构模

---

① 白娟，贾放. 汉语元语用标记语功能分析与留学生口头交际训练[J]. 语言文字应用，2006(S2).

式的记忆。如：

练习二：替换下面句子中的画线部分。

a)据说，学校附近很快要建一个商场了。

听说　有人说

b)俗话说：在家靠父母，出门靠朋友。

常言道　古人常说

c)据报道，《战狼2》是2017年票房最火爆的国产电影。

据调查　据研究

有意义的练习需要学生首先较了解练习内容的意义。事实上，多数语言学习者接触语言时先尽力获取意义，然后才注意到语言形式（顾琦一，2009），意义和形式相结合的练习更适合交际能力的培养。有意义的练习也有多种形式，如变换句式、回答问题、完成会话等，练习的目的是让学生加深对所学知识的理解，为交际练习打下基础。以完成会话为例，可以提供前后话语要求学生选择不同的话语标记。前后话语之间的关系在缺乏话语标记的情况下，学生通过认知努力也能推断出来，而话语标记的存在正是降低了这种认知努力的程度。同样，练习也可以是提供话语标记，要求学生完成会话以检验学生对话语标记辖域的掌握程度。如：

练习三：根据会话，选择合适的选项。

放心，这件事我一定帮你们办好。＿＿＿＿＿＿，你们还没吃饭吧？我们先去吃饭。

A. 也是　　　　B. 对了　　　　C. 你说　　　　D. 这不

练习四：完成会话。

A：这几天好冷啊。

B：谁说不是呢，＿＿＿＿＿＿＿＿＿＿。

交际练习需要教师在课堂上利用或创设交际环境，激活学生的情景兴趣。学生通过真实的交际活动运用所学的知识，提高交际能力。交际练习中的话语标记最能体现发话人对话语的组织能力和与听话人的人际互动，相关的练习有定向问答练习、成段表达、扮演与模拟等。这些练习中所用的话语标记可以是开放的，由学生自行决定，也可以是教师指定的，或者由教师给出一定的情景，让学生在一定的范围内进行选择。如：

练习五：介绍你们国家最有名的一道菜

要求：

说明这道菜是什么，它是怎么做的，为什么大家都喜欢吃。

可能用到的词语：

众所周知　不瞒您说　再说　进一步说　一句话　据说　依我看来

话语标记的习得可具体表现为理解和使用两种形式，针对话语标记的练习既可单独从理解或使用的角度入手，也可综合培养学生这两方面的能力。机械性练习、有意义的练习和交际练习，都能促进留学生话语标记的习得。教材编写者可以根据课文内容和难度，在每篇课文之后，选择一种或多种练习形式进行编排。

5.3　汉语话语标记教学建议

话语标记习得既需要理解掌握其语篇结构、语用功能，又需要能利用其引导作用帮助理解话语。下面我们将从这两方面对话语标记的课堂教学提出建议。

5.3.1　采用隐性教学法加强对默会型话语标记的教学

在本书第三章，我们将话语标记根据语法化程度的高低，分为明示型和默会型两种。这两种话语标记对留学生来说习得难度是不同的，默会型的难度更大。

课堂是留学生学习汉语的重要场所，课堂教学对留学生掌握汉语有着课外习得无法替代的作用。但根据我们的调查，留学生对话语标记的了解和掌握主要通过课外习得，因而课堂教学需采用更有利于学生课外习得话语标记的教学法。

因此，我们建议采用隐性教学法加强对默会型话语标记的教学。

5.3.1.1　加强默会型话语标记教学的理由

明示型和默会型两种话语标记，从留学生习得的角度来看，习得难度是不同的。默会型话语标记对认知努力的需求更高，习得难度更大。

首先，明示型话语标记在多种语言中存在，学生可以发挥母语的正迁移，但默会型话语标记在某些语言中找不到对应的形式。

明示型话语标记的语法化程度较低，更靠近元话语，而元话语在各种语言中普遍存在，所以汉语明示型话语标记在学生母语中存在对应形式的可

能性也比较大。比如汉语话语标记"老实说",英语对应为"to be honest",法语对应为"Honnêtement",日语对应为"正直に言えば",韩语对应为"솔직히 말하면"。当学生学习"老实说"时,教师只要将其翻译成学生的母语,学生就能自动提取母语中对应形式的有关知识,并将这些知识迁移到汉语学习中来,就能很快掌握"老实说"的语义、功能和语篇结构,从而实现母语的正迁移。我们曾挑选了一些常见的明示型话语标记询问一位日本留学生和一位韩国留学生它们在日语和韩语中的对应情况①,发现每个明示型话语标记都能在日语和韩语中找到相应的表达形式,其使用条件也和汉语相似。两个留学生都认为,学习这些话语标记对她们来说并不难。

但是,很多默会型话语标记是汉语独有的,在别的语言里缺乏对应形式。如"这不",在英语、日语和韩语里都很难找到相应的表达。留学生在习得这类话语标记时,母语无法发挥正迁移,只能利用汉语的已有知识进行建构。对于汉语水平较低的学生来说,已有的汉语知识较少,利用语境的能力较低,习得默会型话语标记的难度自然也较大。对于汉语水平较高的学生来说,也许他能利用上下文推断出默会型话语标记的功能来,但相比于明示型话语标记,习得默会型话语标记要付出更多的认知努力,因而习得难度更大。

其次,明示型话语标记本身具有可推导性,默会型话语标记则不然。

明示型话语标记语法化程度低,语义透明度高,结构比较松散,字面意义跟实际功能统一,因而本身具有可推导性。留学生在习得明示型话语标记时,只要掌握了汉语句法结构的相关知识,就能通过分解组合的方法来推测整个话语标记的语用功能。比如"老实说"可以分解为"老实"加"说","老实"修饰"说",是"说"的方式,两者组合表示说话时的态度是"老实诚恳"而不是"虚伪狡诈"。

默会型话语标记语法化程度高,语义透明度低,结构比较紧凑,字面意义跟功能不相符,两者之间没有理据性,无法通过字面意义推测出语用功能来。这是因为语法化包含重新分析、转喻等程序,会导致重新规约,而规约的结果无法直接从标记上获得明示的信息,具有不可推导性。语法化程度越高,规约性越强,不可推导性越明显。所以留学生习得默会型话语标记只

---

① 日本留学生为女性,通过新 HSK5 级,为商务汉语专业本科四年级学生。韩国留学生也为女性,通过老 HSK8 级,为对外汉语教学专业硕士研究生。调查用的话语标记包括"总之""据说""比如说""退一步说""老实说""我告诉你""在我看来""谁说不是呢"等。

能依靠语感的无意识探索，或者经由别人（如教师、词典等）的分析概括。比如话语标记"别说"是典型的默会型话语标记，表示说话人对对方话语的认同，如"别说，你说得还挺有道理的"。如果我们将"别说"分解为"别"加"说"，"别"修饰"说"，"别说"成为状中结构，在句中充当谓语，此时它相当于"不要说""不必说"或"不用说"，都不表示"认同"。那么，它就不是话语标记的用法，所以作为话语标记的"别说"无法通过分解组合的方法推导出其功能。

再次，明示型话语标记有多个变体，掌握一个典型成员后，就可以掌握一类话语标记，而默会型话语标记变体很少或没有，必须逐个掌握，这也增加了习得默会型话语标记的认知需求，使它的习得难度变大。

明示型话语标记，因其结构相对松散，某些部分可以被同义或近义成分替换并产生新的话语标记。如此一来，具有某一功能的话语标记便拥有多个成员。如说明信息来源的话语标记有"俗话说""俗语说""常言道""常言说""古人常说""古人有言""古语说得好"等。对于留学生来说，掌握了最典型的"俗话说"以后，遇到其他话语标记时就能利用已学话语标记知识的正迁移，推测出新标记的功能。这样，留学生习得一个话语标记后能举一反三，掌握一类话语标记，从而减少了学习所需的认知努力。

默会型话语标记结构相对紧凑，无法分解，其组成部分也很难被替代，因而很少有变体。比如表示话题转换的话语标记"对了"，我们无法用"正确"来替换"对"，构成新话语标记"＊正确了"。"这不""可不""也是""你知道"等亦如此。这样一来，对于默会型话语标记，留学生无法通过类推习得，只能逐个学习，所以要掌握多个默会型话语标记必须付出更多的认知努力。

最后，明示型话语标记的辖域为一个或两个，而默会型话语标记的辖域都是两个及以上的，辖域越多，语篇结构越复杂，习得难度也越大。

明示型话语标记有单辖域的，如"据说""依我之见"等，也有双辖域的，如"进一步说""综上所述"等。从我们在现有研究中收集到的汉语话语标记来看，单辖域的明示型话语标记多于双辖域的明示型话语标记。默会型话语标记大都带有两个甚至多个辖域，如"也是""对了""要不""这不""可不""谁知道""这样吧"等。这些辖域可以分布在同一个话轮中，也可以跨话轮分布。当辖域位于同一个话轮之内时，在语流中前后出现，间隔不大，对学生来说记忆负担并不算重。但当它们跨话轮分布时，一旦留学生注意到话语标记的存在，就要在短时间内既往前回溯其辖域一，又往后展望其辖域二，寻找判断辖域所要花费的认知努力就会增加。特别是当两个辖域相隔多个话轮时,两者间的语义内容已经超出了短时记忆的容量,留学生需要对其中的一些内容进行筛选才能正确判断出话语标记的辖域。这就对学生的认知处理能力提出了更高的要求。所以对留学生来说,默会型话语标记的习得难度更大。

5.3.1.2 采用隐性教学法进行教学

课堂教学涉及的话语标记数量和种类有限,课外交际能为学生提供更多的学习资源和机会,因而课堂教学应该给学生提供课外习得的方法和策略,以促进他们的课外习得。

隐性教学法强调学生对规则的归纳和总结,培养学生举一反三的能力,顺应当今"自主学习"的潮流。隐性教学法的应用,可以帮助留学生掌握归纳话语标记语篇结构和语用功能的方法,有助于他们在课外更好地习得话语标记。

5.3.1.2.1 隐性教学法简介

显性教学法和隐性教学法一般指对语法知识的不同教学方法。显性教学法(explicit-approach)[①]强调对语法规则进行有目的的学习,以便能高效准确地使用语言成分(Thornbury,1999)。它往往采用演绎的方法,由教师首先明确解释语法规则,然后引导学生进行大量的操练,通过操练实现对语法知识的掌握。显性教学法总是表现出从总体到具体、从理论到实践的具体的教学倾向。显性教学法强调教师的主导性,典型的例子是语法翻译法。

隐性教学法(implicit-approach)强调学生必须在有意义的、可理解的环境中学习语法,这样能帮助他们尽可能自然地习得目标语语法。在具体的教学中,隐性法采用归纳的方式,教师先为学生展示大量的语言材料,然后引导学生推导出语言的规则。隐性法教学表现出从具体到抽象、从实践到理论的教学倾向。它强调学生的主体性,典型的例子是交际法。

现有的研究表明,显性教学法和隐性教学法在语法教学中各有所长(Ellis & Rathbone,1987;周殿军,2009)。虽然话语标记并不属于语法层面,但就这两种教学法而言,我们认为隐性教学法更适合话语标记的课堂教学。理由有三个:

(一)话语标记处在变化之中,其数量不固定,显性教学法无法穷尽讲解

---

① 显性教学法(explicit-approach)也有人翻译为"明示教学法"。同样,隐性法(implicit-approach)也有人翻译为"暗示法"。

话语标记的功能和语篇结构。

话语标记是由元话语经标记化而形成的,元话语是一个开放的系统,标记化是一个持续进行的过程,因而话语标记也将不断产生新成员,数量众多且处在变化发展之中。如果采用显性教学法,教师将介绍每一类话语标记的语用功能、语篇结构模式等,这无疑增加了教师的工作量。话语标记教学的主要目的是通过教学培养学生归纳总结话语标记语篇结构和语用功能的能力以促进他们的课外习得,而不是介绍讲解所有的话语标记。隐性教学法偏重于学生从一般到特殊的提炼能力,符合我们的教学目的。

(二)话语标记具有程序功能,反映的是学习者对话语组织的意识,同一个话语标记,在不同的场景中具备不同的语篇功能或人际功能,它对语境的依赖程度要远远大于语法知识。如果说语法知识的教学可以脱离语境的话,话语标记的教学必须有具体的交际语境。"话语标记的教学应该从语篇或话语层面入手,高度概括出其所出现的语篇结构,深入挖掘其所依赖的语用背景,总结出其所承担的话语功能。"①隐性教学法恰恰需要学生在教师的指导下归纳所学对象的规则,符合话语标记教学的要求。

(三)隐性教学法有利于话语标记的课外习得。Krashen 的"语言输入假说"(Input Hypothesis)认为,语言习得有两个基本条件:为学习者提供所需要的、足够量的可理解输入;学习者本身应具有内在的可加工语言输入的机制(罗立胜等,2001)。留学生学习汉语属于目标语环境中的第二语言习得,课堂之外仍有大量接触汉语的机会。当他们在课堂上接触过一定量的话语标记,并掌握了归纳话语标记功能和语篇结构的能力之后,课外的大量输入就有可能成为"可理解输入"。同时,留学生主要是成年人,已拥有一定的认知能力和建构能力,具有"内在的可加工语言输入的机制"。在课堂中使用隐性教学法,能够提高学生的归纳能力,有利于他们在课外环境中遇到新的话语标记时举一反三,主动习得更多话语标记的功能和语篇结构。

总之,隐性教学法强调给学生提供语言环境,让学生通过自己的努力去发现学习对象的规律,从而习得某种知识或能力。它与自主学习主张"先学后讲"以充分发挥学习者的潜能相一致(庞维国,2001),也符合目前留学生汉语习得的实际情况,有利于学生习得更多的话语标记,因而是更佳的话语标记课堂教学方法。

---

① 董正存.话语标记:对外汉语口语教学的重要内容[N].中国社会科学,2012-12-17(A07).

5.3.1.2.2　采用隐性教学法的认知心理学基础——关联理论

人类的交际是一种有意识、有目的的活动，为了交际的顺利进行，说话人总希望自己的话语意图能被受话人理解。但是受话人对话语的理解受到说话人的说话方式、交际的场景以及其他多种因素的影响，他可能会对话语产生不同的理解，或者只理解了受话人所要表达意义的一部分。

那么，受话人是如何在多种可能的意义中选择最佳的一种呢？Sperber & Wilson(1995)认为，人类认知具有"以小获大"的倾向：人们总希望以最小的心理投入去获取最大的认知效果以降低自己的认知负荷。受话人在理解话语时，"只会关注、处理那些有足够的关联性的话语，并倾向于在与这些话语最大限度的关联的语境中对其进行处理，并构建与这些话语有足够关联的心理表征"①。受话人只要运用"关联性"这个单一的、普通的标准去理解话语，就能使他认定一种唯一可行的理解。

在"关联理论"看来，话语交际不仅是一种编码、解码的过程，更是一种明示——推理的过程。"明示"是对发话人而言的，指发话人的话语要明确地向受话人展示其意图；"推理"是对受话人而言的，就是受话人要能够结合一定的语境，从说话人通过明示手段提供的信息中推断出说话人话语的字面意义和话语中暗含的真实的话语意图。推理过程在一定的语境中进行，但语境不是设定的而是选择的，选择什么样的语境本身就是一个寻找关联性的过程（冉永平，2000b）。

具体来说，就是发话人提供的信息应该与受话人的认知语境有充分的关联，值得受话人注意；受话人在话语理解过程中，要能将话语的字面意义和可能隐含的认知信息加以综合，再结合其认知语境假设，寻求两者间的内在联系，选择具有最佳关联性的解释。如果发话人最大限度地表述信息，受话人就可以付出尽可能小的认知努力去理解其话语，即受话人在话语理解时付出有效的努力之后就能获得"足够的语境效果"（adequate effects for no unjustifiable effort）。

为了让受话人获取话的相关性，发话人会使用一些语言形式来最大限度地减少受话人理解话语时所付出的认知努力或代价，引导受话人获取说话人所期待的语境假设和语境效果。这些语言形式中很重要的一类就是话语标记。

根据关联理论，话语标记能"对关联性进行语义制约"（Blakemore，

---

① 何自然，冉永平. 关联理论——认知语用学基础[J]. 现代外语，1998(3).

1987），是话语理解中的"路标"。话语标记的使用能对话语的生成和理解产生影响，它"能揭示话语字面上没有明确表明的内容，即短路信息，从而实现语用制约"①。对发话人来说，他能够利用话语标记表明自己言语行为的类型，比如开启新的话题，对已有的信息进行追加、补充、修正等，或者转换话题，表明他希望受话人如何去获取话语的关联性。对于受话人来说，话语标记能为话语理解提供一个语用认知向导，使他能够根据话语标记提供的信息，寻找话语之间或话语与交际情景之间的某种联系以及话语与认知语境之间的关联性，从而以最小的认知努力实现最佳的语境效果。

何自然、冉永平（1999）指出，话语标记所起的作用不仅仅是连接话语与语境或语境假设，更重要的是将某一话语与受话人所经历的特殊推理过程联系起来。比如英语的"so"和汉语的"这么说来"连接的都是得出某一结论的推理过程，英语的"moreover"和汉语的"此外"连接的都是确认某一相同结论的并列推理过程。通过话语标记的使用，发话人向受话人展示了其元认知过程。

总之，话语标记的使用是发话人为了引导受话人更好地理解句子的话语，减少受话人理解话语的难度。也就是说，当发话人不使用话语标记时，受话人也能利用自身的认知结构通过对前后话语的分析而从整体上理解发话人的话语，只不过受话人要付出更多的认知努力。由此我们可以从反面得出，话语标记在话语中的功能是可以推导的。比如下面的对话：

(3)

陆小凤皱眉道："城里有那么多好去处，你们为什么偏偏要约人到这里来见面？"

古松居士道："因为我们约的是个怪人！"

木道人道："严格来说，应该是三个怪人——一个一辈子没做过一天正经事的无赖、两个比我还怪的老头子！"（古龙《陆小凤传奇》）

如果没有话语标记"严格来说"，我们也能理解木道人的话语，并根据上文古松居士的话语"因为我们约的是个怪人"发现两人话语信息的差异：将所约之人从一个改为三个。可以看出，木道人的话语是对古松居士话语的修正，是对约会对象人数更精确的表达。由此我们可以推断出，话语标记

---

① 　傅志海.从关联理论看话语标记语的语用制约性[J].四川理工学院学报（社会科学版），2007(4).

"严格来说"正是木道人用来表明自己的话语是对古松居士的话语进行纠正的手段,表明他的话语是从更精确的角度对所约人数进行描述。这样我们就能得出话语标记"严格来说"的语用功能是:表明说话人后面的话语是从更严格、更精确的角度对前面的话语进行修正或补充,"严格来说"的语篇结构是:

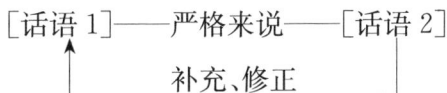

$$[话语 1]\text{——}严格来说\text{——}[话语 2]$$
$$补充、修正$$

同样,根据具体的话语,我们能推断出其他话语标记的语用功能和语篇结构。既然母语者能够推导,留学生在教师的指导下也能总结和概括出来。

事实上,除了我们在第一章中提到的例(4),现有的听力教材中还有其他直接考察话语标记的题型,目的就是让学生通过对前后话语语义关系的分析,推断出话语标记的功能来,如:

（4）

女:我看这条街上饭馆还不少呢!

男:那可不,这条街不长,可是饭馆就有十几家。

问:男的说"那可不"的意思是什么?

A. 你说的对

B. 你说的不对

C. 你说的不一定对

D. 不知道你说的对不对(杨雪梅《汉语听力教程》第三册,第七课)

一句话,话语标记的认知心理机制"关联性"是运用隐性教学法的心理学根据。

5.3.1.2.3　话语标记隐性教学法步骤演示

采用隐性教学法进行话语标记的教学,总体来说要遵循四个原则:提升学生对话语标记的注意力;激活学生理解话语的手段;发挥学生的主体性,让学生在教师的引导下归纳、概括话语标记的语用功能和语篇结构;通过练习验证、巩固教学效果。这四个方面缺一不可。

下面我们以电视剧《我爱我家》的剧本为语料来源,结合话语标记"你看"的教学,演示如何在课堂上运用隐性教学法对话语标记进行教学。

第一步,提供真实语境中的语料。

鉴于课堂教学以教材为主要学习材料,而目前的教材在话语标记教学方面尚有待改进,因此课堂教学时教师应该对教材做一定的加工,适当补充学习材料。在提供语料时,教师要考虑学习者的个体差异,要注意语料的全面性和代表性,使学生充分注意到不同语境中话语标记功能的多样性,提高学生对语境的敏感性。

就话语标记"你看"的介绍来说,教师可以通过不同方式提供含有"你看"的材料给学生:可以搜集现实生活中或文学作品中的例子,进行适当的编排后以纸质文本的形式提供给学生;也可以搜集含有"你看"话语的视频,在课堂上播放,并事先要求学生注意"你看"的不同用法。

需要注意的是,由于"你看"还可以是非话语标记,因而在提供语料时最好能同时提供包含话语标记"你看"的语料和包含主谓结构"你看"的语料。例如①:

(5a)傅老:是啊是啊,好多年没这样工作啦。60多岁的人啦,再不努力工作对得起谁呀。<u>你看看</u>我今天买的这些书:《论社会主义市场经济》《企业家手册》《经济法规汇编》《微机的使用与操作》……

(5b)

王总:贾志新! 你这个大骗子! 你终于落网了! 我告诉你,摆在你面前两条路:交出盘条,或者赔款。

志新:我压根儿就不认识你们,凭什么给你们盘条?(起身,被壮汉按回)

王总:<u>你看</u>这个(李秘掏出合同)

(6)

和平:那我再想别的辙,反正我得生。

志国:<u>你看</u>,我大小是个领导,这、这违反基本国策的事……

(7)

姑妈:你姐夫啊,前年就去世了……别撇下我一个人……

傅老:<u>你看</u>,您怎么不早我告诉我啊,每一次来信,你总是说,你们夫妻和睦安度晚年呐。

(8)姑妈:哎呀为什么不呢,哎呀贤弟呀,你这些个佣人可真是了不起呀,那真是文武双全呐,<u>你看</u>,又有西洋唱法,又有民族小调。

---

①　根据曹秀玲.从主谓结构到话语标记——"我/你 V"的语法化及相关问题[J].汉语学习,2010(5)的研究,话语标记"你看"的语用功能可以归为五种,本书根据此分类法提供相应的实例。

（9）

　　傅老：小陈啊，对于老胡这种人，我看我们还是可以放手使用啊，我决定啦，小饭桌就设在他们家了，我还准备……

　　老胡：啊？

　　傅老：聘请他专门地教孩子们学英语，你看，你还有什么意见呐？

（10）傅老：<u>你看</u>你这个样子，你这话都说不利落，你还学唱大鼓呐。

　　这些语料都来自《我爱我家》不同剧情中的话语，课堂上教师如果能将有关视频剪切出来播放，既能活跃课堂气氛提高学生的学习兴趣，又能增加学生的信息输入量，并通过人物的表情、动作、语气等猜测人物的情感态度，帮助学生更好地理解人物的话语。

　　在播放视频之前，教师可以直接说明观看视频的目的是学习"你看"的不同用法，要求学生注意视频中人物所用的"你看"是否相同，具有何种功能等。

　　第二步，分析话语，帮助学生理解话语标记。

　　观看视频之后，教师首先安排学生对下面的问题进行小组讨论，然后通过提问来分析话语中的"你看"。比如：

　　（1）视频中的人物一共说了几个"你看"？这些"你看"是否都相同？判断的标准是什么？

　　（2）这些"你看"可以分为几类？哪几类是你比较熟悉的，哪几类是平时很少接触到的？

　　显然，我们所提供的例子中有两类不同的"你看"，例（5a）和（5b）中的"你看"不同于其他例子中的"你看"，它们是学生比较熟悉的用法，表示说话人对受话人的一种要求或命令，"看"是眼睛的一种具体动作，所看的对象是具体的事物。其他例子中的"你看"不再是"观看"的动作，而是对后面话语的强调等。如果我们删除例（5a）和（5b）中的"你看"，句子的完整性受到影响无法成句，但如果删除其他例句中的"你看"，则句子结构和语义的完整性都不受影响。

　　在课堂教学时，我们无须具体介绍什么是话语标记。通过对所给实例的分析，学生会了解到有两种不同的"你看"，后一种是特殊用法，是说话人为了引起受话人对他后面话语的注意而使用的。教师可以告诉学生，这样的"你看"，是本次学习的重点。

　　然后，教师可以再次播放视频，要求学生具体分析不同视频中"你看"表示说话人什么样的情感态度。进而通过对不同话语的分析，概括出"你看"的语用功能。

比如，例（6）中和平想要生第二胎志国表示反对，在提出反对的理由"我大小是个领导，这违反基本国策的事我不能做"时，志国用了"你看"来寻求和平对这一事实的认同，希望能让和平接受这个理由。在这里，"你看"用来寻求认同。

再如，例（7）中的"你看"表示说话人的责备抱怨，例（8）中的"你看"表示说话人对某一对象的欣赏赞美，例（9）中的"你看"用来征询受话人的意见，例（10）中的"你看"用来劝慰说服受话人不要做某事。这些都是"你看"在不同话语中的语用功能，必须结合具体的话语才能分析理解。

当然，在实际教学中如果时间充足，我们也可以为"你看"的每一种语用功能提供多个实例，并将这些语用功能分几次学习，这样虽然拉长了学习时间，但能帮助学生更好地辨析"你看"不同语用功能间的区别。

第三步，引导学生归纳话语标记的语篇结构。

虽然很多话语标记具有多个功能，但其语篇结构却往往只有一个，教师可以引导学生通过对话语标记与其前后话语关系的分析，得出话语标记的管辖范围，从而推导出它们的语篇结构。

话语标记"你看"是从主谓结构"你看"语法化而来的，因而它多少受到主谓结构"你看"后有宾语的影响，其后必有辖域。事实上，话语标记"你看"可以出现在话轮起始位置和中间位置，也说明了后面的话语是其辖域。至于"你看"前面的话语，不受"你看"的管辖，因而不能被视为其辖域。所以，"你看"的语篇结构可以归纳为：

你看——［需要受话人注意的话语］

话语标记"你看"的语篇结构比较简单，其辖域只有一个，可用于话轮内部或独白语篇中。对于那些辖域跨话轮的话语标记来说，其辖域一和辖域二处于不同的话轮中，需要教师引导学生跨越话轮将两者联系起来，这无疑增加了归纳的难度。因此在归纳此类话语标记的语篇结构时，教师需要提供尽可能完整的话语，对每一个实例的话轮转换进行分析讲解，引导学生判断前后话轮之间的语义关系，最后归纳出话语标记的辖域数量及其之间的关系。

话语标记的语篇结构是接受了特定交往模式的投射而形成的语言结构的表现形式（于宝娟，2009），可以说每一个话语标记都固化了某个特定的交往模式,如"总之"的"分—总"模式,"话说回来"的"承认—否定"模式,"这不/可不"的"认同—理由"模式等。当学生掌握了话语标记的模式之后,他就能在交际中运用这个模式去调控受话人对话语的理解,受话人也被引导着按照这种模式去理解话语。归纳和掌握话语标记的交往模式,能帮助学生理解和使用某一类话语标记,如归纳了"总之"的语篇结构并将其作为"分—总"模式的代表后,对具有相同功能的"总的来说""简而言之""长话短说"等也能由此及彼、触类旁通。

第四步,提供交际练习,并及时给予反馈。

在学生归纳出话语标记的语用功能和语篇结构之后,教师要提供相应的练习,检查学生的掌握程度,巩固所学知识,并对学生反映出来的问题及时给予反馈。

练习可以分为理解和使用话语标记两种。理解方面的练习可以有不同的侧重点,如给学生提供一些包含话语标记的实例,要求他们找出话语标记所管辖的范围,并说明它在话语中的语用功能。也可以让学生判断话语标记的使用位置是否正确,如跨话轮的话语标记,往往位于话轮的起始位置,如处于话轮中间,则无法管辖不同话轮中的话语,因而位置错误。还可以给出不同的话语,让学生判断某个话语标记的辖域是否完整,也就是话语是否完整,是否缺少了必不可少的部分等。

使用方面的练习可通过组织会话或写作活动来进行。教师可围绕一定的主题,给出不同的场景,让学生通过小组练习或伙伴合作的方式组织会话,会话中必须包含某一话语标记。如果该话语标记有多个功能,根据学生的水平,可要求他们的会话同时包含一个或多个功能等。若教师想检查每个学生对话语标记的掌握程度,则可要求他们以独立写作的方式完成练习,写作的内容可以是会话也可以是独白语篇,此时教师要为写作练习提供题目、场景等。

反馈是教师为了改进、提高学生的学习而对某一学习任务完成情况发回的信息,可以分为积极反馈和纠正性反馈。在练习中,教师应该肯定学生对话语标记的正确理解和使用,强化他们的相关知识,但更应该指出其错误并做出解释,进一步强化对学生的输入。教师的反馈必须明确清晰,根据需要有重心、有选择、有系统地进行,并考虑到学生的情感因素。

比如,将某个语言形式作为话语标记和作为句法成分混淆,是很多留学生容易犯的错误,如例(5a)和(5b)中的"你看"就不能视为话语标记。当留学生在练习中出现此类用法时,教师应该及时指出并纠正。

第五步,要求学生进行反思。

反思是学生对所学知识的总结,能进一步巩固他们关于话语标记的知识,提高他们的元话语意识。教师应该要求学生在课后反思自己或同学所犯的错误,并了解其原因和正确的用法。如果学生的汉语水平较高,还可以要求学生书写相关的学习日记。

当然,由于课堂教学时间有限,我们不可能在每堂课上都对话语标记进行如此详尽完整的介绍和教学。但是当教材缺乏对话语标记应有的关注时,教师可以自己补充材料,以专题的形式融合在课堂教学中,并运用隐性教学法来开展教学。

5.3.2　在听力教学中培养留学生利用话语标记引导功能的能力

"听力理解的本质是人们利用听觉器官对言语信号接收、解码的过程。"[①]与阅读不同,听力获取信息的时间和速度是受限制的、被动的,无法随意返回再去了解刚才的内容。同时,说话者的语音语调、言语的随意性和真实语境的影响等,都可能给听力理解带来困难(陈家晃、刘成萍,2012)。相对于阅读理解,听力理解对学习者利用各种手段抓住关键信息的要求更高。

"听"是留学生语言输入的主要途径,听力课是国际中文教育的四大课型之一,"听力理解水平是外语学习者或第二语言学习者语言能力高低的重要标志之一"[②]。但听力水平差也是困扰很多留学生的问题之一,HSK 中听力部分所占比例较大,学生失分较多(佟迅,2005)。"怎样有效地提高留学生的听力水平是当今对外汉语听力课所要解决的难题。"[③]

话语标记能为留学生听力理解提供元认知导向,能帮助学生在听力过程中利用语境或认知背景等来预测话语推理语义。听力材料中话语标记的出现频率比较高,听力课是从使用角度习得话语标记的理想课型。在汉语听力教学中,我们可以从多个角度培养留学生利用话语标记引导功能的能力。

5.3.2.1　培养留学生利用话语标记预测信息的能力

话语标记的程序功能具体表现为它对受话人话语理解的引导功能。受

---

① 杨惠元.汉语听力说话教学法[M].北京:北京语言文化大学出版社,1996:2.

② 柴省三.关于 HSK 考生听力理解应试策略的实证研究[J].云南师范大学学报(对外汉语教学与研究版),2011(5).

③ 韩明.留学生听力理解策略研究[J].理论界,2007(4).

话人能够根据话语标记来预测后面话语的内容,分析其与前面话语的关系或体会作者要表达的情感态度等。在听力教学中,我们要培养留学生利用话语标记预测信息的能力。

语篇功能的话语标记,具有连贯话语的作用,通过对它们的理解和分析,留学生能够推测出其后话语的语义,从而具备预测信息的能力。

比如汉语中有很多表示前后话语语义相反相对的话语标记,如"反之""相反的""恰恰相反""相比之下"等。当留学生听到这样的话语标记时,就要去寻找它前后的观点或事实,然后产生"两者之间是相反的"这样一种判断。在此基础上,即使留学生无法全面、准确地理解话语的含义,也能大致猜出作者的意图来。

(11)这么多大学生都想租房,相比之下,出租房屋的广告却少得可怜,即使有,上面说的房子也大多离学校比较远,偶尔出现一两张条件比较让人满意的广告,但差不多都被先看到的人撕掉了最关键的电话号码。

1.问:出租的房屋有什么特点?

A. 广告非常少

B. 比较贵

C.大部分在学校附近

D.条件都很好(刘元满《汉语中级听力教程》上册,第八课)

例(11)中作者用了"相比之下"来说明"很多大学生想租房"与"出租房子的广告却太少"之间的矛盾。如果留学生能注意到"相比之下"的使用并了解其结构和功能,即使他没有听懂"少得可怜"是什么意思,也能推测出作者想说的是与"这么多大学生想租房"相反的事实,即"出租房屋的广告非常少"。这样一来,在回答问题一时,就能正确选择答案 A 了。

人际功能的话语标记体现了作者的情感态度,通过对它们的注意和分析,留学生也能够推测其后话语与前面话语的关系,具备预测信息的能力。如:

(12)

女:亚明,这个假期你们一定玩得不错吧?

男:别提了,我们高高兴兴地到了哈尔滨,玩得确实不错,可是买不到回来的票。回来晚了两天,还是站着回来的,上课的时候我一直睡觉。

问:我们可以知道亚明的什么情况?

A. 对这次旅行很满意

B. 在火车上没有座位

C. 在火车上一直睡觉

D. 回来以后生病了(刘元满《汉语中级听力教程》上册,第十一课)

在对话中,女同学猜想亚明的假期一定过得不错,但是亚明一开口就用了个"别提了"来表达自己懊恼的情绪。话语标记"别提了""不再表达阻止对方提及某一话题的意义,而是主要表达说话人'不如意'的心情"①。当学生听到"别提了"后,就应该猜出亚明的这个假期过得并不愉快,他觉得不太高兴,因此他后面要说的话语应该和女的猜想的不同。果然,亚明先承认在哈尔滨玩得不错,但马上用"可是"表示转折,说明结果并不愉快,证明了我们的猜想。

要培养留学生利用话语标记来理解前后话语关系、预测信息的能力,不一定都需要提供完整、有序的语篇,教师可以利用多种练习方式培养学生对话语标记的敏感性,激发他们的元话语意识,提高他们在听到话语标记时自动分析语篇结构的能力。

比如教师可以让学生听话语的前半部分,要求学生选择后半部分,前半部分中需包含一定的话语标记。这样,学生就能利用话语标记来判断前后话语的语义关系,预测可能的话语信息。如:

练习一:根据听到的录音,选择你认为接下来会说的句子。

录音:

女:最近好久没见老周来了,对唱戏没兴趣了?

男:你不知道啊? 是这样,老周的孙子是个小网虫,后来影响到老周的儿子也开始上网,这不,_____。

A. 现在连老周都被传染上了,整天在网上泡着呢。

B. 老周现在天天送他孙子上学呢。

C. 老周在家给他们做饭呢。

D. 老周孙子和儿子常常说上网的好处呢。(根据刘元满《汉语中级听力教程》下册第十四课改编)

---

① 侯瑞芬."别说"与"别提"[J]. 中国语文,2009(2).

5.3.2.2　培养留学生利用话语标记把握话语结构或注意细节的能力

常见的听力理解过程有自上而下、自下而上和两者交互三种。自上而下模式中学习者从话语的整体框架出发，从语篇到段落到句子再到词语，从整体到细节，并不依赖个别的字词。自下而上模式刚好相反，学习者对内容的理解从字词到句子到段落到语篇，最后才把握文章的主旨或观点。交互模式则是自上而下模式和自下而上模式的综合运用，它可以"更好地解释学习者信息处理模式的多样化"①。

无论学习者采用哪种理解模式，我们发现，话语标记都可以用来帮助理解话语。当学习者采用自上而下的模式时，他们更倾向于从整体上把握话语结构，对话语先有整体印象再逐段分析。此时那些体现话语主旨大意、结构层次的话语标记，如表示总结概括的"总之""综上所述"，提示作者观点看法的"在我们看来""作者认为"等便可以促进他们对话语的整体把握。当学习者采用自下而上的理解模式时，他们更注重分析话语结构最底层的词语，因而表示句际关系的话语标记，如表示举例说明的"比如说""举例说明"等，表示解释说明的"我是说""这么看来"等会帮助他们更好地注意话语细节。因此，我们可以在听力理解中培养学生利用话语标记来把握话语结构或注意细节的能力。

　　（13）

　　女：怎么了？小王，别跟电话生气，怎么这么跟你那位说话呀？

　　男：唉，别提了，我只不过请咱们单位周丽吃了顿饭，你说，不就一百多块钱嘛？

　　女：恐怕不完全是因为钱吧？别忘了，周丽还没结婚呢。

　　男：我也是为了工作啊，她管得着吗？真是气人！

　　女：其实她也不是故意气你，只是太在乎你了。你应该感到高兴才对啊。

　　男：唉，说到底，她还是不相信我。

　　问：小王为什么生气？

　　A. 电话不好用

　　B. 妻子舍不得花钱请客

---

①　徐锦芬，李斑斑. 大学生英语听力风格及其对短文听力理解水平的影响［J］. 外语教学与研究，2009（3）.

C. 妻子怀疑自己

D. 妻子不爱自己（刘元满《汉语中级听力教程》下册，第十课）

留学生在例(13)的理解过程中如果采用自上而下的模式，就会对最后一句话语特别重视，而此时"说到底"在话语中处于起始位置，容易被注意到。如果留学生掌握了"说到底"具有表示后面的话语是结论性话语的功能，就会明白小王最终的看法是妻子不相信他。这样一来，问题"小王为什么生气"的答案就很明确了。

已有的研究表明，听力水平差的学习者更倾向于采用自下而上的理解模式，听力水平高的学习者更倾向于采用自上而下的理解模式（楼红燕、何莲珍，2008），学生听力水平越高，越关注语篇的整体连贯（冯洁茹，2012）。我们在教学中应该培养留学生综合运用这两种模式的能力，提高他们话语理解的水平。对听力水平较差的学生，尤其要注重培养他们利用话语标记把握话语整体结构的能力，而对听力水平较高的学生，也要提醒他们发展利用话语标记注意话语细节的能力。

5.3.2.3 培养留学生利用话语标记的语音特征理解语篇的能力

话语标记具有语音上的独立性，其后常有较长时间的停顿，可以与"啊""呢"等语气词结合使用。有些语言形式，作为普通句法单位和作为话语标记时，或者作为话语标记而拥有不同功能时，具有韵律特征上的差别。通过某一语言形式的韵律特征，我们可以判断出它是作为普通句法单位还是作为话语标记，具有何种功能等，并进一步用它来帮助理解话语。

比如"好"作为话语标记示意对方开始时，语音上简短不拖长，极少叠用；示意结束时不重读，可以叠用，后常接停顿；表示同意答应时可以叠用，且带有无奈或不太满意的意味（许家金，2009）。下面的例子中，"好"就具有不同的功能：

(14)语境：星期天妻子想让丈夫陪她去逛商场，说是要去买鞋。丈夫质疑她的鞋子已经够多了。

"那些鞋都穿了几年了？样子也太旧了。再说，难道你不希望我打扮得漂漂亮亮的吗？"

"好好好，我去，我去。你说去哪儿吧。"（杨雪梅《汉语听力教程》第三册，第八课）

(15)语境：记者采访培训班学员小王和小马

记者：这个培训班毕业后，你们还会继续参加别的培训班吗？

小王：当然。

小马：我觉得不一定，自己学习可能也不错。

记者：<u>好</u>，谢谢你们。

小马、小王：不谢。（杨雪梅《汉语听力教程》第三册，第十二课）

作为话语标记的"好"重叠使用可以表示答应或示意结束。在例（14）中，丈夫连用三个"好"，根据后面的"我去，我去"，可以推测出这是丈夫不得已同意妻子的要求，带有无可奈何的意味。例（15）中，记者所用的"好"语速快，不重读，其后有停顿，由此可以判断出它是示意结束的话语标记。其后只有一个话轮也证明了会话的结束。

要培养留学生利用话语标记的语音特征理解语篇的能力，教师首先要在课堂教学中引导学生注意同一语言形式的不同语音特征。在听力课上，教师可以将同一语言形式作为句法单位、作为话语标记、作为不同功能话语标记的材料集中在一起进行播放，先让学生注意这些语言形式之间的语音差别，然后解释归纳，再通过进一步的练习加以巩固。也可以事先提供不同的材料，让学生自己朗读并体会语音特征上的差异，然后再播放录音，检测学生的掌握程度。

5.4　本章小结

在国际中文教育中，汉语理论研究来自教学的需要，理论研究的结果要能为教学服务，实现"教学→理论→教学"的循环。本章我们所做的，正是将前面几章的研究结果与国际中文教育实践相结合，为课堂话语标记教学提供一些建议。

我们先根据对教师的问卷调查和对教师课堂话语的分析，得出了目前国际中文教育中话语标记教学的有关情况。问卷调查结果显示，很多教师对话语标记的认识不深，将话语标记的教学看作是为了增加学生语言表达手段的丰富性，没有意识到它是培养留学生元话语能力的重要途径。对话语标记的认识影响了教师对话语标记的处理，在教学中很多教师只是将其作为词语和语法的补充，很少针对话语标记进行专题教学。但同时教师们又承认，如果 HSK 加大对话语标记的测试，他们也会相应地调整教学内容。教师课堂话语分析结果表明，汉语教师在课堂教学中会有意无意地使用一定数量的话语标记，且他们使用的语篇功能话语标记多于人际功能话语标记。随着学生水平的提高，教师们所用的语篇功能话语标记变得更丰富多样，但人际功能话语标记却没有明显的变化。另外，教师们所用的不同功能的话语标记并不平衡。

然后我们以《汉语口语》系列教材为代表，考察了现行汉语口语教材对话语标记的处理情况。结果发现，教材在话语标记的应用上存在不足，话语标记的使用频率有待提高，不同类型的话语标记不够均衡，不同级别教材在话语标记运用方面的衔接需要加强，练习数量和种类也不够丰富。因此我们建议今后的口语教材应提高话语标记的使用率，同时充分考虑所用话语标记的种类、难度和功能，并科学设计针对话语标记的有效练习。

根据留学生话语标记习得研究结果，结合课堂教学现状和汉语教材编写情况，我们认为可从理解和使用两方面来开展话语标记的教学，并以此为抓手，培养留学生的元话语能力。

一方面，可在课堂教学中使用隐性教学法加强对默会型话语标记的教学。默会型话语标记的语法化程度高、汉语规约性强、习得难度高，是教学重点。隐性教学法能培养学生掌握归纳总结话语标记语用功能和语篇结构的能力，能促进他们课外的习得，因而是更合适的教学法。这是从理解的角度进行教学，帮助留学生习得话语标记。

另一方面，听力课是使用话语标记频率较高的课型。我们可以在听力理解中培养留学生利用话语标记预测信息的能力，把握话语结构或注意细节的能力，利用话语标记的语音特征理解语篇的能力。这是从使用的角度来进行教学，以促进留学生话语标记的习得。

总之，本章我们希望将话语标记的理论研究与国际中文教育实践结合起来，从培养留学生元话语能力的高度来关注话语标记的教学，并为此从理解和使用两方面提出了教学建议。

第六章 国际中文教育中常用话语标记研究

　　《国际中文教育中文水平等级标准》（国家标准·应用解读本）（2021）（下简称《等级标准》）"作为面向新时代的国家标准，是国际中文教育的顶层设计与基本建设，是一种标准化、系统化、规范化、精密化的等级标准体系，用以指导国际中文教育的教学、测试、学习与评估，具有多种用途和广泛的适应性"。

　　《等级标准》共收录 11092 个词语，其中初等 2245 个，中等新增 3211 个，高等新增 5636 个，共包括话语标记 77 个。我们认为这些话语标记是国际中文教育中常用的话语标记，也是留学生应该习得的汉语话语标记的基础部分。

　　本章我们将从语体、语篇结构、语用功能等角度，对《等级标准》中收录的话语标记进行描写分析，以方便教师课堂教学和留学生课外习得。

　　需要说明的是，《等级标准》中的词语有些是专用的话语标记，如"说白了"，我们必须对其进行描写分析。有些词语标注为属于某一词类，但它作为话语标记的使用频率也较高，如"好"被标注为"形容词"，但也常用作话语标记，我们也将对其进行描写分析。还有一些词语被标注为属于某一词类，但其本义与话语标记用法缺乏语义联系，且作为话语标记的使用仅限于一定的地域范围，我们将不对其进行描写分析。如"完了"在汉语教学中常用作补语，与动词构成动补结构，表"动作完成"的语义与话语标记用法无直接联系，且话语标记"完了"多用于北方方言中，因此我们不作研究。

6.1　初等词表中的话语标记研究

初等词表中共包括话语标记 21 个,其中初等一级 3 个,初等二级 11 个,初等三级 7 个。下面逐一描写分析。

1. 对不起

话语标记"对不起"常用于口语中,具有语篇功能和人际功能。作为辖域在后的单向辖域话语标记,"对不起"的语篇功能体现为开启话题和接续话题,人际功能并不重在表示道歉,而是提醒受话人其后的话语可能是出乎受话人意料、不被受话人理解、接受的或会给受话人带来不利影响的。如:

(1)他不禁得意地喃喃自语道:"对不起,[德邻(李宗仁的字)兄,恕兄弟捷足先登了]!"(贺捷生、杨匡满《我们本来可以干得更好》)(开启话题)

(2)比如,哪家小孩的皮球飞进他的天井,街坊的鸡跑到他草垛里生了蛋,或者邻居的拉瓜爬到他的墙头结了个瓜……对不起,[那就等于把钱锁进了保险柜]。(张象吉《捞筲》)(接续话题)

2. 好

"好"作为话语标记在口语中高频使用,具有语篇功能,包括开启话题、接续话题、转换话题、总结话题等。"好"的辖域可单可双,辖域只有一个时其位置灵活,在前或在后均可。

(3)主持人:好,观众朋友大家好![这里是由昌河汽车冠名的《乡约》栏目。我现在是在安徽省黄山市徽州区,来到这儿我就听说咱们徽州是十里不同音,天干物燥小心火烛,这几个字能不能用你们不同的方言说一说? 来来来你来说]。(中央电视台《乡约》2012-03-09)(开启话题)

(4)主持人 A:好,[几位评委,听了人家的创业经验,有什么感慨没有]?(中央电视台《乡约》2012-02-03)(接续话题)

(5)

能人三:各位嘉宾也尝一下!

主持人:甜心儿的!

评 委:哎,[味道还真是不错]! 好,[你给点掌声,我们将一个一个

往下扔]！（中央电视台《乡约》2012-04-19）（转换话题）

　　（6）主持人：好，[观众朋友，感谢您收看这一期的《海峡两岸》，下期节目我们再见]。（中央电视台《海峡两岸》2010-02-21）（结束话题）

3. 是不是

话语标记"是不是"用于口语中，具有人际功能。作为辖域在前的单向辖域话语标记，它表示发话人对前面话语的强调，也可激发交际双方的互动，当发话人情感强烈时可重复使用"是不是"。如：

　　（7）"[你这是乱扯，演广播剧，你失业，我没有看不起你过，我父母也不是势利的人，你向别人低头，只为了给我吃饭，那才是羞耻，你去照照镜子，人瘦得像个鬼，你这叫有种了]，是不是，是不是？"我失去控制的吼了起来，眼泪淌了出来。路易放下叉子，轻轻地开门走了。（三毛《温柔的夜》）（对话语的强调）

　　（8）手机尾号4124的朋友说70年代以前不用洗发水，人的头发一样美，何必花钱买不安全呢？[关键那时候大家都是用醋和面洗头]是不是？我估计现在大家该心疼醋和面了。万一过两天醋和面也出现问题怎么办呢？对不对？9267说，霸王横空出世来势汹汹，……（北京人民广播电台《新闻2010》2010-07-18）（激发互动）

4. 比如

话语标记"比如"多用于口语中，具有语篇功能。作为前倾型双向辖域话语标记，其辖域一是发话人要重点解释说明的内容，辖域二是对辖域一的具体举例和阐述。如：

　　（9）在人与媒介的关系上，也存在这种悖论。[一方面媒介带给人便利，另一方面，媒介又成为人认识世界的障碍。如今，大量的频道和节目使人无所适从]。比如，[人被遥控器支配，变成电视动物]。（CCL）

　　（10）[台湾北部有许多好玩的地方]，比如[淡水、白沙湾、野柳、阳明山等]。（百度网站）

5. 比如说

话语标记"比如说"多用于口语中，其语篇结构、语用功能与"比如"相同。如：

(11)戒,就是清规戒律的戒,[这个是一定要遵守的]。佛教很强调这个,比如说,[不吃荤东西,戒荤。还有禅定,坐禅,把身心收缩起来,定起来,不为外物所动]。(CCL)

(12)[这样的练习方法还可以做有目标的设定]。比如说,[希望身体不过胖,或者期望精力更饱满、体质更健壮]。正向的意念会引导身体向正向发展,负向的意念也会导致负向的结果。(张晓梅《修炼魅力女人》)

6. 不好意思

话语标记"不好意思"常用于口语中,具有人际功能。其位置比较灵活,可位于句首或句中。发话人通过使用"不好意思"向听话人表示歉意,有时也表示说话人的自谦,以增加交际双方的情感互动,体现了交互主观性。如:

(13)希望这一章大家看了不会有什么觉得不好,[如果有],不好意思,下次一定改!(大秦炳炳《校园篮球风云》)(表歉意)

(14)占了便宜的一方则表现得很谦虚:不好意思,不好意思,没办法,[谁让咱拳头太硬呢]。(都梁《亮剑》)(表自谦)

7. 但是

"但是"在自然会话中高频使用,部分"但是"不表示语义转折关系,仅具有语篇连贯功能,可视为话语标记,在一些口语中甚至已发展成为口头禅。

话语标记"但是"的语用功能主要表现为对话题的处理上,可用于接续话题、转换话题和找回话题等。

(15)南勇发言之后,谢亚龙跟着做了总结:"[国奥队小组赛未能出线,主要责任应该由我来负]!"在做完这段自我批评后,谢亚龙立即把矛头对准了球员:"但是,[你们也有责任,奥运会比赛期间,你们居然不在房间里好好休息,却跑到外面去开房,你们当中的一些人简直是在拿球队的荣誉当儿戏],这件事情不会就这么结束,我可以明确告诉出去开房的人,我们会继续调查下去。"(中央人民广播电台《体育天地》2008-08-29)(接续话题)

(16)[在上海世博园,有6个用来收集太阳能的阳光谷,这些美丽的大花瓣由1万多个接点组成],但是你知道吗,[如果其中一个接点发生0.1毫米的误差,都将可能造成拼接失败]。而完成这个高难度任务

的,是来自江苏和浙江的 3 家小企业。(中央电视台《新闻联播》2020-04-10)(转换话题)

（17）[我们又对光绪的一块肩骨进行了化验,砷的含量也是相当高。……这就说明,光绪帝死前曾服用了大量的砷化物]。类似的事人们并不陌生,早在三十多年前,一则有关于拿破仑死于砒霜中毒的特大新闻,曾经震惊全球,……多数人都相信,作为阶下囚的拿破仑,为砒霜所害。但是[作为大清帝国皇帝的光绪,又有谁吃了豹子胆,敢对他下此毒手呢? 假若真的有人下毒,这人会是谁,又是出于什么样的宫廷诡秘要这样做呢]?①（找回话题）

8. 那

"那"作为话语标记常用于口语对话的应答话轮中,其语篇功能包括开启话题、接续话题、转换话题和总结话题等,辖域可单可双。如:

（18）

刘思伽:一开始是为了自己玩是吧?

关涛:自己玩。……

刘思伽:不满足于自己玩了,忽然觉得这可能是一个市场,可能有很多和你们有相同兴趣爱好的人,也愿意参与这种类似的活动是吧?

关涛:是的。

刘思伽:那[现在咱们 party show 主要的客户群是哪些人呢]?

关涛:我们现在 party show 主要锁定的是 18 岁到 28 岁年龄段的人,他们首先时尚、爱玩、喜欢交朋友。(北京人民广播电台《行家》2009-04-27)(开启话题)

（19）

肖丽霞:[他说我一定到退休的时候我才能离开警察的岗位,……我希望有一天,我能好好照顾他,以后两个人肯定过得很幸福,因为他很体贴人,是一个很好的男人,是一个可以依靠的男人]。

记者:那[我们也祝您幸福]。(北京人民广播电台《资讯早八点》2009-03-16)(接续话题)

（20）李大姐:我带着乐园的人到电视台做节目,……[我虽然遇到

---

① 此例来自曾君,陆方喆. 从反预期标记到话语标记——论"但是"的语用功能及演变[J].语言科学,2016(4).

那么多事情,我不愿意把苦恼带给别人,整的满脸旧社会,我不喜欢那样。你也是那样? 嗯]。那[你还不广告一下]? (北京人民广播电台《资讯早八点》2009-03-12)(转换话题)

(21)嘉佳:那[国产影片咱们先介绍到这儿]。因为时间的关系我们继续来向大家介绍一些进口的片子,国外有哪些经典的作品? (北京人民广播电台《1039 都市调查组》2012-04-17)(结束话题)

9. 那么

"那么"作为话语标记,其语体、语篇结构和语用功能与"那"相同。如:

(22)[源头的这个河道啊,当时都是禁军把守,不允许老百姓污染这个水源]。那么[这个水呢,也是当时皇宫中日常用水的来源,当时很清澈,但现在呢,不是这样了]。(接续话题)

(23)[一个人有了钱、有了权、有了女人、他还缺什么? 缺的是健康,所以殿前看到了铜龟铜鹤,取意龟鹤千秋],那么[这个大殿正中匾额四个大字:正大光明]①。(转移话题)

10. 可是

话语标记"可是"的语体、语篇结构和语用功能与"但是"相同。如:

(24)

牛:哎呀,那是过去的事儿了。[现在一个丰收接一个丰收。形势喜人哪! 不能跟过去同日而语]。

余:可是[我这么琢磨着就算是咱们半年萝卜半年粮,这萝卜也吃不完呢。唉,这算不算新时期出现的新问题]? (《编辑部的故事》)(转移话题)

(25)

李:没关系王师傅,……[我们这儿不着钱。胖成什么样儿都没关系。

戈:就是。你就坐办公室,坐着]。

王:可是,可是,[我就喜欢当厨子。我就觉得炒菜好玩儿]。(《编辑部的故事》)(接续话题)

---

① 例(22)、(23)来自王红斌. 北京故宫导游词中话语标记"那么"的功能[J]. 北京社会科学,2007(1).

11. 例如

话语标记"例如"可用于口语或书面语中,其语篇结构和语用功能与"比如说"相同。口语中"比如说"和"例如"可以互换。如:

(26)叶翁曰:"[我还想做点工作],例如[看看旧稿子,修改修改;写点自己想写的文章等]。"(《解放日报》1982-06-23)

(27)今后,[许多科研工作],例如[微电子技术、生物工程等的研究],要加强统一领导,集中优势兵力,协同作战,把有限的人力、物力、财力用在最需要的地方,提高效率。(《解放军报》1991-08-11)

12. 然后

"然后"作为话语标记在口语中高频使用,且有发展成为口头禅的倾向,其辖域可单可双。它具有语篇功能,可用于连接话语,也可用于开启话题或转换话题。

(28)[去年年底开始在农村搞养老保险],然后[农民工的养老也可以转移接续,农村也在搞新型医疗合作,农民工可以加入城镇医疗保障,但是现在我们这个保障体系还是碎片化的,……](北京人民广播电台《新闻 2010》2010-01-19)(连接话语)

(29)厉颖:然后[有一个细节,希望说出来跟广大的听众朋友共享,去年澳门回归十周年,中央政府决定赠送给澳门特区政府一对大熊猫,整个澳门市民都特别的开心,……](北京人民广播电台《新闻 2010》2010-07-28)(开启话题)

(30)周翎翔:对,[实际上垃圾分类不是为了分类而分类它实际上是为了实现这种减量化。就像我在六里屯填埋场看到的,非常非常大,几十个足球场大]。然后[他们告诉我,大概还有几年,短短的几面可能就要被填满了。我们要重新再找地方。现在在北京寸土寸金的地方你上哪去找]?(北京人民广播电台《新闻 2010》2010-01-29)(转换话题)

13. 所以

话语标记"所以"常用于口语中,具有语篇功能,可连接话语、接续话题、总结话题等。如:

(31)

苏文洋:因为有的,你看咱们找来的,有的人就公开表态了,说我从来不投反对票。

　　方达:还是极个别的。

　　苏文洋:[也不是极个别的,也有一些]。所以[我感觉,你可以去了解了解,他是这样,你要是转找能提意见的,可能你就会听到很多意见声音]。(北京人民广播电台《新闻 2010》2010-03-17)(连接话语)

　　(32)方达:所以你看[8020 也同意这个意见,意思就是有能力的人选上来,这样的人才能充分地代表他所代表的这个群体]。手机尾号 3863 听众说,……(北京人民广播电台《新闻 2010》2010-03-17)(接续话题)

　　(33)苏文洋:是这样,选人民代表不是选劳模。劳模选上了以后他到哪儿去开会,县里头,或者省城开会见到省长他就热泪盈眶,他就激动不已、夜不能寐、心潮澎湃,这都可以。但是你作为民意代表、选民代表,让你到那儿去听政府的工作报告,你就不能激动鼓掌,你要审议,审议完了,然后你要提意见。所以,[这个要转变过来还是很长期的过程]。(北京人民广播电台《新闻 2010》2010-03-17)(总结话题)

14. 听说

话语标记"听说"常用于口语中,具有语篇功能,可交代信息来源,用于开启话题或接续话题。如:

　　(34)问:听说,[一些同学对你的这种选择有许多议论,还引发了一场讨论,你对此怎么看?]

　　答:对我去边疆大家看法不一致,这是很正常的。但我相信,只要我的选择是正确的,终将能得到大家的理解。不管怎么说,去新疆工作是个很严肃的事情,为此队里、学院多次询问了我的意见,前几天,教导员还问我是不是因为很多人知道我的想法,形成了舆论压力,我的回答是"不"。(《人民日报》1993)(开启话题)

　　(35)石人山这座万年宝库要打开了。听说,[石人山稀奇东西很多,悬崖上长有金石斛,山洞口多有会螫人的马蜂草,石缝里长有能抗癌的猪苓蛋蛋,两峰头上会生出猴头菌———中间有条天丝相连,密林里有野人足迹……](《人民日报》1994)(接续话题)

15. 传说

话语标记"传说"多用于书面语中,可用于交代信息来源,具有接续话题或转移话题的功能。也可写为"据传说"。如：

（36）效应的出现是在名次排定之后。**传说**，[当时有的市长无颜见江东父老想跳海，有的堂堂男儿抱头痛哭]。还听说，有些获胜者也心存余悸……忽如一夜春风来，千树万树梨花开。没有号令，突然在全国大大小小 400 多个城市的街头巷尾，出现了无数"真抓实干创建卫生城市"的永久性标语。（《人民日报》1993）（接续话题）

（37）被人称作唐槐或将军树的老槐树静卧在村子中央，周围有一圈米数高的石栏杆，树干千疮百孔，状似炭焦粗糙不平，上端却摇曳着崭新的绿叶，展现着它既苍老又年轻的风采。村中一位八十多岁的老人说，从他记事起，这棵树就是这个样。小时候伙伴们常常围在树下玩耍。**据传说**，[公元 884 年，黄巢退兵到这里后，每天早起在这棵树下习刀练拳。……]黄巢被杀后，人们为了纪念他，便把这棵树称做将军树。（《人民日报》1998）（转移话题）

16. 当然

话语标记"当然"常用于口语中，具有语篇功能，主要表现在对话题的处理上，如接续话题、转换话题和找回话题等。如：

（38）

记者：[如果在台湾展也可以，或者到浙江展，您倾向于哪边？]

吕祖善：**当然**，[我们也知道在（台北）故宫博物院的这一部分，可能到浙江展示还有一点困难]，但是我们可以我们先过来，迈开这一步，当然我们也希望台北故宫博物院跟有关方面，也能更积极促成在台北故宫博物院的这一部分，也能够到浙江去展示。（中央电视台《海峡两岸》2010-06-17）（接续话题）

（39）[第一批特赦的都是在监狱里表现得比较好的，像肖刚、王奇路]，**当然**[也有个别表现不太好的，比如陈明]，他被捕的时候就准备自杀的，因为他觉得自己应该有点骨气。①（转换话题）

（40）[除了这个以外，我们看到刘书记，还有另外四川副省长，黄副省长，美食美景，四川来台打造熊猫乐园]。事实上，小朋友对于猫熊，

---

① 此例来自杨智渤."当然"的填补功能与话语标记用法研究[J]. 东北师大学报(哲学社会科学版),2021(1).

台湾称作猫熊,大陆称为熊猫,都有非常非常特殊的感情。<u>当然</u>,[这次我们看到说四川到台湾来打造猫熊乐园以外,其实台北市动物园也不遑多让⋯⋯](中央电视台《海峡两岸》2010-05-29)(找回话题)

17. 据说

话语标记"据说"多用于口语中,具有语篇功能,一般用来交代其后话语的信息来源。"据说"位置灵活,可用于句首或句中,也有少数"据说"用于句末,此时其辖域在前。如:

(41)<u>据说</u>,[我们的祖先自从吃到了盐,体力增强了,眼睛明亮了,大脑也发达了]。(《河北日报》1991-10-26)

(42)《解放日报》报道,<u>据说</u>,[全国 11 家上映《阿凡达》的巨幕影厅都在酝酿涨价]。(上海广播电视台《东广早新闻》2010-01-08)

(43)

聂卫平:他的水平是很高,但是他有些看法、说法,后面别人也不容易同意。

窦文涛:[比如说他好像还劝导过您],<u>据说</u>。(凤凰卫视《锵锵三人行》2009-10-10)

18. 看起来

话语标记"看起来"常用于口语中,具有语篇功能。作为后倾型双向辖域话语标记,辖域一先描述、说明某种情况,辖域二是根据辖域一推断出的结论,发话人重在表达辖域二的观点。"看起来"也可替换为"看上去"或"听起来""听上去"。如:

(44)(见汉元帝走远,摇摇头,旁白)[这个汉元帝,比我还精明],<u>看起来</u>,[这个"傻瓜"不像呀]!(行人《王昭君出国》)

(45)[一年过去了,经济复苏的各种迹象在全球各地都有表现。尤其是中国的优异表现,中国经济在 2009 年顺利保八,在世界主要经济体中继续保持最快的发展速度]。<u>看起来</u>,[金融危机仿佛呈一个"V"字走向,正在回升当中]。(中央电视台《中国新闻》2010-01-01)

19. 其实

话语标记"其实"可用于口语中或书面语中,具有语篇功能和人际功能。作为后倾型双向辖域话语标记,其辖域二是对辖域一的修正或补充,是说话人要表达的语义重点。"其实"的语篇功能表现为接续话题和转换话题,人际功能表现为发话人通过"其实"的使用缓和语气,降低听话人的负面感受,体现了交互主观性。如:

(46)

记者:[也就是说这次的发债,可能考虑的方式是由中央政府来代发?

刘华:但是发债最后结果是这样,比如这次中央政府大概发债是两个定准的规模,到底是哪一个分配多少份额,这还要最后由财政去定]。

记者:其实[这确实是现在大家比较关注的一个问题,就是分配给什么样的地方,这个地方债券]。现在是不是推出债券最好的时机,现在很多专家也是存在着争议。比如说……现在这个地方政府债券的发放是不是也存在这样的问题呢?(北京人民广播电台《新闻 2009》2009-02-09)(接续话题)

(47)

记者:[在朝鲜非常困难的一个时期,中国作为它的邻邦和朋友,再次伸出了援助之手。

梁云翔:至少从外交上,给世界的感觉是这样]。

记者:其实[今年是中朝建交六十周年,在年初的时候,胡锦涛主席和金正日同志在新年互致贺电的时候,已经把今年确定为朝中友好年]。您觉得在这么一个关键的年份,中朝关系会将进行怎样的一个发展?(北京人民广播电台《新闻 2009》2009-03-18)(转换话题)

20. 实际上

话语标记"实际上"多用于口语中,具有语篇功能和人际功能。作为后倾型双向辖域话语标记,其辖域一的内容并非真实情况,辖域二的才是。在交际中发话人可能会省略辖域一,直接表达辖域二的内容。发话人通过"实际上"的使用,引起听话人对后面话语的重视,体现了交互主观性。如:

(48)[樊成银不时点点头,似乎对王凤山的看法表示赞成],实际上[他的心里想的是另一套,总觉得王凤山考虑问题简单化,不稳当]。(王恺《过滩》)

(49)[但我的耳朵却更宁静,那些非礼之言连半个字也听不进去];实际上,[这种叽叽咕咕,人云亦云,实在令我痛心之极,也最使我厌

恶],那是两脚畜生咀嚼的反刍食品。(拜伦《唐璜》)

21.事实上

话语标记"事实上"可用于口语或书面语中,其语篇结构和语用功能与"实际上"相同,两者可在口语中互换。

(50)孔德曾说:"[家庭乃是社会之缩影],事实上,[家庭是具有自发维持能力的最小社会]。"(汤为本《家庭学的缘起和演进》)

(51)至于为甚么各国人口不一定过剩,据他说,却是因为天灾、战争、瘟疫等所致死的人数很多,同时又有一种道德的节制生育,以及没落民族的溺婴等等的缘故,这样的说法是不对的:第一,[人口并不是这样的增加的],事实上,我们可以看见,[社会愈文明,生育愈减少,恰如高等动物之繁殖,比下等动物少一样]。(陈豹隐《经济学讲话》)

6.2　中等词表中的话语标记研究

中等词表中共包括话语标记18个,其中中等四级7个、中等五级4个、中等六级7个。下面逐一描写分析。

22.此外

话语标记"此外"多用于书面语中,具有语篇功能,可用于接续话题。作为平等型双向辖域话语标记,"此外"的辖域一是说话人要表述的内容的一部分,辖域二是另一部分,两个辖域的语义可以相同或相反。发话人通过"此外"将一件事情的两个方面连接起来。如:

(52)据德新社14日报道,德国《妇女》杂志委托一家研究机构对1000名30岁到65岁的母亲进行调查,结果发现在接受调查的母亲中,[12%的人承认她们平时着装受女儿着装风格的影响]。此外,[10%接受调查的母亲说她们学会了克服自己对服装的偏见。9%的人说,通过观察女儿的着装,她们安排自己的日常着装更为容易]。(《福建日报》2008-08-18)

(53)[今日早晨,北京市迎来今冬第一场雪,雪量不大,但有些地面已能看清湿润的痕迹]。此外,[12月上旬影响中国的冷空气活动较频繁,全国将出现一次较大范围的雨雪和大风降温天]。(新浪微博)

23. 看来

话语标记"看来"多用于口语中,同时具有语篇功能和人际功能,能接续话题,提醒听话人其后的话语是说话人根据前面的情况做出的一种推测或论断。如:

(54)[在一个院落中她看见了一个穿红色抽纱短衣的女孩,正在井边打水,而在另一处,她看见一个同样装束的女孩,同样的年龄,同样的羊角辫,她正举着一根竹竿在树林里捉知了]。看来,["在花家舍,蜜蜂都会迷了路"这句话绝非虚语]。(格非《江南三部曲》)

(55)他看到了,[看到了他的乡亲,在长街的两旁,在河岸,在湖边,在茅屋里,在门缝的后面,在小巷深处……那里,还有更多的不作声的人,也就是沉默的大多数],看来,[世界并不是属于那些恶狗的]。(李国文《冬天里的春天》)

24. 可见

话语标记"可见"常用于书面语中,具有语篇功能。作为后倾型双向辖域话语标记,其辖域一是对某人某事的描述说明,辖域二是根据辖域一做出的判断或补充。"可见"也可用作"由此可见"。如:

(56)[当第二波甲流来临,民众已不再谈甲流色变],可见,[病毒并不可怕,真正可怕的是谣言]。(中央电视台《中国新闻》2010-01-01)

(57)(解说)[光绪得知珍妃的死讯后,精神彻底崩溃,旧病复发,日趋沉重,再也无法康复],由此可见,[光绪自幼多病,到青年以后的病情逐步加重,都与他的政治处境和精神生活密切相关]。(深圳电视台《解密》2010-03-22)

25. 没想到

话语标记"没想到"常用于口语中,具有语篇功能和人际功能。作为后倾型双向辖域话语标记,"没想到"的辖域一表示发话人对某人某事的判断或预期,辖域二是对辖域一的否定,"没想到"表示实际情况与预期的偏差,强调辖域二才是真实情况,并表达了发话人的意外之情。"没想到"常与"原以为""居然""竟然"等词连用。如:

(58)[过去,我把你当成了全世界最好、最好的男人],没想到,[你竟然是一个大坏蛋!](于久惠《粉红色的梦》)

(59)现在,[儿时,少年,都消逝了],**没想到**,[春天又有个回头],心情也因之燃起了微温。(梁雯《春》)

26.相反

话语标记"相反"常用于口语中,具有语篇功能和人际功能。作为后倾型双向辖域话语标记,其辖域一表示某种事实或预期,辖域二是对辖域一的否定。两个辖域可属于同一发话人,也可以分属不同的发话人。发话人通过"相反"的使用,提醒受话人辖域一的语义是错误的,具有交互主观性。如:

(60)把什么都混为一谈,是愚蠢的做法。[品行好的人,他的看法可能是错误的],<u>相反</u>,[一个坏人,即便不相信真理,也可以宣扬真理]。(蒙田《蒙田随笔全集》)

(61)不过也许正因如此,他一颗心开始紧缩起来,两条腿也在微微发抖。[前一阵子那股激昂和兴奋,不知怎么一来,忽然消失了]。<u>相反</u>,[一种隐藏着的、对于可能失败和死亡的担忧,却像山林沼泽中那种有毒的雾气似的,在心底升腾起来]。(刘斯奋《白门柳》)

27.一般来说

话语标记"一般来说"常用于口语中,具有人际功能。发话人通过"一般来说"的使用,强调其后话语符合一般的常理,表示发话人对此的认同,具有主观性。"一般来说"的位置灵活,可用于句首或句中。类似的话语标记有"一般而言""按常理来讲"等。如:

(62)蒙古包通常随游搬迁,择营地设包房。<u>一般来说</u>,[冬季选择山湾或洼地,既便于牲畜饮水,又可免遭暴风雪侵袭;夏季则到高处或通风的地点设包,防止牲畜受暑热;春秋两季则依水草而居]。(杜平等《中国各民族的消费风俗》)

(63)而且战争的实践表明,<u>一般来说</u>,[走路的时间通常多于作战的时间]。(丁世尤《毛泽东军事辩证法思想研究》)

28.总之

话语标记"总之"可用于口语中和书面语中,表示对话题的总结。作为后倾型双向辖域话语标记,其辖域二是对辖域一的概况总结,语篇结构和语用功能与"一句话"相同,可与语气词"呢"连用。类似的话语标记还有"总而言之""总的来说""总的来看"等。如：

（64）读者可以研究一下这篇即兴的口头作文，[内容并不实在，说话喜欢夸张，用词不够准确、周密]，总之，[可以挑剔的毛病不少]。（陈建民《汉语口语》）

（65）保持适度增长，[是国民经济长期稳定和协调发展的需要，是国民经济正常运行的需要，是合理安排扩大再生产和改善人民生活的需要]，总之，[是国民经济健康发展的需要]。（王志伟，朱善利等《中国经济概论》）

29. 得了

话语标记"得了"常用于口语中，具有语篇功能和人际功能。它能用于话轮内部也可跨话轮使用，可开启话题或转换话题，表达说话人的建议、阻止、劝告或自我安慰等，体现了交互主观性。如：

（66）她穿着件绿黑相间的开斯米毛衣，那双从狭窄的袖口里露出来的手又瘦又干。她紧张地放下手里的活，帕普沃斯先生给她看了看一只有毛病的护膝。"得了，"她说：[这不是我的错，你用不着怪我]。"她的脸颊泛红。（劳伦斯《儿子与请人》）（表阻止）

（67）"[别犯傻，我只是试试，它对我来说太年轻了。戴上它我看上去……]"她继续想把它弄下来。墨西哥店主在旁边低声恭维着她。"得了，"埃伦说，"[买下它吧]。"（希区柯克《希区柯克悬念故事》）（表建议）

30. 也好

话语标记"也好"多用于口语中，具有语篇功能和人际功能。"也好"常用于因果结构，即"……，也好，所以……"或"……，也好，因为……"，表示说话人在没有更好选择前提下的弱赞同。如：

（68）[飞机票是今夜七时的班机]，看样子事情真的很急，也好，[离开三五七天，度过尴尬时期，回来时又可享受到叮当的如珠妙语]。（亦舒《香雪海》）（表原因）

（69）[鼓掌的声音延长了至十分钟，不能再叫陈教授说话]，也好，

［陈教授鞠了一躬下去了］。（老舍《赵子曰》）（表结果）①

31. 一句话

总括性话语标记"一句话"常用于口语中，具有语篇功能，表示对话题的总结。作为后倾型双向辖域话语标记，其辖域二是对辖域一的概况总结和强调，可与"总之""总而言之"等连用。如：

(70)［社会阶级在任何时候都是生产关系和交换关系的产物］，一句话，［都是自己时代的经济关系的产物］。（倪力亚《论当代资本主义社会的阶级结构》）

(71)曹英用手指掠一下吹散的头发，心想：［什么感情啦，什么意想不到的困难］，一句话，［是想叫我们不上去］，那办不到！（周嘉俊《山风》）

32. 只见

话语标记"只见"多用于书面语中，具有人际功能。若用于口语中，"只见"仅用于现场性较强的口语叙述中，如新闻报道、赛事直播、评书表演等。发话人使用"只见"可突出强调其后所描述的情形，增加动态感，使其引起受话人的注意，体现出交互主观性。（董秀芳，2007b）

(72)人们循声借着闪电望去，只见［喻林祥大校边说边指挥部队在大堤两面打桩、填包］。（《人民日报》1991-09-04）

(73)有位乡村业余漫画家拿出一幅"自嘲像"，只见［他顶着月牙，裹着棉被，守在水泵旁，喃喃自语："啥时给电？"］"（《人民日报》1989-01-13）

33. 不料

话语标记"不料"常用于书面语中，其语篇结构和语用功能与"没想到"相同。"不料"可与"竟然""居然"等副词连用。如：

(74)管书记考虑到老人们的年龄和健康问题，［想只让他们带带徒弟，指点指点］，不料［他们五人马上就要自己动手干起来］。（高驰《山海关前不老松》）

(75)小白猫看见鱼，［立即贪婪地摇着小黑尾巴张开嘴想吃］，不

料,[这时从它的喉咙里却发出了抗拒的声音:"不吃鱼!"](刘咏《梦梦买猫》)

34. 就是说

话语标记"就是说"常用于口语中,具有语篇功能。作为平等型双向辖域话语标记,其辖域二是对辖域一的内容从另一个角度进行阐述。当发话人无法一次性清楚地描述、说明某事时,可使用"就是说"进行补充。如:

(76)[人类社会要存在和发展,首先必须具有人类赖以生存的条件],就是说,[必须具有衣、食、住、行等所需要的一切物质生活资料]。(樊瑞平《毛泽东哲学思想纲要》)

(77)我们说[公民在法律上一律平等],就是说,[代表工人阶级和广大劳动人民的意志和利益的法律,对于任何公民都是有约束力的,人人都必须遵守,法律上所规定的公民的权利,人人都可以享受,并且受到国家法律的保护;法律上所规定的公民的义务,人人都必须履行,并且受到国家强制力量的约束]。(王忠,苏惠祥等《民法概论》)

35. 说实话

话语标记"说实话"常用于口语中,具有人际功能。作为辖域在后的单向辖域话语标记,它强调其后的话语表达了说话人的真实想法,是说话人主观性的体现。如:

(78)陈志斌心里有点内疚,说实话,[老板对他够通情达理了]。(《新民晚报》1991-04-06)

(79)说实话,[我厌恨一切这种同类的口气,你听起来它好像是一个村长在招待过境军队]。(师陀《无望村的馆主》)

36. 算了

话语标记"算了"常用于口语中,具有语篇功能和人际功能。它可用于转换话题,表示发话人对听话人的安慰、劝阻、请求或建议,有时也可表示自我安慰,体现了主观性和交互主观性。"算了"的位置灵活,可用于句首、句中或句末,常与语气词"吧"连用,也可叠用以表示强烈的语气。如:

(80)

老崔:找不到地方理发,理发太贵了。

老崔:就剪前面一点就要二三十块,你说剪得起吗? 太贵了。

小牛:走吧,前面那个(理发店)理一下吧,[剪个齐刘海]算了。(中央电视台《新闻调查》2012-01-21)(对听话人的建议)

(81)白岩松:算了,[一是耽误不起这功夫,二丢不起这人,第三个就算了]。只剩下极少、极少、极少的,就类似我们片子中刚才看到的替我们所有人扛着这样一个巨大的黑洞,所以我觉得发自内心地感谢他们。(中央电视台《新闻1+1》2010-07-05)(自我安慰)

37. 想不到

话语标记"想不到"常用于口语中,与"没想到"具有相同的语篇结构和语用功能。如:

(82)童霜威说:"[这还是你妈妈当年在苏州'陆稿荐'店里讲给我听的呢]。想不到,[一晃十几年,现在我来讲给你听了]。人生的事,真难预料。提起'陆稿荐'的店名,有段传说……"(王火《战争和人》)

(83)事实上,他们在去江苏时,我就怀着"听故事"的目的,想跟他们去。但[老吕似乎看透了我心思,悄悄地走了,没我的份]。想不到,[峰回路转,机会又来了]。我当晚就飞到福州,没有进城,直接住在机场,等着接老金。(麦家《暗算》)

38. 再说

话语标记"再说"多用于口语中,具有语篇功能。作为前倾型双向辖域话语标记,其辖域二是对辖域一的补充、证明等,发话人的表达重点在辖域一。如:

(84)绒绣一般是要忠实于原作的,可是[这幅绒绣没有完整的原作,三位伟人的形象是用三张不同年份的照片拼成的],再说,[尼克松的照片是黑白的,双脚也没有照出来],作品要求全身、彩色,这就难为了设计、制作大师了。(《文汇报》1991-03-07)

(85)[生活费用政府给了一笔,自己也带着不小的一笔],再说,[在中国大陆,物价比美国要便宜多了]。更重要的原因是,她记住了在纽约医院做完乳腺癌手术后,医生对她说的那番话——上帝给她保留的时间已经不多了。(苏理立《李宗仁和他最后一位夫人》)

39. 这就是说

话语标记"这就是说"常用于口语中,与"就是说"具有相同的语篇结构和语用功能。如：

(86)我们在研究国家问题时，[也应该首先研究国家的本质]，这就是说，[首先要研究国家的阶级内容，看这个国家是掌握在哪一个阶级手里，为哪一个阶级的利益服务]。(王若水《哲学常识》)

(87)另外，[法律意识还具有相对的独立性的特点]，这就是说[它不仅是后于社会物质生活条件出现的，甚至还往往落后于社会物质生活条件的发展而相对独立地存在着]。(李放，张哲等《法学原理》)

6.3　高等词表中的话语标记研究

高等词表中共包含话语标记 38 个，下面逐一描写分析。

40. 按理说

话语标记"按理说"常用于口语中，具有人际功能。发话人通过"按理说"的使用，认为按照一般常理应该发生某事或处于某种状态，具有一定的主观性。"按理说"可与"但是""可是""而"等连用，表达"按理应该如此，事实却并不如此"的隐含义。如：

(88)慢慢的这人便瞑目而逝了，被盖于一张苇席，他的家族围着哭着，按理说，[这种情景是相当的哀痛]；而我，只感到一种难受，这难受却没有力量使我落泪。(中国文艺出版社《泪》)

(89)她独个儿生长在这里，没有人作伴，按理说[是十分孤单寂寞的]，但是她宁愿忍受而不愿同茉莉还有紫珠她们住在一起。(嵇鸿《第三棵幼苗没有死》)

41. 按说

话语标记"按说"多用于书面语中。它与"按理说"语体不同，但语篇结构和语用功能相同。如：

(90)按说，[管理这些"国宝"的人，是最了解它们无比珍贵的价值的]。(《羊城晚报》1984-06-03)

(91)他在城里结婚生子，还有了连城里人也羡慕的住房和一笔可观的积蓄。按说，[他该舒舒服服地过城里人的生活了]。可他却出人意料地放弃了已有的一切，把事业的重心再次投放到家乡的版图上。

他钟情于生他养他的土地,带着全部积蓄返回了家乡。(CCL,1994 年报刊精选)

42. 别说

话语标记"别说"多用于口语中,常用作"也别说""还别说""你别说"或"你还别说"等。"别说"具有人际功能,可表示对其后话语的强调或确认等。值得一提的是,"别说"后面的话语不能出现负面评价。

(92)杨助理一定是又呷了一口酒,她听到他吧咂着嘴品滋味。嗯,别说,[还真有点茅台味嘞]!杨助理说。(莫言《天堂蒜薹之歌》)

(93)说探秘,其实有些过了。但你还别说,[就是午间无意识地上街瞎逛,竟然真让我发现了多哈一个独特之处——满城尽是中国造]。(《市场报》2006-12-18)

43. 别提了

话语标记"别提了"常用于口语中,具有人际功能。发话人可使用"别提了"表达失望、沮丧、懊恼等否定情绪,体现了主观性。"别提了"后面的话语常具体说明发话人为何会产生这种负面情绪。

(94)他告诉这位邻居,"别提了,[为这些要了命的壮疙瘩,就差把脸上这层皮剥下来了,恨不能不要这张脸!]"(李国文《烦恼》)

(95)"老牛,镇鬼符也镇不住?"看见来人没有反应,掌柜又追问了一句。

"别提了,[那镇鬼符一点用都没有。一到晚上,那鬼还是吵闹不休,我根本不敢入睡]。"那个姓牛的员外有气无力地回答道。(莫言《中州纪事》)

44. 不用说

话语标记"不用说"常用于口语中,具有人际功能。发话人通过使用"不用说",表达一种确定无疑的语气,增加话语的可信度,体现了主观性。

(96)

林丹太太:我是搭今天早班轮船来的。

娜拉:不用说,[一定是来过个快活的圣诞节]。喔,真有意思!咱们要痛痛快快过个圣诞节。请把外头衣服脱下来。你冻坏了吧?(易卜生《玩偶之家》)

(97)委员们就此掀被翻枕,把床铺搜个遍,那批姑娘当然没什么财物,三两件东西只消一只篓子就装得下,可是委员们还是搜了好几个钟头。不用说,[什么也没找到]。档案怎么会跑到那儿来呢? 做侍女的怎会稀罕档案呢?(卡夫卡《城堡》)

45. 除此之外

话语标记"除此之外"可用于口语或书面语中,其语篇结构和语用功能与"此外"相同。如:

(98)米勒(jean-francois)乃法国杰出画家,"巴比仲画派"之代表。其一生多半定居乡村,作品多为农民勤劳朴实之生活写照,[其画作《拾穗》《晚钟》《播种》,素有"农村三部曲"之称];除此之外,[代表作尚有《扶锄的农夫》《樵夫之死》《喂食》《母与子》等]。(李叔同《弘一法师全集》)(两个辖域语义相同)

(99)回到屋里,余校长情不自禁地四下看了看。大约是春雨的缘故,[屋顶上多出一些破瓦,地上也对应地多了些坑洼],除此之外,[一切如故]。再细看,又觉得比自己在家时干净了许多。(刘醒龙《天行者》)(两个辖域语义相反)

46. 怪不得

话语标记"怪不得"常用于口语中,具有语篇功能和人际功能。作为后倾型双向辖域话语标记,其辖域一交代原因,辖域二介绍某个曾让人感到不解的情况,两者形成因果关系。发话人通过使用"怪不得",表达一种恍然大悟的语气。辖域一和辖域二可以跨话轮,也可以在同一话轮之内。"怪不得"常和语气词"呢""哩""啊""了"等连用。如:

(100)当他从陆地上看到海洋里的印度尼西亚的时候,终于想起了一句开头的话。他嘴唇颤了几下,说:"小苏,[这印度尼西亚的岛屿就是多]! 怪不得,[称千岛之国哩]!"(路遥《我为我心爱的人儿》)

(101)"晋叔,[今天你们吃的饺子还是孙家篁哥帮着包的呢]!""是么?"老晋看一看她,又看了小孙,"怪不得,[我说那味道怪顽皮的]!"(林徽因《窘》)

47. 归根到底

话语标记"归根到底"多用于口语中,具有语篇功能,表示后面的话语是

对前面话语的总结,是说话人最终的看法。有时也与"一句话"连用。如:

(102)银平并没有发迹。即使没有失去高中国语教师的职务,也是没有希望发迹了。[没有像梦中美丽的家鲫鱼那样从人波中跃起的力气,也没有在人头之上的半空飘浮的力量了]。归根到底,[可能是堕入了幽黑的浪底的因果报应吧]。(川端康成《湖》)

(103)[大学老师们就希望抓好中学教育,中学老师们也希望抓好小学教育]。归根到底,[最重要的还是要抓好婴幼儿家庭教育]。家庭是社会的细胞,母亲是孩子的第一个教师。(冰心《冰心全集》第七卷)

48. 换言之

话语标记"换言之"常用于书面语中。作为平等型双向辖域话语标记,其辖域一是对某人某事的介绍、描述,辖域二是从另一个方面对辖域一的内容进行介绍说明。如:

(104)他向我坦白说,对自己的这个残疾,他一直没有平常心:我在娘胎里没做过坏事,怎么就这样被生了下来?后来大夫告诉他说,[这种病有六百万分之一的发生几率],换言之,[他中了个一比六百万的大彩]。我老师就此恢复了平常心。(王小波《沉默的大多数》)

(105)乡村中无呼奴使婢习惯,[家中要个帮手时,家长即为未成年的儿子讨个童养媳,于是每家都有童养媳]。换言之,[也就是交换儿女来教育,来学习参加生活工作]。(沈从文《长河》)

49. 据悉

话语标记"据悉"常用于书面语中,语篇结构和语用功能与"据说"相同。如:

(106)从那以后,他就一直没有停止密谋策划。据悉,[他参加了国内一个怙恶不悛的秘密团体,并是这个团体中的一位重要成员]。(伏尼契《牛虻》)

(107)同时,该报道提及彭明敏及李敖案件。据悉,[彭明敏既不能获得一份职业,也不能获得前往美国的护照]。(李敖《快意恩仇录》)

50. 看样子

话语标记"看样子"常用于口语中,具有语篇功能和人际功能。作为后倾型双向辖域话语标记,其辖域一交代原因,辖域二是根据原因推测出来的

结论。发话人通过"看样子"表达确定、有把握的语气,体现了主观性。如:

(108)义三沿着河边走去。走了一会儿,[他感到有些偏头痛,而且肩膀也胀痛起来]。<u>看样子</u>,[今天在医院的工作绝不会轻松了]。(川端康成《河边小镇的故事》)

(109)钱谦益张望了一下,打算到另一个圈子去转上一转。然而,刚迈出几步,就听见迎面传来了杂沓的脚步声。他抬头一看,[发现胖胖的郑元勋由几个人相跟着,正急匆匆地朝他走来]。<u>看样子</u>,[尽管钱谦益没有声张,但仍旧很快就被人发现,并且通知了郑元勋]。(刘斯奋《白门柳》)

51. 可不是

话语标记"可不是"常用于口语中,具有语篇功能和人际功能。作为后倾型双向辖域话语标记,其辖域需跨话轮分布,辖域一是发话人 A 的话语,辖域二是发话人 B 的话语,发话人 B 通过使用"可不是"表示对发话人 A 的肯定、赞同。在交际中辖域二也可以省略。"可不是"也可用作"可不"。如:

(110)
史科莲道:"虽然如此,[她这人有些地方,性情也太孤僻些。在这种社会上,太孤僻了,是没法生存的]。"

何太太道:"<u>可不是</u>。[最奇怪的她有些地方,很不近人情。这种时代,大家总是愁着找不到相当的人物,不能有美满的婚姻,她是找到了相当人物,有美满的婚姻,又偏偏要抱独身主义,我觉得这事实在有些不对]。"(张恨水《春明外史》)

(111)可是,田大嫂并不理会,向田老大道:"我告诉你罢,丁二哥今天高兴极了。"

田老大道:"在大酒缸一块喝酒,他还只发愁呢,[这会子他高兴了]?"

田大嫂道:"<u>可不是</u>?[他到了咱们家,就高兴起来了]。"(张恨水《夜深沉》)

52. 老实说

话语标记"老实说"常用于口语中,具有人际功能。发话人通过使用"老实说",表示后面的话语是自己内心的真实想法,但很可能是不被受话人欢迎或接受的,体现了发话人的主观性。"老实说"也可替换为"说实话"。如:

(112)这篇影评中所说的那员闯将,就是"老兵新传"中的"老兵"。看了好影片之后再看到好影评,这是一种愉快。**老实说**,[对我来说,近年来,能够享受到这种愉快的机会实在不太多]。理由甚明,好影片不多,好影评更少。(《人民日报》1959-07-22)

(113)由于领导干部以男性居多,这里所指领导干部的配偶,特指夫人。通常情况下,领导干部的家风好不好,固然主要取决于领导干部自身,但夫人的影响也不可低估。**老实说**,[少数领导干部犯罪,除了自己要负主要责任外,其夫人往往也负有不可推卸的责任]。这样的典型不乏其例……(《人民日报》1997-05-09)

53. 哪知道

话语标记"哪知道"常用于口语,具有语篇功能和人际功能。作为后倾型双向辖域话语标记,其辖域一是发话人的预期,辖域二是相反的事实。发话人通过使用"哪知道",表达一种出乎意料的语气,体现了主观性。"哪知道"也可用作"谁知道"。如:

(114)小玲子看他颜色不对,知道他的老毛病又犯了;吃饭时候,[从饭盒子里有意给他多拨了一点油炸辣椒,想讨他的欢喜]。**哪知道**[他随便吃了几口饭,就把饭碗一推,到门外房檐下坐着,也不说话,只是一个劲儿地抽烟]。(魏巍《东方》)

(115)老郑说,"[我单知道由政府出面提出的方案总不会错,就糊里糊涂地在协议书上签了字]。**哪知道**回到家,[老婆按照她的方法左算右算,三十年工龄竟然只有三万块钱……]"(格非《江南三部曲》)

54. 譬如

话语标记"譬如"常用于书面语,其语篇结构和语用功能与"比如"相同。如:

(116)于是吉尔成为这伙人中听忏悔的教母。[大家都带着问题来找她。她倾听着,并且设法去帮忙]。**譬如**,[出点主意、筹集几块钱、找个能住上一两个星期的临时住所]。(西德尼·谢尔顿《镜子里的陌生人》)

(117)最近,即使在欧美各国,戴帽的女性似乎也减少了,[理由很多],**譬如**,[帽子是十九世纪的遗物,或是,帽子会掩盖美丽的头发等等]。看样子,帽子的前景并不看好。(渡边淳一《红花》)

55. 譬如说

话语标记"譬如说"常用于书面语,其语篇结构和语用功能与"譬如"或"比如说"相同。如:

(118)她会不会醒来时[发现自己是在另外一个年代]呢? <u>譬如说</u>[中世纪之类的,或一两万年前的石器时代]? 席德想象自己坐在山洞口,制作兽皮的模样。(乔斯坦·贾德《苏菲的世界》)

(119)我又问他们作什么可以得钱,[他们说出许多方法],<u>譬如说</u>[作经理可以,作总长可以,作教员可以,……很多很多]。(沈从文《阿丽思中国游记》)

56. 恰恰相反

话语标记"恰恰相反"常用于口语中,具有语篇功能和人际功能。作为后倾型双向辖域话语标记,其辖域一表示某种预期,辖域二是对辖域一的否定。两个辖域可属于同一发话人,也可以分属不同的发话人。发话人通过"恰恰相反"的使用,提醒受话人预期是错误的,具有交互主观性。如:

(120)社会主义市场经济新体制的确立,涉及到市场主体的培育,市场媒体的发展和市场支撑体系的完善,是一个宏大的系统工程,不可能一蹴而就,特别是作为一个省区,许多政策措施有待于国家统一制定和规范,但[这并不意味着我们就应该观望等待,无所作为],<u>恰恰相反</u>,[社会主义市场经济的发展关键在于千百万人的探索和实践]。(CCL,1994年报刊精选)

(121)

白岩松:南方科技大学一路走来非常的不容易,各种各样的风波总是存在,朱校长会不会现在是学生有45人,现在终于今年又可能到180人了,[学生来了但是你期待的很多老师却可能走了,不一定来],会有这种情况发生吗?

朱清时:<u>恰恰相反</u>,[我们去年下半年到今年这几个月招聘了65位教授,水平都很高,刚才说的有个学术副校长人选实际上我们已经有目标了],但是真正这种好的一流的人才,都不是说你一招聘马上就会来的,他们都有一个滞后……(中央电视台《新闻1+1》2012-06-01)

57. 谁知道

话语标记"谁知道"常用于口语,其语篇结构和语用功能与"哪知道"相同。如：

(122)这死崔心毒手黑，暗中在靴筒掖一柄小刀，[只要他闹着赔眼珠，就拔刀下手]。谁知道，[三梆子非但不闹，却花钱买下这桌酒饭，反过来谢谢他]。(冯骥才《神鞭》)

(123)为了挣钱养家，他勉强上完了初中就主动要求进厂当学徒了，那年他才十五岁，踮起脚后跟儿才能够到机器！但是他不后悔，不埋怨，[他愿意自己把苦都吃尽，把甜都留给妹妹!]谁知道，[妹妹的命比他还苦!]……他一边看信，一边流泪。(霍达《穆斯林的葬礼》)

58. 实话实说

话语标记"实话实说"常与语气词"吧"连用，多用于口语中，具有人际功能，表示其后的话语是说话人内心真实的想法，表达坦诚、诚恳的语气，体现了主观性。如：

(124)"我想让你有几条狗嘛。听我说，如果不想买狗，那就买我的手摇琴吧，那手摇琴妙极啦。实话实说，[我是花了一千五百卢布买来的]，九百就卖给你。"(果戈理《死灵魂》)

(125)田福贤跑上前来堵住说："嘉轩，实话实说吧！[有人向县府告密，说你是起事的头儿。我给史县长拍了胸膛，说你绝对不会弄这号作乱的事。既然挡不住也劝不下，让他们去吧！你可万万去不得]。"(陈忠实《白鹿原》)

59. 说白了

话语标记"说白了"常用于口语中，具有语篇功能和人际功能。作为平等型双向辖域话语标记，其辖域一是对事件或事物一般性的描写判断，辖域二是更加直爽、浅显、明白的描写判断。发话人通过使用"说白了"，常常表示不满意或不客气的态度，具有主观性。如：

(126)"男爵吗？他是个好人，心地善良，知识广博……不过他没有个性……[他一辈子也只能当半个学者，半个上流社会的人，也就是半瓶子醋]，说白了，[也就是一无所长]……真可惜！"(屠格涅夫《罗亭》)

(127)盲人的电脑毕竟不同，[他们的电脑拥有一套特殊的软件系统]，说白了，[就是把所有的信息转换成声音]。(毕飞宇《推拿》)

60. 说到底

话语标记"说到底"常用于口语中,具有语篇功能和人际功能。作为后倾型双向辖域话语标记,其辖域一是某个事件或事物的一般描述,辖域二是对辖域一的解释、强调或总结。发话人通过"说到底"的使用,表示肯定的语气,具有主观性。如:

(128)[跟她在一起越觉得开心时,他就变得越谨小慎微,不苟言笑,表面上只是一个本分而友善的伯父。的确,连感情也并不多露出来]——因为,说到底,[他已经到了这样的年纪了]。(约翰·高尔斯华绥《福尔赛世家三部曲1:有产业的人》)(解释)

(129)"我的劳务可不值多少钱;我才工作了十八天?""[还是请你收下]。说到底,[你救过我的命,所以你总该让我有所报答吧]。"克立姆罗德的一双灰眼睛幽默地忽闪忽闪。(苏里策尔《绿色国王》)(解释)

(130)[中田一边用手心摸着剪短的花白头发一边沉思,沉思了好一会儿。怎样才能从这青花鱼迷宫般的交谈中脱身呢? 可是,再绞尽脑汁也无计可施],说到底,[中田不擅长条分缕析地想问题]。这时间里,川村一副不关我事的样子,举起后爪喀嚓喀嚓搔下巴。(村上春树《海边的卡夫卡》)(总结)

61. 说老实话

话语标记"说老实话"和"说实话"的语体、语篇结构和语用功能相同。如:

(131)整个军队里,她关心的只有一个人。说老实话,[只要他平安,其余的动静都不在她心上]。乔斯从街上带了消息回来,她也不过糊里糊涂的听着。(萨克雷《名利场》)

(132)我一面在黑铁公寓里出出进进,观察着这种生活,一面又在盘算逃开它的办法。说老实话,[要逃还是有办法逃的,天涯海角,地方很大]。但我逃到哪里都没有身份,怎么谋生可是个大问题。(王小波《东宫·西宫》)

62. 说起来

话语标记"说起来"常用于口语中,具有语篇功能和人际功能。其语篇功能表现为开启话题、接续话题,人际功能表现为发话人通过"说起来"的使用,表达一种肯定的语气。

(133)李沛海:说起来,[我经营春兰空调将近 10 年了,中间停顿了一段时间。2003 年 11 月,……这就是一个很好的说明,商家一定要挑选行业的名牌,只有选择好的品牌才会有好的]。(《文汇报》2005-09-23)(开启话题)

(134)梅局长有些扭捏地说:"这不好吧? 你们有什么事么? 有事说事,不要这样嘛……"蔡先生说:"说起来,[也没什么事]。我们大远来了,也没给你带什么,几幅字画,也不是什么贵重东西,就算是个见面礼吧。"(李佩甫《羊的门》)(接续话题)

(135)柴师傅突然大声宣布道,"[这是我老家的酒,就算我请客]。"说过这话,他的驼背似乎伸直了许多,站起来一一给大家斟酒,"[都敞开了喝,不够再开一瓶]。说起来,[今晚数我赚得多。光这大楼,就给我凑了十多块呢]。喝,喝呀!"(达理《除夕夜》)(接续话题,解释原因)

63. 说真的

话语标记"说真的"常用于口语中,具有人际功能。说话人通过使用"说真的"强调其后话语的真实性,表示这是他内心的真实想法,具有主观性。如:

(136)她转过身去,把帽子捡了起来。"说真的,[你不戴帽子显得更漂亮],要是你还能够再漂亮的话,"他从马车后面打量着她说。(哈代《德伯家的苔丝》)

(137)徐望北又缓缓地说:"年轻人,不要吃惊,不要忏悔。说真的,[你挺不错]。但现实生活很残酷,不能任性,要学会沉着,学会策略。……"(王火《战争和人》)

64. 俗话说

话语标记"俗话说"常用于口语中,具有语篇功能,可用于凸显信息来源,表明其后的话语属于俗话一类。说话人通过引用某一俗话,增加了话语的通俗性,可以更通俗易懂地阐释某个道理。如:

(138)杨元珍在台下站起身,冲大伙说:"俗话说,['人心齐,泰山移。']咱们普店街坊的心气,也是盼着市里建设搞好,大河没水小河干,市里搞好了,将来什么好日子没有哇? 咱们心齐,让市里领导瞅瞅,咱

普店街的街坊们全是好样的。"(孙力,余小慧《都市风流》)

(139)几百年来,当地农民就有种菜的习惯。<u>俗话说</u>,["一亩园,十亩田"],菜农的收入要比种大田的农民收入高得多。(李准《黄河东流去》)

65. 相比之下

话语标记"相比之下"多用于口语,具有语篇功能。作为后倾型双向辖域话语标记,其辖域一是对某人某事的描述、介绍或判断,辖域二是通过与辖域一的比较后得出的结论。如:

(140)他吵着闹着非要个一楼单元。房子已经分出去了,[一楼五楼都不是好楼层],<u>相比之下</u>,[一楼进出方便,通厨房还有个十二平方米的小院],所以没人愿跟万家换,何况他一吵一闹,反倒让人觉着五楼比一楼差得远。(孙力、余小惠《都市风流》)

(141)他观察了几分钟,显然饭店里已有所提防。[平时把房门钥匙交给旅客,手续很随便],<u>相比之下</u>,[今天柜台服务员非常小心谨慎]。当旅客要钥匙时,服务员先问名字,而后还要跟登记簿上的名单核对。(阿瑟·黑利《大饭店》)

66. 相传

话语标记"相传"常用于口语中,具有语篇功能,可用于凸显信息来源,表明其后话语属于传说。发话人通过使用"相传",增加了话语内容的时间感和神秘感。如:

(142)袁姓三代孙,名叫袁九五,他承继了祖辈的酿酒经验,又凭着比祖辈更丰富的市场阅历,于乾隆年间选中了酒城东门外娘娘庙所在地女儿井街开创他的事业。<u>相传</u>,[娘娘庙地下有个海眼,挑动海眼,酒城将变成海洋]。为了免除水灾,群众集资建庙,并塑了一个金身娘娘,镇压在海眼之上。(莫言《酒国》)

(143)只见巨大的顶弯华美精致、金碧辉煌,地下铺着厚厚的毛毯。中间一个深褐色的围栏很高,踏脚一看,围的是一块灰白色的巨石。<u>相传</u>,[伊斯兰教的创始人穆罕默德由此升天]。巨石下有一个洞窟,有楼梯可下,虔诚的穆斯林在里边礼拜。(余秋雨《千年一叹》)

67. 相对而言

话语标记"相对而言"常用于书面语中,其语篇结构和语用功能与"相比之下"相同。也可用作"相对来说""相比较而言"等。如：

（144）快到从前镜湖厅的地方，嘉平叫杭汉先把车子停下来，这里人已经不多了，[一般游客走的都是白堤]，相对而言，[此处倒是一个僻静地]。（王旭峰《茶人三部曲》）

（145）于是，[憧憬与心上人一起过新生活的女性尽管对家务不感兴趣，也开始学起做饭和插花或前往商店挑选各种家具和生活用品]，女性这方面的动力远远大于男性。相对而言，[男性并不怎么热衷于这类事情]，他们考虑问题更具现实性。这点与女性有着微妙的差异。（渡边淳一《男人这东西》）

68. 要不

话语标记"要不"常用于口语中，具有语篇功能和人际功能。作为后倾型双向辖域话语标记，其辖域一是对某人某事的介绍、解释或某种状态的描述，辖域二是根据辖域一提出的建议。发话人通过"要不"的使用，用商量的语气表达委婉的建议或看法，与受话人产生交际互动，体现了交互主观性。如：

（146）裕舫在旁边一直也没说话，到现在方才开口问他太太："惠上哪儿去了？"他太太虽然知道叔惠是到女朋友家去了，她当时就留了个神，很圆滑地答道："不知道，我只听见他说马上就要回来的，顾小姐你多坐一会。[这儿实在乱得厉害]，要不，[上那边屋去坐坐吧]。"她把客人让到叔惠和世钧的房间里去，让世钧陪着，自己就走开了。（张爱玲《半生缘》）

（147）凤喜道："我不会吹。[上次我听到你说，你会吹，我想我弹着唱着，你吹着，你一听是个乐子，所以我买了一支箫一支笛子在这里预备着]。要不，[今天我们就试试看，先乐他一乐好吗]？"（张恨水《啼笑因缘》）

69. 也就是说

话语标记"也就是说"常用于口语中，其语篇结构和语用功能与"换言之"相同。如：

（148）人都说，彭老总是"苦命人"，什么地方艰苦就到什么地方去，事实确也如此。飞机已经给他准备好了，[天一亮]，也就是说[10月8

日一早],他就要飞往沈阳。(魏巍《东方》)

(149)相文玺说,[1980 年我国海平面较常年低 20 毫米,2015 年沿海海平面较常年高 90 毫米],也就是说[35 年来,我国海平面波动上升了约 110 毫米]。(《人民日报》2016-05-07)

70. 由此看来

话语标记"由此看来"常用于书面语中,具有语篇功能。作为后倾型双向辖域话语标记,其辖域一是对某人某事的介绍说明或对某种状态的描述,辖域二是根据辖域一得出的判断、推论,两者具有因果关系。

(150)张敏生听到这种批评,爽然若失。[自己本打算当面去见蒋淑英,去质问她几句的。现在一想,就是去质问她几句,她也未必自己认为无理]。由此看来,[天下人除了自己,是靠不住的]。胡乱吃了一碗面,也不再往下听了,会了账,一个人快快不快,走回寄宿舍去。(张恨水《春明外史》)

(151)总之,[小毛虫是有什么就用什么,所以只要所选材料符合轻巧、柔韧、光滑、干燥、大小适当的条件就可以了]。由此看来,[它的要求还不算太苛刻]。(法布尔《昆虫记》)

71. 由此可见

话语标记"由此可见"常用于书面语,其语篇结构和语用功能与"由此看来"相同。如:

(152)一个精彩的"小品"往往引起人们的街谈巷议。[这几年的春节联欢晚会上"小品"都是挑大梁的],由此可见["小品"这一艺术样式之受观众的欢迎和厚爱]。(《人民日报》1995-12-15)

(153)丹妮打了一封电报给老彭,三天后有了回信,说他的病不算什么,请她不必担心。但是[他仍然留在郑州],由此可见[他还卧病在床,不能起程前往徐州]。(林语堂《风声鹤唳》)

72. 这样一来

话语标记"这样一来"可用于口语或书面语中,具有语篇功能。作为后倾型双向辖域话语标记,其辖域一是对某个事件的介绍或某种状态的描述,辖域二是由辖域一引起的结果,两者具有因果关系。"这么一来""这样说来""这样看来"等与"这样一来"类似。如:

(154)[有了布克的暗中支持，狗队中的狗都开始反抗起司皮茨来，只有德夫和索洛克司依然如故。慢慢地，它们不再服从管教，它们不停地吵闹，却只是为些微不足道的事情]。这样一来，[雪橇队的正常行进就受到了影响，而时间也随之浪费了]。(杰克·伦敦《荒野的呼唤》)

(155)[燕西将秀珠的信，看了一看，就扯碎了，扔在字纸篓里]。这样一来，[这件事，除了自己和秀珠，外带一个李贵，是没有第四个人知道的了]。(张恨水《金粉世家》)

73. 真是的

话语标记"真是的"常用于口语中，位置灵活，具有人际功能。发话人通过使用"真是的"表达一种责备、埋怨、不满的情绪，其后的话语是导致发话人产生负面情绪的原因。如：

(156)梅丽依然向前推着她母亲道："你去罢，你去罢，我这里不要你了。"二姨太笑着连连说："你这孩子，你这孩子。"梅丽道："真是的，[人家作文作得正有味的时候，你跑来捣乱，你说讨厌不讨厌呢]?"(张恨水《金粉世家》)

(157)"不过，最愚蠢的还是这只猫。真是的，[它安的什么心? 不捉耗子，贼来也装不知道]……老师，把这只猫给我好不好? 留在家里也毫无用途。"(夏目漱石《我是猫》)

74. 众所周知

话语标记"众所周知"可用于口语或书面语篇中，具有语篇功能和人际功能。当它用于开启话题时，发话人假设后面话语的内容是大多数人都知道的，以此扩大与受话人共享的认知语境，提高交际的互动性。用于总结话题时，发话人通过使用"众所周知"，提醒受话人后面的话语是对前面话语的概况总结。"众所周知"体现了交互主观性。如：

(158)众所周知，[老虎是珍稀濒危动物，受到国际公约的保护]。正因如此，浑身都是宝的老虎也是不法分子牟利的对象，罗湖海关今天公布了近期查处的一起非法携带虎骨入境案。(深圳电视台《第一现场》2010-01-13)(开启话题)

(159)[结果他虽然热爱科学而且很努力，在一生中却没有得到思维的乐趣，只收获了无数的恐慌。他一生的探索，只剩下了一些断壁残垣，收到一本名为《逻辑探索》的书里，在他身后出版]。众所周知，[他

那一辈的学人,一辈子能留下一本书就不错]。(王小波《沉默的大多数》)(总结话题)

75. 综上所述

话语标记"综上所述"常用于书面语中,其语篇结构和语用功能与"总之"相同。如:

(160)[……事实证明,这些舍腰蜂确实来自炎热而又干旱缺水的沙漠地区。那里终年少雨,要是想在那些地方看到大雪,则更是痴人说梦]。综上所述,[我相信舍腰蜂是从非洲来到这里的]。很久很久以前,它们离开非洲,先是到了西班牙,然后途经意大利,最后来到了我们这里。(法布尔《昆虫记》)

(161)[……至于平坐以下的力神,狮子,和垫拱板上的卷草西番莲一类的花纹,……但窗楣上部之飞仙已类似后来常见之童子,与隋唐那些脱尽人间烟火气的飞天,不能混作一谈]。综上所述,[我们可以断定天宁寺塔绝对绝对不是隋宏业寺的原塔]。(林徽因《平郊建筑杂录(续)》)

76. 总的来说

话语标记"总的来说"常用于口语中,具有语篇功能。作为后倾型双向辖域话语标记,其辖域一是对事件多方面的介绍、描述和分析,辖域二是对事件的概况总结或从整体上对事件的阐述。"总的来说"也可用作"总之""总而言之"等。如:

(162)显而易见,[这个古老大国芸芸众生的情性是惊人的,只有遭到外界的一连串打击之后,他们才会有点进步]。说句公道话,总的来说,[中国并非主动选择发展为一个现代民族,而是不得已而为之]。(林语堂《吾国吾民》)

(163)王朔的作品与王朔有关的影视作品我看了一些,有的喜欢,有的不喜欢。[有些作品里带点乌迪·艾伦的风格,这是我喜欢的。有些作品里也冒出些套话,这就没法喜欢]。总的来说,[他是有艺术成就的,而且还不小];当然,和乌迪·艾伦的成就相比,还有不小的距离。(王小波《沉默的大多数》)

77. 总而言之

话语标记"总而言之"可用于口语或书面语中,其语篇结构和语用功能

与"综上所述"相同。常与语气词"吧""哦""哩"等连用,也可用作"总而言之一句话"。如:

(164)[⋯⋯一方面是医术的提高,你不能误诊,不能拿错药,不能开错刀,不能在抢救病人时束手无策⋯⋯]总而言之[你要积攒足够的病例,每医好一个病人就是在脚下垫了一块走向新职务的砖]。这一部分的工作主要由我负责。(毕淑敏《电脑时代的灰色诱惑》)

(165)[⋯⋯有省建筑公司的总工程师,有省立大学的数学系教授、中文系教授,有省立农学院的畜牧系教授、育种系教授,有省体工大队的跳高运动员、跳远运动员、游泳运动员、短跑运动员、长跑运动员、乒乓球运动员、篮球运动员、足球运动员,标枪运动员,有那个写了一部流氓小说的三角眼作家,有银行的高级会计师,还有各个大学的那些被划成右派的大学生]。总而言之吧,[那时候小小的胶河农场真可谓人才荟萃,全省的本事人基本上都到这里来了]。(莫言《三十年前的一次长跑比赛》)

6.4 本章小结

本章我们对《等级标准》中的话语标记从语体、语篇结构、语用功能等方面进行了描写分析。我们发现,《等级标准》中收录的话语标记有五个特点:

(一)相对于《等级标准》收录的词汇总量来说,话语标记的数量严重偏少,只占 0.694%。有些母语者口语中高频使用的话语标记,如"好了""对了""你看"等,均没有收录在内。

(二)每个等级词汇中包含的话语标记数量不等,其中初等 21 个、中等 18 个、高等 38 个。可见《等级标准》对话语标记的教学比较随意,缺乏足够的系统性。

(三)已收录的话语标记,某些是作为其他词类进行标注的,话语标记的功能未受重视。如"相传"和"据悉"标注为"动词","怪不得"标注为"副词"和"动词",但实际上"相传""据悉"和"怪不得"作为话语标记的使用频率也很高。

(四)已收录的话语标记语用功能相对集中,具有其他语用功能的话语标记缺失。如表示话题总结的话语标记有"一句话""总之""总的来说""综上所述"和"总而言之"等,占所收录话语标记数的 6.49%。但用于表示话语阐发权的话语标记如"依我看""在我看来""照你说""在你看来"等却没有被收录在内。

（五）已收录的话语标记，以口语中常用的话语标记为主，书面语中常用或专用的话语标记较少，只有"只见""据悉""换言之"等几个。这与汉语话语标记的实际情况有关，但也在一定程度上表明书面语中话语标记的教学并未受到足够的重视。

由此我们认为：

（一）《等级标准》中所收录的话语标记证实了我们第五章的研究结果：留学生话语标记习得的主要途径应该是课外交际。大纲和教材所涉及的话语标记数量有限，课外交际对象的多样化、话题的丰富性、时间的灵活性等都能为留学生提供更多的话语标记习得机会。课堂教学应该促进课外习得。

（二）课堂教学中教师对话语标记的教学要注意其功能和语体的多样化。话语标记功能丰富，每种功能都可用多个话语标记表示，教学中既要涉及不同功能的话语标记，又要以代表性话语标记为教学重点。同时，要注意对不同语体话语标记的教学，避免学生书面语篇中话语标记的口语化倾向。

（三）词汇等级并不完全等于话语标记的习得难度。话语标记的习得难度与词汇等级有关，也与其语体、习得类型、语篇结构等有关。书面体话语标记的习得难度高于口语体话语标记，如都是中等词汇中的话语标记，"只见"的习得难度高于"一句话"。默会型话语标记的习得难度高于明示型话语标记，如都是高等词汇中的话语标记，"可不是"的习得难度要高于"也就是说"。辖域跨话轮分布的话语标记习得难度要高于辖域在同一话轮内的话语标记，如都是高等词汇中的话语标记，"别提了"的习得难度要高于"谁知道"。

第七章 结语

7.1 本书的研究内容总结

元话语能力是关于话语能力的能力，是驾驭话语能力的能力，它高于话语能力，在话语能力发展到一定阶段后才能形成。留学生在初级阶段掌握了一定的语音、词汇、语法知识后，经过言语技能的操练，拥有了一定的话语能力。到了中高级阶段，为了促进话语能力的进一步发展，教学就不能再仅限于话语本身，而应该从更高的层面来看待问题，通过培养留学生的元话语能力来帮助他们提高话语能力。

元话语能力可表现为多种形式，话语标记的理解和使用是其典型形式。但是，目前二语教学界多将话语标记的习得看作是表达手段的丰富，尚未充分认识到它对元话语能力培养的作用。本书从培养留学生元话语能力的高度出发来研究话语标记，力求理论研究与教学实践相结合，以区别于纯本体研究。

本书在认知心理学、历史语言学和语用学理论的指导下，从来源、性质、功能到应用，层层递进地开展汉语话语标记研究。本书的主要研究内容包括：(1)探究话语标记的来源，旨在说明它具有程序功能。(2)从话语标记的基本属性出发，界定其范围、特征和类别。(3)以辖域为抓手，说明话语标记是如何发挥其程序功能的。(4)剖析汉语课堂教学和汉语教材对话语标记处理的不足之处，为话语标记教学提供有效建议。(5)对国际中文教育中常用话语标记进行描写分析。

　　第一，我们从元认知对话语的组织、监控和调整入手，提出了"元认知交互"概念，认为元认知交互能力就是元话语能力，元话语能力可表现为元话语的理解和使用，从认知心理学的角度阐述了元话语的形成机制。根据语法化理论，论述了元话语演变为话语标记的不同情况，并将元话语和话语标记的异同进行了对比。

　　第二，我们根据"话语标记是具有程序功能的元话语"和"话语标记是经过语法化的元话语"两个观点，重新界定了话语标记的范围，把具有程序功能，能引导对方更好地理解话语的、形式短小结构相对固定的、能体现主体元话语能力的语言形式看作话语标记，描述了其在语音、句法、语义等方面的特征。同时，根据话语标记语法化程度的高低，将其分为明示型和默会型两种。这种分类方法既与话语标记的形成过程相联系，又能为汉语教学服务。

　　第三，探讨话语标记的程序功能是如何发挥作用的。我们认为，话语标记的程序功能表现为它对受话人话语理解的引导作用，具体通过受话人对话语标记辖域的寻找和辖域间语义关系的分析而实现。因此我们从多个角度对话语标记的辖域进行了分析。从数量上看，话语标记的辖域可以有单个、两个或多个之分。从方向上看，辖域可以在话语标记之前，也可以在其之后。话语标记辖域的语义可以指向场景，特别是场景中的事件，也可以指向话语。话语标记和话轮、话题的关系比较复杂，话语标记的辖域可以跨话轮分布，起到接续话题、转换话题、找回话题和结束话题的作用，也可以处于同一个话轮内部，起到开启话题、接续话题、转换话题、找回话题和结束话题的作用。根据话语标记的来源和其语义的自足程度，话语标记与其辖域所在语句的关系可分为偏松、偏紧和松紧两可三种情况。我们以"话说回来"为例，具体演示了受话人如何利用话语标记的引导功能来帮助自己理解话语。

　　第四，在考察话语标记教学现状和教材中话语标记处理情况的基础上，从理解和使用两方面对国际中文教育中的话语标记教学提出了建议。我们认为，从话语标记的理解来看，鉴于默会型话语标记语法化程度高、语义透明度低、可推导性差、汉语归约性强等特点，应加强对其教学。在课堂教学中可采用能培养留学生自主学习能力的隐性教学法，以促进学生课外汉语标记的习得。从话语标记的使用来看，听力课是最适合训练学生习得话语标记的课型，应培养学生利用话语标记预测信息、把握话语结构或细节的能力，以及利用话语标记的语音特征理解语篇的能力。

第五,对《国际中文教育中文水平等级标准》中收录的 77 个话语标记从语体、语篇结构和语用功能等角度进行描写分析,力求为教师课堂教学和留学生课外习得提供参考。

7.2　本书的创新点

总的来说,本书的创新之处有四点:

第一,提出要在中高级阶段培养留学生的元话语能力,并以话语标记的习得作为其重要途径。

话语能力是留学生交际能力的重要组成部分,培养留学生话语能力的必要性已成为国际中文教育界的共识。目前关于留学生话语能力不足原因的探讨,大都停留在词语、语法等话语结构的成分方面,就话语能力而论话语能力,缺乏一个更高的立足点。元认知能力是一种更高层次的能力,它是决定学习者能否取得成功的关键因素。元话语能力是元认知能力在语言习得方面的具体表现,它的高低决定了学习者话语能力的最终水平。培养留学生的元话语能力,也就是培养留学生对话语能力的驾驭能力,能更好地促进其话语能力的发展。

第二,从认知心理学的角度,探究了话语标记的来源,厘清了元话语和话语标记的关系。

对于话语标记,目前的研究在探讨其来源时,多从历史语言学的角度出发用语法化理论来解释,很少有人从认知心理学的角度去探究它是如何产生的。我们从元认知对言语交际的监控出发,提出了元认知交互概念,认为正是交际双方元认知交互的需求促使了元话语的使用。具有程序功能的元话语,在语言使用过程中,由于经济原则等因素,经过语法化,部分演变为话语标记。由此本书认为,元认知交互同时也是话语标记产生的认知原因。

现有的研究大多不对元话语和话语标记进行区分,特别是英语教学界的部分研究甚至将元话语和话语标记等同起来。我们以语法化理论为指导,认为话语标记是元话语经过标记化后形成的,两者都具有程序功能,形式上有三种对应关系。如果将元话语视为连续统的一端的话,话语标记是连续统向前延伸的各个阶段。不同话语标记的语法化程度并不相同,语法化程度较低的是明示型话语标记,语法化程度较高的是默会型话语标记,后者的习得难度更高。

第三,强调话语标记使用的“有意性”,具体分析话语标记如何发挥其程序功能。

鉴于话语标记是元认知交互的语言体现，我们强调了话语标记是发话人有意使用的、用来引导受话人对话语理解的手段。强调话语标记使用的"有意性"，也就突出了话语标记的程序功能。

现有的研究都承认话语标记在话语理解中起引导作用，但对它如何发挥引导作用却缺乏研究。我们以话语标记的辖域为抓手，通过分析话语标记辖域的数量和方向，辖域的语义指向，话语标记与话轮、话题的关系，话语标记与辖域所在语句的结构松紧程度等，对话语标记从整体上进行分类描写。这一方面能帮助我们对话语标记有一个整体、综合的了解，弥补现有研究注重个体而忽视整体的不足；另一方面又能说明话语标记是如何通过辖域发挥引导作用的，回答了话语标记为何能促进阅读水平和听力水平的提高等问题。

第四，为话语标记课堂教学设计了教学流程。

汉语教学界对话语标记教学重要性的认识有待提高，对于如何在课堂教学中开展话语标记教学也缺乏探讨。我们在强调话语标记习得重要性的基础上，根据话语标记使用的认知心理学基础，提出了运用隐性教学法来进行话语标记的教学，提高留学生的综合归纳能力，促进课外话语标记的习得。

7.3　不足之处和今后的研究方向

本书的不足之处包括以下三点：

第一，有关元话语的语料占有不够充分，所举例子中一部分元话语也可视为话语标记，未经标记化的特征不够明显。举例所用的话语标记有重复之处。

第二，在分析话语标记与其辖域所在语句结构上的松紧程度时，只提出了两个标准：话语标记的来源和其语义的自足性。这些标准也许不够全面，有可能会影响到对不同话语标记的区分。

第三，话语标记的课堂教学流程只是提出了理论设想，还没来得及得到教学实践的检验。本书提出使用隐性教学法开展话语标记的课堂教学，目的是通过培养留学生的自主学习能力，帮助他们在课外习得话语标记。但由于条件的限制，我们没有能够找到两个合适的平行班进行教学实践以验证隐性教学法的效果，也没能检测各教学步骤的可操作性。

　　需要特别说明的是，本书认为，对于中高级水平的留学生来说，培养和发展元话语能力并非只有习得话语标记一种方式。指示成分、某些语境因素、言语行为动词或施为动词、模糊限制语、直接引语或间接引语等，都能体现出发话人的元话语能力，课堂教学中涉及这些成分或结构时，教师都应给予足够的重视。

　　今后的研究至少可以从四个方面进行深入扩展：

　　第一，占有更多的元话语资料，进一步从元话语出发探究不同类型话语标记的形成过程，验证语法化理论。

　　第二，从其他角度对不同类型的话标记进行研究，力求更全面、更科学地认识汉语话语标记，并将其成果运用到国际中文教育中去。

　　第三，开展实证性研究，验证多种教学方法，包括隐性教学法的可行性，比较各种教学法的优劣，为话语标记教学提供更多可行的方法。

　　第四，研究其他能体现发话人元话语能力的结构的习得情况，并将其与话语标记习得相比较，发现两者的异同之处。

中文参考文献

一、中文著作类

[1]陈英和.认知发展心理学[M].杭州:浙江人民出版社,1996.

[2]范晓.三个平面的语法观[M].北京:北京语言学院出版社,1996.

[3]高名凯.汉语语法论[M].北京:商务印书馆,1986.

[4]桂诗春.新编心理语言学[M].上海:上海外语教育出版社,2000.

[5]何自然,陈新仁.当代语用学[M].北京:外语教学与研究出版社,2004.

[6]胡裕树.现代汉语[M].上海:上海教育出版社,1995.

[7]黄伯荣,廖旭东.现代汉语下册(增订三版)[M].北京:高等教育出版社,2002.

[8]教育部中外语言交流合作中心.国际中文教育中文水平等级标准(国家标准·应用解读本)(第二分册)[M].北京:北京语言大学出版社,2021.

[9]李忠初,等.汉语语法修辞概论[M].长沙:岳麓书社,1994.

[10]廖秋忠.现代汉语篇章中的连接成分[M]//廖秋忠.廖秋忠文集.北京:北京语言学院出版社,1992.

[11]刘大为.自然语言中的链接结构及其修辞动因[C]//复旦大学中文系,等.首届望道修辞学论坛论文.上海:复旦大学出版社,2008.

[12]刘丹青.话题标记从何而来?——语法化中的共性与个性[C]//石锋,沈钟伟.乐在其中:王士元教授七十华诞庆祝文集.天津:南开大学出版社,2004.

[13]刘珣.对外汉语教育学引论[M].北京:北京语言大学出版社,2000.

[14]陆俭明.现代汉语虚词散论[M].北京:北京大学出版社,1985.

[15]江蓝生.语法化语音程度的表现[C]//吴福祥.语法化研究.北京:商务印书馆,2005.

[16]司红霞.现代汉语插入语研究[M].长春:东北师范大学出版社,2009.

[17]王迪.从口语类对外汉语教材中的话语标记反观当前对外汉语教材的编写[C]//《第十届国际汉语教学研讨会论文选》编辑委员会.第十届国际汉语教学研讨会论文选.北京:万卷出版公司,2010.

[18]王力.汉语语法纲要[M].北京:中华书局,2015.

[19]邢福义.现代汉语[M].北京:高等教育出版社,1991.

[20]邢红兵.现代汉语插入语研究[C]//陈力为、袁琦主编.语言工程.北京:清华大学出版社,1997.

[21]许家金.青少年汉语口语中话语标记的话语功能研究[M].北京:外语教学与研究出版社,2009.

[22]叶南薰原著,张中行修订.复指和插说[M].上海:上海教育出版社,1985.

[23]殷树林.现代汉语话语标记研究[M].北京:中国社会科学出版社,2012a.

二、中文期刊类

[1]白娟,贾放.汉语元语用标记语功能分析与留学生口头交际训练[J].语言文字应用,2006(S2).

[2]曹放.话语标记语 I mean 的语用功能[J].渤海大学学报(哲学社会科学版),2004(1).

[3]曹秀玲.从主谓结构到话语标记——"我/你 V"的语法化及相关问题[J].汉语学习,2010(5).

[4]曹秀玲,杜可风.言谈互动视角下的汉语言说类元话语标记[J].世界汉语教学,2018(2).

[5]陈家晃,刘成萍.话语标记的语境提示与英语语言习得[J].沈阳农业大学学报(社会科学版),2012(6).

[6]陈开举.英汉会话中末尾标记语的语用功能分析[J].现代外语,2002(3).

[7]陈力.语篇理论在 EFL 教学中的应用[J].课程·教材·教法,2006(8).

[8]陈铭浩,张玥.话语标记语在法庭会话信息修正中的作用研究[J].山东

外语教学,2008(3).

[9]陈伟.中、英大学生英语写作中话语标记语的使用情况——一项基于CLEC 与 Lucy 语料库的对比研究[J].河北理工大学学报(社会科学版),2009(4).

[10]陈新仁.从话语标记语看首词重复的含意解读[J].解放军外国语学院学报,2002(3).

[11]陈新仁,吴珏.中国英语学习者对因果类话语标记语的使用情况——基于语料库的研究[J].国外外语教学,2006(3).

[12]陈新仁.基于元语用的元话语分类新拟[J].外语与外语教育,2020(4).

[13]崔凤娟,于翠红.庭审语篇中话语标记语 well 的语用功能研究[J].解放军外国语学院学报,2015(2).

[14]董奇.论元认知[J].北京师范大学学报,1989(1).

[15]董秀芳."X 说"的词汇化[J].语言科学,2003(2).

[16]董秀芳."是"的进一步语法化:由虚词到词内成分[J].当代语言学,2004(1).

[17]董秀芳.词汇化与话语标记的形成[J].世界汉语教学,2007a(1).

[18]董秀芳.汉语书面语中的话语标记"只见"[J].南开语言学刊,2007b(2).

[19]董秀芳.来源于完整小句的话语标记"我告诉你"[J].语言科学,2010(3).

[20]董育宁.新闻评论语篇的语用标记语[J].修辞学习,2007(5).

[21]段红.汉语元话语分类体系初探[J].四川理工学院学报(社会科学版),2009(4).

[22]樊庆辉.俄罗斯留学生主观情感类汉语话语标记语习得研究[D/OL].长春:东北师范大学,2011[2011-05-01]. https://kns.cnki.net/kcms/detail/detail.aspx?dbcode＝CMFD&dbname＝CMFD2012&filename＝1012292828.nh&uniplatform＝NZKPT&v＝mpB1F8HnEJ6rLZuP3ruj_KUGSpFzyV_HBppfmvWF4veBIExzTSnvFzXM-GdfDcc.

[23]方梅.自然口语中弱化连词的话语标记功能[J].中国语文,2000(5).

[24]封国欣.话轮转换与话题转换[J].湖北师范学院学报(哲学社会科学版),2000(4).

[25]冯光武.汉语语用标记语的语义、语用分析[J].现代外语(季刊),2004(1).

[26]冯光武.语用标记语和语义/语用界面[J].外语学刊,2005(3).

[27]冯洁茹.话语标记语意识对于听力理解的作用[J].安徽工业大学学报(社会科学版),2012(1).

[28]付琨.后置词"来说"的篇章功能与词类归属[J].江西社会科学,2008(7).

[29]付晓丽,徐赳赳.国际元话语研究新进展[J].当代语言学,2012(3).

[30]高健,石戴镕.话语标记语在对外汉语口语教材中的应用:问题和建议[J].现代语文(学术综合版),2014(11).

[31]高竞怡.中国学习者和本族语者英语口语中主观标记语的使用——基于真实口语语料的对比分析[J].湖南科技大学学报(社会科学版),2012(5).

[32]高增霞.自然口语中的话语标记"回头"[J].中国社会科学院研究生院学报,2004(1).

[33]高增霞.自然口语中的话语标记"完了"[J].语文研究,2004(4).

[34]顾金成.话语标记语 well 的顺应性研究[J].外国语文,2010(4).

[35]顾琦一.输入加工教学对我国外语教学的启示[J].疯狂英语(教师版),2009(6).

[36]管志斌."得了"的词汇化和语法化[J].汉语学习,2012(2).

[37]郭娟.汉语会话中反问应答衔接语的话语标记功能研究[J].西藏大学学报(社会科学版),2012(2).

[38]郭威,朱琦.大学生英语写作中话语标记语的定量研究与分析——基于四所在辽高校的调查[J].电化教育研究,2011(10).

[39]韩彩英.情景会话中的语境及其语义制约功能[J].山西大学学报(哲学社会科学版),1998(3).

[40]韩戈玲.语用标记:双边最佳交际[D/OL].上海:上海外国语大学,2005[2005-05-01].https://kns.cnki.net/kcms/detail/detail.aspx? dbcode=CDFD&dbname=CDFD9908&filename=2006192220.nh&uniplatform=NZKPT&v=HNPDgMi5S505ckzXtM4Naw85shTBi37DHpiee1hP328SJ7btQwUcYJdb3BYYZA25.

[41]何安平,徐曼菲.中国大学生英语口语 Small Words 的研究[J].外语教学与研究,2003(6).

[42]何佳."X+是"的话语标记化模式及成因[J].汉语学习,2021(1).

[43]何自然,莫爱屏.话语标记语与语用照应[J].广东外语外贸大学学报,

2002(1).

[44]何自然,冉永平.话语联系语的语用制约性[J].外语教学与研究,1999
(3).

[45]贺静.外语教师课堂话语标记语语用功能考究[J].西南科技大学学报
(哲学社会科学版),2012(5).

[46]衡仁权.话语标记语 And 在会话互动中的语用功能[J].山东外语教学,
2005(4).

[47]侯冰洁.言语交际过程中的自我监控问题研究[D/OL].吉林:吉林大
学,2017[2017-06-06]. https://kns. cnki. net/kcms/detail/detail. aspx?
dbcode = CDFD&dbname = CDFDLAST2017&filename = 1017139948.
nh&uniplatform=NZKPT&v=2geSNutyunRg-eC6nfT53_uIZfP23prg DV-
SEgeVsc-ndFiHL31XNLLmpKdaV33lN.

[48]侯瑞芬."别说"与"别提"[J].中国语文,2009(2).

[49]胡建锋.试析具有证言功能的话语标记"这不"[J].世界汉语教学,2010
(4).

[50]胡建锋.话语标记"不错"的指示功能及其虚化历程[J].语言教学与研
究,2012(1).

[51]黄彩玉,谢红宇.母语为俄语的学习者对汉语话语标记习得的文化迁移
模式[J].外语学刊,2018(4).

[52]吉晖.汉语二语习得语篇话语标记使用考察[J].海南师范大学学报(社
会科学版),2016(8).

[53]吉晖.基于知识图谱的国外话语标记研究热点领域分析[J].外语学习,
2019(4).

[54]吉晖.论话语标记的语用功能及生成机制——以"你不知道"为考察对
象[J].江汉学术,2019(5).

[55]菅保霞,等.大数据背景下自适应学习个性特征模型研究——基于元分
析视角[J].远程教育杂志,2017(4).

[56]姜迪.韩国留学生话语标记使用调查及偏误分析[D/OL].厦门:厦门大
学,2007[2007-06-09]. https://kns. cnki. net/kcms/detail/detail. aspx?
dbcode = CMFD&dbname = CMFD2008&filename = 2008059069. nh&uni
platform=NZKPT&v=76zVBpS-eGJOmRv_y3YuS5lYatDC9ov RqyHeK-
XKYaNTnmEQP4wKNc6xS8g8hfPF5.

[57]蒋婷,等.仲裁庭审中仲裁员的打断策略与权力研究[J].外语教学,

2016(2).

[58]姜有顺.对外汉语教师话语标记语赘言——以西南某大学为例[J].云南师范大学学报(对外汉语教学与研究版),2013(1).

[59]阚明刚.话语标记研究综述[J].现代语文,2012(5).

[60]阚明刚,侯敏.话语标记语体对比及其对汉语教学的启示[J].语言教学与研究,2013(6).

[61]孔蕾,秦洪武."说 X"的形成:语法化、词汇化和语用化的互动[J].汉语学报,2018(2).

[62]乐耀.从"不是我说你"类话语标记的形成看会话中主观性范畴与语用原则的互动[J].世界汉语教学,2011(1).

[63]李成团.话语标记语"嘛"的语用功能[J].现代外语,2008(2).

[64]李成团.话语标记语 you see 的语用功能[J].外语教学,2009(5).

[65]李慧敏."好了"和"行了"交互主观性对比研究[J].汉语学习,2012a(2).

[66]李慧敏.国外话语标记研究及其对汉语研究的启示[J].学术界,2012b(4).

[67]李健雪.话语标记语与元语用策略关系研究[J].外语教学,2004(6).

[68]李健雪.论作为语法化反例的词汇化[J].广西师范大学学报(哲学社会科学版),2005(1).

[69]李金满,王同顺.语法化和词汇化的接口——"X 们儿"的演变[J].当代语言学,2008(1).

[70]李巧兰.英语学习者话语标记语语用石化现象初探——基于真实口语语料的调查分析[J].解放军外国语学院学报,2004(3).

[71]李泉.近 20 年对外汉语教材编写和研究的基本情况述评[J].语言文字应用,2002(3).

[72]李泉,金允贞.论对外汉语教材的科学性[J].语言文字应用,2008(4).

[73]李胜梅."话说回来"的语用分析[J].修辞学习,2004(3).

[74]李思旭.从词汇化、语法化看话语标记的形成——兼谈话语标记的来源问题[J].世界汉语教学,2012(3).

[75]李潇辰,等.话语标记语的语义痕迹与语用功能——以 You Know 为例[J].外语与外语教学,2018(2).

[76]李秀明.汉语元话语标记研究[D/OL].上海:复旦大学,2006[2006-04-15]. https://kns. cnki. net/kcms/detail/detail. aspx? dbcode=CDFD& db-name=CDFD9908&filename=2007069343. nh&uniplatform=NZKPT&v

= cmGKzKC4kvcfO1B8vrRNabFAc0FzX-3Gf0PixSFta-86MTjW2pWc7Aidi RdAXHcy.

[77]李秀明.元话语标记与语体特征分析[J].修辞学习,2007(2).

[78]李颖.维果茨基与皮亚杰关于儿童自我中心言语问题的比较研究[J]. 南京师大学报(社会科学版),1999(5).

[79]李勇忠.信息短路下的话语标记[J].外语学刊,2003a(3).

[80]李勇忠.论话语标记在话语生成和理解中的作用[J].四川外语学院学 报,2003b(6).

[81]李勇忠,李春华.话语标记与语用推理[J].国外外语教学,2004(4).

[82]李宗江."回头"的词汇化与主观性[J].语言科学,2006(4).

[83]李宗江."看你"类话语标记分析[J].语言科学,2009(3).

[84]李宗江.关于话语标记来源研究的两点看法——从"我说"类话语标记 的来源说起[J].世界汉语教学,2010(2).

[85]李佐文.元话语:元认知的言语体现[J].外语研究,2003(1).

[86]厉杰.口头禅的语言机制:语法化与语用化[J].当代修辞学,2011(5).

[87]梁惠梅.话语标记语及其语篇联结功能[J].广西大学学报(哲学社会科 学版),2007(6).

[88]刘冰.基于语料库的大学英语示范课中教师课堂话语语块特征研究 [J].河南理工大学学报(社会科学版),2015(4).

[89]刘丞.由反问句到话语标记:话语标记的一个来源——以"谁说不是"为 例[J].汉语学习,2013(5).

[90]刘大为.作为语言无意识的语感[J].华东师范大学学报(哲学社会科学 版),2003(1).

[91]刘红妮.词汇化与语法化[J].当代语言学,2010(1).

[92]刘丽艳.口语交际中的话语标记[D/OL].杭州:浙江大学,2005[2005- 04-01].https://kns.cnki.net/kcms/detail/detail.aspx? dbcode=CDFD& dbname=CDFD9908&filename=2005119193.nh&uniplatform=NZKPT& v = ar0oYzADDiwpC22hBuAEt69HrDGZCK7wOnyC5nw YCzvcT5PdR7fa 91GgpykoDyAK.

[93]刘丽艳.跨文化交际中话语标记的习得与误用[J].汉语学习,2006a(4).

[94]刘丽艳.话语标记"你知道"[J].中国语文,2006b(5).

[95]刘丽艳.作为话语标记的"这个"和"那个"[J].语言教学与研究,2009 (1).

[96]刘沭心.教师话语标记语与课堂语境[J].湖南人文科技学院学报,2006
(4).

[97]刘顺,殷相印."算了"的词汇化和语法化[J].语言研究,2010(2).

[98]刘文慧,周世界.外语习得者书面语中的话语标记语研究[J].大连海事
大学学报(社会科学版),2018(6).

[99]刘焱.话语标记语"对了"[J].云南师范大学学报(对外汉语教学与研究
版),2007(5).

[100]刘月华.关于叙述体的篇章教学——怎样教学生把句子连成段落[J].
世界汉语教学,1998(1).

[101]刘志富.话语标记语"也是"[J].宁夏大学学报(人文社会科学版),
2011(3).

[102]刘志富,李丽娟.由留学生对"再说"的习得看语话语标记教学[J].语
文学刊,2013(5).

[103]楼红燕,何莲珍.话语标记语对听力理解的作用[J].北京第二外国语
学院学报,2008(12).

[104]罗黎丽.五周岁汉语儿童的言语交际研究[D/OL].广州:暨南大学,
2012[2012-04-01].https://kns.cnki.net/kcms/detail/detail.aspx? db-
code＝CDFD&dbname＝CDFD1214&filename＝1012030665.nh&uniplat
form＝NZKPT&v＝cAWB1kZqjk9ImXo452SgXp ZWIbv88fa 8al8GXHC
38I9f8BRSJhhU7taHO2XhNTzR.

[105]罗立胜,等.克拉申语言输入说与外语教学[J].清华大学学报(哲学社
会科学版),2001(4).

[106]吕必松.对外汉语教学概论(讲义)(续五)[J].世界汉语教学,1993(3).

[107]吕为光.责怪义话语标记"我说什么来着"[J].汉语学报,2011(3).

[108]吕为光.迟疑功能话语标记"怎么说呢"[J].汉语学报,2015(4).

[109]马国彦.元话语标记与文本自互文——互文视角中的篇章结构[J].当
代修辞学,2010(5).

[110]马央平.大学英语教师课堂话语标记语使用的调查研究[J].宁波工程
学院学报,2015(1).

[111]缪素琴.话语标记语 why 的语用功能分析[J].上海师范大学学报(哲
学社会科学版),2005(3).

[112]缪素琴,蔡龙权.会话应答结构中话语标记语的语用特征[J].上海师
范大学学报(哲学社会科学版),2007(6).

[113]缪素琴.话语标记语 why 的关联理论阐释[J].杭州师范大学学报(社会科学版),2011(6).

[114]莫爱屏.话语标记语的关联认知研究[J].语言与翻译(汉文),2004(3).

[115]莫再树,张芳.认知语用视角下中美商业新闻中话语标记语的对比研究[J].学术论坛,2015(6).

[116]穆从军.中英文报纸社论之元话语标记对比分析[J].外语教学理论与实践,2010(4).

[117]潘琪.中国英语学习者英语口语语用标记语使用特征研究——基于 SECOPETS 语料库的实证研究[J].外语与外语教学,2011(3).

[118]潘先军.人类学视角下对外汉语教学中的话语标记分类探析[J].广西民族大学学报(哲学社会科学版),2020(5).

[119]庞继贤,陈明瑶.电视访谈中介入标记语的人际功能[J].浙江大学学报(人文社会科学版),2006(6).

[120]庞恋蕴.基于对外汉语教学的话语标记语考察与研究[D/OL].济南:山东大学,2011[2011-10-13]. https://kns. cnki. net/kcms/detail/detail. aspx? dbcode＝CMFD&dbname＝CMFD2012&filename＝1012301014. nh&uniplatform＝NZKPT&v＝NPWuQSbOJdLpm0m2J9Fk ZAxIXjVF qA2rXm5PPHLiV6FUIpaJhtYNthj98LUTT0jg.

[121]庞维国.论学生的自主学习[J].华东师范大学学报(教育科学版),2001(2).

[122]亓华.韩国留学生自我介绍文的"中介语篇"分析[J].语言文字应用,2006(S2).

[123]邱闯仙.现代汉语插入语研究[D/OL].天津:南开大学,2010[2010-05-01]. https://kns. cnki. net/kcms/detail/detail. aspx? dbcode＝CDFD&dbname＝CDFD0911&filename＝1011014568. nh&uniplatform＝NZKPT&v＝B3 _ P9ciAGH17ANcUUHHhCSeoL8EFubdVm EQqdSfaJshnR19 zwu6pRXjabOyE77LM.

[124]邱述德,孙麒.语用化与语用标记语[J].中国外语,2011(3).

[125]冉明志.话语标记语的元语用功能探析[J].广西民族大学学报(哲学社会科学版),2008(S1).

[126]冉永平.试析话语中 well 的语用功能[J].四川外语学院学报,1995(3).

[127]冉永平.话语标记语的语用学研究综述[J].外语研究,2000a(4).

[128]冉永平.语用过程中的认知语境及其语用制约[J].外语与外语教学，2000b(8).

[129]冉永平.话语标记语 you know 的语用增量辨析[J].解放军外国语学院学报，2002(4).

[130]冉永平.语用学与社会语言学之间的交叉研究——兼评《语用标记语和社会语言学变异》[J].外语教学与研究，2003a(1).

[131]冉永平.话语标记语 well 的语用功能[J].外国语，2003b(3).

[132]冉永平.言语交际中"吧"的语用功能及其语境顺应性特征[J].现代外语，2004(4).

[133]沈家煊."语法化"研究综观[J].外语教学与研究，1994(4).

[134]司红霞.再谈插入语的语义分类[J].汉语学习，2018(6).

[135]司继伟,张庆林.自我意识的心理学研究理论进展[J].西南师范大学学报(哲学社会科学版)，1999(3).

[136]宋秀平.语用视角的汉语话语标记词"你知道"的功能[J].兰州学刊，2011 年(4).

[137]苏俊波."说真的"的话语功能[J].汉语学报，2014(1).

[138]苏小妹.话语修补标记"我是说"[J].汉语学报，2017(4).

[139]孙炳文.从关联视角看庭审互动中话语标记语的语用功能[J].当代修辞学，2015(1).

[140]孙利萍,方清明.汉语话语标记的类型及功能研究综观[J].汉语学习，2011(6).

[141]孙利萍.论汉语言说类话语标记的基本特征[J].暨南学报(哲学社会科学版)，2012(4).

[142]孙雅平.从语法化"扩展效应"看反预期话语标记的形成——以"不料""谁知"为例[J].语言科学，2020(4).

[143]唐斌.会话中话语标记语 Yes 的语用功能分析[J].华东交通大学学报，2006(3).

[144]唐斌.话语标记语"其实"及其英译的语用功能探析[J].外语与外语教学，2007(3).

[145]唐雪凝,付宁.汉语语用标记语的信息调控功能考察[J].云南师范大学学报(对外汉语教学与研究版)，2008(4).

[146]田咪,姚双云.自然会话中"对吧"的互动功能[J].汉语学习，2020(3).

[147]田然.外国学生在中高级阶段口语语段表达现象分析[J].汉语学习，

1997(6).

［148］佟迅. HSK 听力强化训练［J］. 云南师范大学学报（对外汉语教学与研究版），2005(5).

［149］王凤兰，方清明. 论话语标记"这样一来"的语用功能［J］. 语言教学与研究，2015(2).

［150］汪玲，等. 元认知的性质、结构与评定方法［J］. 心理学动态，1999(1).

［151］汪玲，郭德俊. 元认知的本质与要素［J］. 心理学报，2000(4).

［152］王灿龙. 词汇化二例——兼谈词汇化和语法化的关系［J］. 当代语言学，2005(3).

［153］王丹荣. "你懂的"：作为话语标记语的流行语［J］. 当代修辞学，2011(6).

［154］王红，葛云峰. 谈话者角色及相互关系对话语标记语使用影响的语用分析［J］. 山东农业大学学报（社会科学版），2004(4).

［155］王红斌. 北京故宫导游词中话语标记"那么"的功能［J］. 北京社会科学，2007(1).

［156］王建华. 语境层级与语义阐释［J］. 四川外语学院学报，1996(2).

［157］王建伟，苗兴伟. 语法化现象的认知语用解释［J］. 外语研究，2001(2).

［158］王琨，胡晓琴. 话语标记语 Alright 在英文口语中的话语结构功能——以美剧 *Friends*（第一季）为例［J］. 云南民族大学学报（哲学社会科学版），2011(4).

［159］王立非，祝卫华. 中国学生英语口语中话语标记语的使用研究［J］. 外语研究，2005(3).

［160］王伟，周卫红. "然后"一词在现代汉语口语中使用范围的扩大及其机制［J］. 汉语学习，2005(4).

［161］王霞. "随便"的词汇化和语法化——兼论述宾短语演化的一般规律［J］. 云南师范大学学报（对外汉语教学与研究版），2010(5).

［162］王咸慧. 从互动角度看"啊"的话语标记功能［J］. 汉语学习，2019(2).

［163］王亚南. 元认知的结构、功能与开发［J］. 南京师大学报（社会科学版），2004(1).

［164］王扬. 话语标记的认知语用诠释［J］. 天津外国语学院学报，2005(3).

［165］王正元. 话语标记语意义的语用分析［J］. 外语学刊，2006(2).

［166］魏兴，郑群. 西方语法化理论视角下对汉语话语标记"你看"的分析［J］. 外国语文，2013(5).

[167]吴福祥. 近年来语法化研究的进展[J]. 外语教学与研究,2004(1).

[168]吴福祥. 汉语语法化研究的当前课题[J]. 语言科学,2005(2).

[169]吴亚欣,于国栋. 话语标记语的元语用分析[J]. 外语教学,2003(4).

[170]席建国,陈黎峰. 插入式语气标记语语用功能研究[J]. 外语研究,2008(1).

[171]席建国,刘冰. 语用标记语功能认知研究[J]. 浙江大学学报(人文社会科学版),2008(4).

[172]肖亮荣. 语用标记语及其对语用含混的揭示作用[J]. 汕头大学学报(人文社会科学版),2004(4).

[173]肖武云,曹群英. 话语标记语语用功能的认知分析[J]. 四川外语学院学报,2009(1).

[174]谢世坚. 话语标记语研究综述[J]. 山东外语教学,2009(5).

[175]邢欣,白水振. 语篇衔接语的关联功能及语法化——以部分感官动词语法化构成的衔接语为例[J]. 汉语学习,2008(3).

[176]熊笛. 英汉元话语对比研究[J]. 重庆交通大学学报(社科版),2007(6).

[177]熊学亮. 话语意识逻辑刍议[J]. 外语教学与研究,2001(1).

[178]徐捷. 中国英语学习者话语标记语 you know 习得实证研究[J]. 外语教学理论与实践,2009(3).

[179]徐赳赳. 关于元话语的范围和分类[J]. 当代语言学,2006(4).

[180]许静. 话语标记语的元语用功能[J]. 山东外语教学,2007(4).

[181]闫涛. 论认知关联性对话语标记语的解释力[J]. 学术交流,2007(10).

[182]颜红菊. 话语标记的主观性和语法化——从"真的"的主观性和语法化谈起[J]. 湖南科技大学学报(社会科学版),2006(6).

[183]杨彬. 话题链语篇构建机制的多角度研究[D/OL]. 上海:复旦大学,2009[2009-04-17]. https://kns. cnki. net/kcms/detail/detail. aspx? db-code＝CDFD&dbname＝CDFD0911&filename＝2009182266. nh&uniplatform＝NZKPT&v＝S-x_r8YIE-KQHCX9I-9Vyr1EfJ21 XvIaB0mGtT75G37IH1vAOHgNlFwQ3JVW5Ivq.

[184]杨江. 话语标记"你说你"[J]. 湖南科技大学学报(社会科学版),2016(4).

[185]杨恬. 对外汉语中级口语教材的会话结构及其语用功能研究:以《阶梯汉语》与《发展汉语》为例[J]. 现代语文(学术综合版),2015(6).

[186]杨文秀. 学习词典中的语用标记语[J]. 外语学习,2008(1).

[187]杨一飞.语篇中的连接手段[D/OL].上海：复旦大学,2011[2011-05-19]. https：//kns. cnki. net/kcms/detail/detail. aspx? dbcode＝CDFD&dbname＝CDFD0911&filename＝1011183964. nh&uniplatform＝NZKPT&v＝quDUcdv3uO5YMgfeSAP2Q2d9xqQaMOFeDcuTTJGWz43 ZRZY-bllHHwvH7uKJc9xTd.

[188]杨智渤."当然"的填补功能与话语标记用法研究[J].东北师大学报（哲学社会科学版）,2021(1).

[189]姚克勤."引导式"元话语的语篇构建功能[J].前沿,2010(10).

[190]姚双云.连词与口语语篇的互动性[J].中国语文,2015(4).

[191]姚双云,田咪.自然会话中"是吧"的互动功能及其认识状态[J].语言教学与研究,2020(6).

[192]殷树林.话语标记"这个"、"那个"的语法化和使用的影响因素[J].外语学刊,2009(4).

[193]殷树林.论话语标记的形成[J].湖南科技大学学报（社会科学版）,2012b(2).

[194]殷树林.话语标记的性质特征和定义[J].外语学刊,2012c(3).

[195]于宝娟.论话语标记语"这不"、"可不"[J].修辞学习,2009(4).

[196]于国栋,吴亚欣.话语标记语的顺应性解释[J].解放军外国语学院学报,2003(1).

[197]于海飞.话轮转换中的话语标记研究[D/OL].济南：山东大学,2006[2006-10-25]. https：//kns. cnki. net/kcms/detail/detail. aspx? dbcode＝CDFD&dbname＝CDFD9908&filename＝2007041391. nh&uniplatform＝NZKPT&v＝90aBL020u44r9FvN8aHTP7M4vswKV4WTaxhOqL1NRnLHpkDxXgm-sM8TuVIHWB7Y.

[198]袁伟,冯晓晴.具有委转功能的对比语用标记研究[J].语言教学与研究,2012(2).

[199]袁咏.自主对话中话语标记语"and"的英汉对比研究[J].西安外国语大学学报,2010(3).

[200]张大均,郭成.探索教学心理规律开展心理素质教育研究[J].西南师范大学学报（人文社会科学版）,2000(6)。

[201]张龙."好了"的语法化和主观化[J].汉语学习,2012(2).

[202]张璐."问题是"的话语标记化[J].语言研究,2015(2).

[203]张宏国."糟了"的语义演变与语法化[J].汉语学习,2016(6).

[204]张会平,刘永兵.基于语料库的中学英语教师课堂话语标记语研究[J].外语教学与研究,2010(5).

[205]张金圈,唐雪凝.汉语中的认识立场标记"要我说"及相关格式[J].世界汉语教学,2013(2).

[206]张婉.汉语语用标记语研究[D/OL].长沙:湖南师范大学,2005[2005-05-01]. https://kns. cnki. net/kcms/detail/detail. aspx? dbcode = CMFD &dbname=CMFD0506&filename=2005113533. nh& uniplat-form= NZKPT &v= TfyQpvyjmvQrijDyeZUXthj-y-3HPkGYu Upg-FtQsxmAU 17l4zy Do-dp2giFSFC89.

[207]张旺熹,姚京晶.汉语人称代词类话语标记系统的主观性差异[J].汉语学习,2009(3).

[208]张文贤,等.语体视角下"这下"的话语标记功能及其教学探讨[J].汉语学习,2018(5).

[209]张贤芬.元话语的使用及其与写作质量的关系[J].扬州大学学报(高教研究版),2004(5).

[210]张洋.汉语口头话语标记与独立成分的区别[J].佳木斯大学社会科学学报,2010(4).

[211]张媛,王文斌.认知语言学与互动语言学的可互动性探讨——宏观和微观层面[J].外语教学与研究,2019(4).

[212]赵春利.初级阶段留学生偏误的规律性及成因分析[J].云南师范大学学报(对外汉语教学与研究版),2006(3).

[213]赵万长.元语用指示语的顺应性解释[J].四川外语学院学报,2005(1).

[214]赵万长.话语标记语的元语用意识凸显[J].台州学院学报,2006(5).

[215]甄凤超.中国英语外语学习者习得口语话语标记词"WELL"语用功能之特征研究——一项基于 COLSEC 语料库的证据分析[J].英语研究,2010(1).

[216]郑群.中国英语学习者犹豫型标记语的语用石化现象[J].外语教学理论与实践,2011(4).

[217]周彪,朱海玉.元语用意识下的话语标记语分析[J].燕山大学学报(哲学社会科学版),2007(2).

[218]周殿军.语法教学采用显性教学法和隐性教学法的对比研究[J].东华大学学报(社会科学版),2009(4).

[219]周国光.儿童语言习得理论的若干问题[J].世界汉语教学,1999(3).

[220]周家春.国外语用标记语研究概观[J].安庆师范学院学报(社会科学版),2010(2).

[221]周民权.言语交际过程的监控手段论略[J].外语学刊,2005(5).

[222]周明强,谢尚培.警示性话语标记"你等着"[J].汉语学习,2018(6).

[223]周树江,王洪强.论话语标记语的语法化机制[J].外语教学,2012(5).

[224]周震.元认知及相关因素与语言习得[J].宁夏社会科学,2006(5).

[225]朱军."行了"的语用否定功能[J].汉语学习,2016(3).

[226]朱小美,王翠霞.话语标记语 Well 的元语用意识分析[J].安徽大学学报(哲学社会科学版),2009(1).

[227]朱嫣然.话语联系语与听力理解[J].外语研究,2001(4).

英文参考文献

[1]Abuczki，Á. "The Role of Discourse Markers in the Generation and Interpretation of Discourse Structure and Coherence". In 2012 *IEEE 3rd International Conference on Cognitive Infocommunications*. 2012，531-536.

[2]Andersen，G. *Pragmatic Markers and Sociolinguistic Variation：A Relevance-theoretic Approach to the Language of Adolescents*. Amsterdam and Philadelphia：John Benjamins Publishing Company，2001.

[3]Blakemore，D. *Semantic Constraints on Relevance*. Oxford：Blackwell，1987.

[4]Blakemore，D. "Constraints on interpretation". In Berkeley Linguistics Society（e）d.，*Proceedings of the sixteenth annual meeting of the Berkeley linguistics society*. Berkeley：Berkeley Linguistic Society，1990，363-370.

[5]Blakemore，D. *Understanding Utterances*. Oxford：Blackwell，1992.

[6]Blakemore，D. *Relevance and Linguistic Meaning：The Semantics and Pragmatics of Discourse Markers*. New York：Cambridge University Press，2002.

[7]Bronwen Innes. "'Well，That's Why I Asked the Question Sir'：Well as a Discourse Marker in Court". *Language in Society*，2010，39(1)，95-117.

[8]Canale，M. "On Some Dimensions of Language Proficiency". In J W

Oller. *Language Testing Research*. MA: Newburry Hourse, 1983, 333-342.

[9]Canale, M. & Swain, M. "Theoretical Bases of Communicative Approaches to Second Language Teaching and Testing". *Applied Linguistics*, 1980, 1(1), 1- 47.

[10]Cepeda, G. & Poblete, MT. "Politeness and Modality: Discourse Markers". *Revista Signos*, 2006, 39(62), 357-377.

[11]Cheshire,J. "The role of discourse markers in a theory of grammaticalization". *Journal of Sociolinguistics*, 2007, 11(2), 155-193.

[12]Crismore, A. *Talking with Readers: Metadiscourse as Rhetorical Act*. New York: Peter Lang, 1989.

[13]Crismore, A. Markkanen, R. & Steffensen M. S. "Metadiscourse in persuasive writing". *Written communication*, 1993, 10(1), 39-71.

[14]Dewey, J. *How we think: A restatement of the relation of reflective thinking to the education progress*. Boston: Heath, 1933.

[15]Ellis, R. & M. Rathbone. *The Acquisition of German in a Classroom Context*. London: Ealing College of Higher Education, 1987.

[16]Erman,B. "Pragmatic markers revisited with a focus on you know in adult and adolescent talk". *Pragmatics*, 2001, 33 (9), 1337-1359.

[17]Flavell, J. H. "Metacognitive aspects of problem solving". In L B Resnick ed. *The Nature of Intelligence*. Hillsdale, NJ: Erlbaum, 1976, 231-235.

[18]Flavell, J. H. "Cognitive Monitoring". In W P Dickson ed. *Children's Oral Communication Skill*. New York: Academic Press, 1981, 35-60.

[19]Flavell. J. H. *Cognitive Development*. Englewood Cliffs, NJ: Prentice Hall, 1985.

[20]Flowerdew, J. & Tauroza, S. "The effect of discourse markers on second language lecture comprehension". *Studies in Second Language Acquisition*, 1995, 17(4), 435-458.

[21]Fraser, B. "An Approach to discourse markers". *Journal of Pragmatics*, 1990, 14(3), 383-395.

[22]Fraser, B. "Pragmatic Markers". *Pragmatics*, 1996, 6 (2), 167-190.

[23]Fraser, B. "What are discourse markers?". *Journal of Pragmatics*,

1999, 31(7), 931-952.

[24]Fung, L. , & Carter, R. "Discourse markers and spoken English: N-ative and learner use in pedagogic settings". *Applied Linguistics*, 2007, 28(3), 410-439.

[25]Grice, H. P. "Logic and Conversation". In P. Cole & J. L. Morgan (eds.). *Syntax and Semantics* 3: *Speech Acts*. New York: Academic Press, 1975, 43-58.

[26]Halliday, M. A. K. *Explorations in the Functions of Language*. London: Edward Arnold, 1973.

[27]Halliday, M. A. K. *An Introduction to Functional Grammar* (2nd edition). London: Edward Arnold, 1994.

[28]Han, DH. "Utterance Production and Interpretation: A Discourse-pragmatic Study on Pragmatic Markers in English Public Speeches". *Journal of Pragmatics*, 2011, 43 (11), 2776-2794.

[29]Hernández, TA. "Re-examining the Role of Explicit Instruction and Input Flood on the Acquisition of Spanish Discourse Markers". *Language TeachingResearch*, 2011(2), 159-182.

[30]Heeman, P. A. & Allen, J. F. "Speech Repairs, Intonational Phrases, and Discourse Markers: Modeling Speakers' Utterances in Spoken Dialogue". *Computational Linguistics*, 1999, 25(4), 527-571.

[31]Hopper & Traugott. *Grammaticalization*. Cambridge: Cambridge University Press, 2003.

[32]Hopper, Paul J. "On some principles of grammaticalization". In Traugott and Heine (eds.). *Approaches to Grammaticalization*. Amsterdam: Benjamins, 1991, (1), 17-35.

[33]Horn, L. R. "Towards a new taxonomy for pragmatic inference: Q-based and R-based implicature". In D. Schiffrin (ed.). *Meaning, Form, and Use in Context: Linguistic Applications*. Washington, DC: Georgetown University Press, 1984, 11-42.

[34]Hutchinson, B. "Modeling the substitutability of discourse connectives". In *ACL' 05 proceedings of the 43rd Annual Meeting of the Association for Computational Linguistics*, 2005, 149-156.

[35]Hyland, Ken. "Persuasion and context: the pragmatics of academic

metadiscourse". *Journal of Pragmatics*, 1998, 30(4), 437-455.

[36]Hyland, Ken and Polly Tse. "Metadiscourse in academic writing: A reappraisal". *Applied Linguistics*, 2004, 25(2), 156-177.

[37]Hyland & Tse. Metadiscourse in academic writing: A reappraisal. *Applied Linguistics*, 2004, 25(2), 156-177.

[38]Ifantidou, E. "The semantics and pragmatics of metadiscourse". *Journal of Pragmatics*, 2005, 37(9), 1325-1353.

[39]Innes, B. "Well, That's Why I Asked the Question Sir: Well as a Discourse Marker in Court". *Language in Society*, 2010, 39(1), 95-117.

[40]Ji-Young Jung. *Discourse Markers in Contrast: But, Actually and Well in Native-Nonnative English Conversations between Friends.* Unpublishing Doctoral Paper of Columbia University, 2009.

[41]Kathrin Siebold. "German dann – From adverb to discourse marker". *Journal of Pragmatics*, 2021, (175), 129-145.

[42]Khojastehrad, Shadi. "Distribution of Hesitation Discourse Markers Used by Iranian EFL Learners during an Oral L2 Test". *International education studies*, 2012, 5(4), 179-187.

[43]Koymen, B & Kuntay, AC. "Turkish Children's Conversational Oppositions: Usage of Two Discourse Markers". *Discourse Processes*, 2013, 50(6), 388-406.

[44]Kumpf Eric P. "Visual metadiscourse: Designing the considerate text". *Technical Communication Quarterly*, 2000, 9(4), 401-424.

[45]Lai, YH. & Lin, Y T. "Discourse Markers Produced by Chinese-speaking Seniors with and Without Alzheimer's Disease". *Journal of Pragmatics*, 2002, 44(14), 1982-2003.

[46]Laurel J. Brinton. *Pragmatic Markers in English: Grammaticalization and Discourse Functions.* Berlin and New York: Mouton de Gruyter, 1996.

[47]Lenk, U. "Discourse markers and global coherence in conversation". *Pragmatics*, 1998, 38(2), 245-257.

[48]Levinson, S. *Pragmatics* Cambridge: Cambridge University Press, 1983.

[49]Martínez. "Empirical Study of the Effects of Discourse Markers on the

Reading Comprehension of Spanish Students of English as a Foreign Language". *International Journal of English Studies*, 2009, 9 (2), 19-43.

[50]McCarthy, M. & Carter, R. *Language as Discourse: Perspectives for Language Teaching*. London: Longman, 1994.

[51]Modhish. "Use of Discourse Markers in the Composition Writings of Arab EFL Learners". *English language teaching*, 2012, 5(5), 56-61.

[52]Östman, J. *"You Know": A Discourse-Functional Approach*. Amsterdam: Benjamins, 1981.

[53]Popescu-Belis A, Zufferey S. "Automatic identification of discourse markers in multiparty dialogues: an in-depth study of like and well". *Computer Speech and Language*, 2011, 25(3), 499-518.

[54]Prevost, S. "A propos from verbal complement to discourse marker: a case of grammaticalization?". *Linguistics*, 2011, 49(2), 391-413.

[55]Rhee Seongha. "On the emergence of Korean markers of agreement". *Journal of Pragmatics*, 2015, (83), 10-26.

[56]Redeker, G. "Review article: Linguistic markers of discourse structure". *Linguistics*, 1991, 29 (6), 1139-1172.

[57]Sacks H. Schegloff. E. A. & Jefferson G. "A Simplest Systermatics for the Organization of Turning-taking for Conversation". *Language*, 1974, 150(4), 697-735.

[58]Schiffrin, D. *Discourse Markers*. Cambridge: Cambridge University Press, 1987.

[59]Schiffrin, D. *Discourse Markers*. 北京:世界图书出版公司, 2007.

[60]Schleppegrell, M. J. "Conjunction in spoken English and ESL writing". *Applied Linguistics*, 1996, 17(3), 271-285.

[61]Sperber, D & Wilson, D. *Relevance: Communication and Cognition*. Oxford: Blackwell, 1995.

[62]Southwood, F., etc. "The use of discourse markers by Afrikaans-speaking preschoolers with and without specific language impairment". *Stellenbosch Papers in Linguistics PLUS*, 2010, (40), 79-94.

[63]Tarski, A. "The Concept of Truth in Formalized Languages". In Woodger, J. H. (ed.). *Logic, Semantics, Metamathematics*. Ox-

ford：Clarendon Press，1956.

［64］Thornbury S. *How to Teach Grammar*. Edinburgh：Longman Pearson Education Limited，1999.

［65］Traugott，E. C. *"The role of the development of discourse markers in a theory of grammaticalization"*. Paper presented at ICHL XII, Manchester，1995，1-23.

［66］Traugott，E. C. & Dasher，R. B. *Regularity in Semantic Change*. Cambridge：Cambridge University Press，2002.

［67］Vande Kopple，W. J. "Some explanatory discourse on metadiscourse". *College Composition and Communication*，1985，36（1），82-93.

［68］Vande Kopple，W. J. "Metadiscourse and the Recall of Modality Marker". *Visible Language*，1988，（22），233-271

［69］Verdonik，D. , Rojc，M. & Stabej，M. "Annotating Discourse Markers in Spontaneous Speech Corpora on an Example for the Slovenian Language". *Language Resources and Evaluation*，2007，41（1），147-180.

［70］Verschueren，J. Notes on the role of metapragmatic awareness in language use. *Pragmatics*，2000，10(4)，439-456.

附录一:HSK 动态作文语料库所选语料的情况

题目	类型	篇数	字数
记对我影响最大的一个人	记叙文	141	53192
我的父亲	记叙文	123	44129
我的童年	记叙文	198	81129
我最喜欢的一本书	记叙文	46	20017
学习汉语的苦与乐	记叙文	107	40393
一封给父母的信	记叙文	140	47139
静音环境对人体的危害	议论文	93	34733
绿色食品与饥饿	议论文	149	49179
如何看待"安乐死"	议论文	141	51120
如何面对挫折	议论文	150	53847
谈有效阅读	议论文	84	29522
最理想的结交方式	议论文	130	55843
总计		1502	560,243

附录二:HSK 作文中出现的话语标记

　　据我了解　据我所知　据我所知道的　根据我的经验　依我记忆　俗语(话)说　俗语有云　人常说　有(的)人说　常言道(说)　古人常说　古言说得好　古人有言　有句话说　据统计　听(……)说　据(……)说　好好了　总之　总的来说　总而言之　总结说　综上所述　总结而论纵观以上种种　总结以上　综合以上几点　总括来说　综合来说　简而言之　例如　比如　比如说　比方说　就像……　拿……来说　就……而言　举例说吧　举个例子　就以……来说吧　特别是　又如　譬如以……为例　对了　那么那　话又说回来　换句话(来)说　换而言之　换言之　另外　还有　这样一来(也)就是说　此外　除此之外　这样　好吧诚然　相反的　相反　反之　反过来　反过来说　可见　看来　由此可见　由上可知　由此可知　由此看来　可想而知　可以说　这(就)是说从而　有鉴于此　从上述来说　这样的话　所以说　这样说来　这样看(来)所以呢　可以知道　我可以这么说　其实　事实上　实际上　的确　再说再者　再有　更何况　况且　不仅如此　这是说　重要的是　要注意的是　最好的是　所幸的是　讽刺的是　最高兴的是　不幸的是　最有意思的是　遗憾的是　庆幸的是　太可惜的是　难能可贵的是　不幸得很　很可惜的不幸　可惜　万万没想到　说起来也奇怪　还好　众所周(皆)知当然　无疑的　当然了　毫无疑问　我敢说　尽管如此　无论如何　不管怎么说　不管怎么样　反正　老实说　坦率地说　说真的　开门见山地说说老实话　不瞒您说　坦白说　我坦白地说　说实在的　不满着说　一般来说(讲)一般说来　一般而言　相对来说　通常　简单地说　从……而

言　具体来说　真的我想　我认为　我觉得　我以为　本人认为　我个人认为　我看　我想说　我想说一下　就我的意见来说　依我之言　照我的看法　依我个人浅见　依我的拙见　从我的经验来说　以我个人的观感而言　从这些观念来说　依我看　依我之见　以个人经验而言　依我的看法　依（以）我的观点来看　按我的理解　对我而言　在我看来　我相信　我承认　我告诉你们　我知道　你们知道（你）知道吗　君不见　你们也知道　你们已经知道　想想吧　要知道　试想　你想　试想想　想想看　你想一想　你说

附录三:现有研究对话语标记的分类

表1　张婉(2005)的分类结果

话语标记类型	典型例子
总结标记语	一句话、总而言之、总之、一言以蔽之、总的看来
推理标记语	(由此)看来、(由此)可见、我看、这么说、可以说、显然
因果标记语	因此、所以、结果、难怪
对比标记语	但、但是、可是、不过、其实、然而、另一方面
附加信息标记语	顺便说一下、顺便提一下、另外、此外、还有
递进标记语	再说、而且、何况、况且、再有、再则
态度标记语	说真的、说实话、老实说、不瞒你说
话语表达方式标记语	简单地说、严格地说/讲、确切地说/讲
换言标记语	换句话说、换言之、就是说、我是说、我的意思是
让步标记语	尽管如此、尽管这样、虽然如此、当然
无条件标记语	不管怎么样、无论如何、不管如何、无论怎样
信息来源标记语	据说、人家说、有人说、俗话说、众所周知
评价性标记语	幸运的是、遗憾的是、我看、我觉得、我认为
断言性标记语	我觉得、我想、我认为、我知道、我告诉你、你知道、你想、大家想想

表2 席建国,刘冰(2008)的分类结果

话语标记类型	典型例子
坦言性标记语	说实话、说句实话、说句心里话、说白了、实不相瞒
阐发性标记语	以我之见、在我看来、以我看、就我个人而言
理据性标记语	通常情况下、一般来说、理论上来说、道理上来说、有人说、据说
断言性标记语	我敢肯定、不客气地说、我敢说、斗胆问一句
评价性标记语	很幸运、好在、太好了、太棒了、很高兴、正好、值得庆幸的是、好爽啊、太巧了、太痛苦了、太惨了、好惨啊、很郁闷、太可惜了、令人遗憾的是、很遗憾、可惜
警示性标记语	我告诉你、你说实话、你听着、听我说
补说性标记语	换句话说、这样说吧、我的意思是、话又说回来、也就是说

表3 李秀明(2006)的分类结果

	话语结构标记语	话说、上回说到、按下不表、其次、最后
语篇功能元话语	衔接连贯标记语	无独有偶、推而广之、由此可见、话又说回来、顺便说一句
	证据来源标记语	据悉、正如……说得好、诚如……所言
	注释说明标记语	即、也就是说、换句话说
	含糊表达标记语	在某种意义上、甚至可以说、在某种程度上
人际功能元话语	明确表达标记语	说到底、归根结底、很显然
	评价态度标记语	很遗憾、令人兴奋的是
	交际主体标记语	请注意、亲爱的读者、我们看到、(独白性语篇中的)你、大家知道、毋庸讳言、无须谦言

表4 孙利萍,方清明(2011)的分类结果

话语标记类型	典型例子
来源凸显型的标记语	据说,据报道,据称,据了解,有人说
言说型标记语	(1)坦言型标记语:开诚布公地讲,老实说,说实话,说句心里话,说白了 (2)深究型标记词语:细而言之,仔细言之,细言之,深究起来 (3)常理标记词语:按一般道理讲,按常理说,按照常理,一般而言
总结性标记语	好了,算了,就这样,下次再说,总之,众所周知,基于以上分析,长话短说,就这样

续表

话语标记类型	典型例子
序数性标记语	一是……二是……,一方面……一方面……,一来……二来……,首先……其次……再次……最后……,第一……第二……,一者……二者……
主观评价性标记语	更为可贵的是,万幸的是,令人忧心的是
阐发型标记语	(1)主位型:照我说,在我看来,个人认为 (2)客位型:依你之见,照你说,在你看来 (3)他位型:笔者认为,作者认为
话题组织型标记语	(1)转换话题型:另外,顺便说一下,话是这么说,想起来了,话又说回来 (2)话题跟进型:就是,还有,然后,这样说吧,这样一来,我的意思是 (3)插说补充型:打断一下,我插一句,这样说来,要补充说明的是,要解释的是
祈使型标记语	听着,你听着,我告诉你,你说实话,你听我说
果决型话语标记	毋庸讳言,毫无疑问,无疑,众所周知
断言性标记语	我敢肯定,毫不客气地说,我敢说,斗胆问一句
对比标记词语	但是,可是,不过
澄清事实型标记	其实,事实上,实际上
因果型话语标记	所以说,看来,这样看来,这么说,因此,因而
时间型连接话语标记	以后,从此,从前,接着,接下来,再后来
举例型话语标记	例如,比如,比方说,以……为例,譬如说,又如,就像,其中,特别是,尤其
礼貌性话语标记	对不起,不好意思,打扰了,劳驾,叨扰了
延迟技巧型话语标记	这个……这个……,那个……那个……,呃……呃

表 5　殷树林(2012a)的分类结果

语篇标记	话题标记,阐发标记,推论标记,对比标记,言语顺序标记,……
人际标记	证据标记,态度标记,言语行为标记,面子标记,主观化标记,……
互动标记	引发标记,应对标记,提醒标记,征询标记,踌躇标记,分享标记,……

表 6　邢欣,白水振(2008)的话语标记衔接语分类结果

不含信息量 的衔接语	应答词	嗯,好好,行行,对对,是是,啊,好了
	招呼词语	喂,哎,噢,来
	其他表示关联 作用的词语	然后,那么,这个,那个
信息量弱 的衔接语	动作动词虚化的短语	依目前状况来看
	一些动词或凝固短语	那样的话,如果可以的话,听说,据说,也就是说
	一些表示肯定或 否定的应答词语	就是就是,可不,别介,哪能,不,对吧
信息量强 的衔接语	连词	虽然,但是,因为
	关联副词	就,才
	全句修饰语	在党的领导下

表 7　邢欣,白水振(2008)的语用标记衔接语分类结果

弱信息量的插入语	依我看,你看,我想,我以为,看起来
强信息量的词语	我看,我认为,我怀疑,我肯定

表 8　谢世坚(2009)的话语标记分类结果

类别	典型成员
感叹词	啊、哎、哎呀、嗯、嗨、嘀、哼、哦、喂、哟/呦
连词	此外、但是、那么、然后
副词	不(是)
形容词	好、对
谓词	回头、完了、是
指示代词	这/这个、那/那个
短语	就是说、是不是、实际上
语句	你知道(吗/吧)、你看/我看、我说、我想说的是

附录四:汉语教师话语标记教学情况调查问卷

各位老师好:

感谢您在百忙之中抽空填写这份问卷。该问卷纯属研究性质,除了学术研究之外,您所填写的内容不会被用作其他任何目的! 您的回答将为我们提供建设性的信息,是本研究能否成功的关键。或许我们的研究会有助于推动您正在从事的事业,谢谢您的帮助!

性别:_____   教学时间:_____   教师种类:正式(   )兼职(   )

本学期所教课型:_____

多选题:请选择符合您的情况的选项,可以多选。

1. 您对汉语中的"话语标记"了解吗?   (   )

A. 很了解,我对话语标记有一定的研究。

B. 比较了解,我阅读过有关的文献/我听别人提起过。

C. 不太了解,由于不是研究热点,因此兴趣不大。

D. 完全不了解。

2. 下面哪些形式您觉得可以作为汉语话语标记?   (   )

A. 因为   B. 他想

C. 老实告诉你   D. 那个

E. 好了   F. 你懂的

3. 您觉得所用教材中,话语标记的使用有何不足?   (   )

A. 种类不够齐全   B. 数量不够充足

C. 难度太高   D. 相关的介绍和练习太少

F. 没有不足

4. 您经常在课堂上使用的话语标记为下面哪一类?   （   ）

A. 总之,好的,比如说   B. 老实说,你们想,在我看来

C. 两类都经常用   D. 两类都很少用

5. 您认为话语标记习得对学生来说何有作用?   （   ）

A. 能增加表达手段

B. 能让学生的话语更具连贯性

C. 能使学生更好地理解别人的话语

D. 能让学生更明确地表达态度情感

E. 其他_____

6. 您觉得对于留学生来说,话语标记习得的主要困难在于: （   ）

A. 使用频率太低

B. 有些话语标记很难从字面上推断其功能

B. 学生的母语会产生负迁移

D. 教材中缺乏相应的介绍和练习

7. 您在课堂上是如何处理话语标记的?   （   ）

A. 不是重点,很少讲解

B. 课文中出现了就一定讲解

C. 在教材的基础上,自己补充一些,分类讲解

D. 看课文中生词或语法点的多少而定,如果生词和语法太多,话语标记就不讲

8. 您觉得下面的话语标记中,哪一个对学生来说最难习得?   （   ）

A. 据报道   B. 这不

C. 也就是说   D. 综上所述

9. 如果要进行话语标记教学的话,您觉得应该从哪个阶段的留学生开始?   （   ）

A. 初级阶段   B. 中级阶段   C. 高级阶段

10. 如果要进行话语标记教学的话,您觉得下面哪一种方法教学效果会更佳?   （   ）

A. 直接告诉学生某个话语标记的使用规则,然后进行操练

B. 提供含有话语标记的语料,让学生在教师的引导下归纳推断其使用规则

C. 两者没有区别

D. 其他_____

11. 如果 HSK 考察话语标记的试题增多,您会在教学中增加话语标记的教学比重吗？　　　　　　　　　　　　　　　　　（　　）

A. 会　　　　　　　　　　B. 不会

后　记

　　自 2014 年从华东师范大学毕业以来,到如今已经 7 个年头了。这本在我博士论文基础上修改、扩充而成的小书终于要面世了。

　　从博士论文开题到本书定稿,我得到了很多师长、亲友的帮助,在此向他们深表谢意。

　　首先感谢我的导师张建民教授和师母马以珍老师。张老师是我攻读硕士、博士期间的导师,虽然我不是个优秀的学生,但他却一直关心我、照顾我,给了我诸多帮助。论文写作过程中张老师大到框架结构小到标点符号,都给予了悉心指导。他曾夜间驱车三个小时从外地赶回上海,只为了能及时将论文修改意见反馈给我。如今,他又在百忙之中抽出时间为本书作序。当我在生活上遇到问题、感到迷茫时,张老师又会像一位父亲一样同我谈心,与我分享他的人生智慧,给我提供恳切的建议,使我茅塞顿开。师母马老师笃信佛教,常教导我们要以一颗喜乐的心看待世界。同时她又视学生如儿女,每次去老师家,师母都会拿出很多点心招待我们,让我们感到浓浓的亲情。师恩难忘,对于老师和师母,我将永怀感恩之心。

　　特别感谢复旦大学的刘大为教授。刘老师与我最初并不相熟,但在张老师的引荐下,当我去向他求教时,他给了我最为无私的帮助。在论文写作中,我曾多次去拜访刘老师,他每次都非常耐心和细致地回答我的问题,有一次他与我讨论的时间长达四个小时。另外,刘老师还慷慨地将搜集到的语料送与我使用。即使毕业之后,刘老师也经常解答我的困惑。多谢刘老师的辛劳和智慧,他的品德和学问都让我肃然起敬。

　　感谢华东师范大学的其他老师和同学,多谢你们在我求学期间给予我的关爱。

感谢上海师范大学的齐沪扬教授,浙江大学的池昌海教授和彭利贞教授,浙江外国语学院的周明强教授。这几位教授治学严谨,对人温和亲切,给了我很多关照和鼓励。他们对后学的奖掖之情让我深为感动。

感谢浙江理工大学的领导和同事。感谢学校对文科专业的重视,对本书出版的资助,感谢学院领导和同事在工作中对我的信任和帮助。

当然我还要感谢我的家人。感谢我的父母和丈夫,还有我可爱的儿子,本书是送给他的礼物。

最后,感谢浙江大学出版社的胡畔老师,她为本书的出版付出了辛勤的劳动,在此向她表示最诚挚的谢意。

施仁娟

2021 年 12 月于杭州下沙

图书在版编目(CIP)数据

基于元话语能力的汉语话语标记研究 / 施仁娟著
. —杭州：浙江大学出版社，2022.5
ISBN 978-7-308-22464-2

Ⅰ.①基… Ⅱ.①施… Ⅲ.①汉语－话语语言学－研
究 Ⅳ.①H1

中国版本图书馆 CIP 数据核字(2022)第 051290 号

基于元话语能力的汉语话语标记研究

施仁娟　著

责任编辑	胡　畔	
责任校对	赵　静	
封面设计	周　灵	
出版发行	浙江大学出版社	
	（杭州市天目山路 148 号　邮政编码 310007）	
	（网址：http://www.zjupress.com）	
排　　版	浙江时代出版服务有限公司	
印　　刷	杭州高腾印务有限公司	
开　　本	710mm×1000mm　1/16	
印　　张	15.75	
字　　数	300 千	
版 印 次	2022 年 5 月第 1 版　2022 年 5 月第 1 次印刷	
书　　号	ISBN 978-7-308-22464-2	
定　　价	68.00 元	